Pão Diário®

De: ______________________________

Para: ______________________________

PUBLICAÇÕES RBC

ESCRITORES:
David Branon, Anne M. Cetas, William E. Crowder, David C. Egner, H. Dennis Fisher, Chek Phang Hia, Cindy H. Kasper, Randy K. Kilgore, Albert Lee, Julie Ackerman Link, David C. McCasland, David H. Roper, Jennifer Benson Schuldt, Joseph M. Stowell Marvin Williams, Philip D. Yancey

TRADUTORES:
Elisa Tisserant de Castro, Cláudio F. Chagas.

REVISÃO EDITORIAL:
Daniela Mallmann, Rita Rosário, Thaís Soler

FOTO DA CAPA:
Família, Patrice Gomes Camatta @ Ministérios RBC
Mar Morto, Jerusalém, Israel, Alex Soh © Ministérios RBC
Flor de cerejeira, Alex Soh © Ministérios RBC
Videira, Santiago, Chile, Alex Soh © Ministérios RBC

REFERÊNCIAS BÍBLICAS:
Exceto se indicado o contrário, as citações bíblicas são extraídas da Edição Revista e Atualizada de João F. de Almeida © 1993 Sociedade Bíblica do Brasil.

CRÉDITOS:
Artigo: 10 de janeiro, extraído e adaptado de *A Bíblia, minha companheira: 366 leituras e reflexões sobre histórias*, personagens, lugares e significados do Livro dos livros, de Philip D. Yancey e Brenda Quinn, © 2003 Ed. Vida; 8 de novembro, *Grace Notes* (Anotações sobre a graça) por Philip Yancey, © Zondervan. Publicado com autorização de Zondervan; 14 de dezembro: *O Jesus que eu nunca conheci* por Philip D. Yancey, © Editora Vida.

PUBLICAÇÕES RBC
Rua Nicarágua, 2128, Bacacheri, 82515-260, Curitiba/PR, Brasil
E-mail: vendas_brasil@rbc.org
Internet: www.publicacoesrbc.com.br • www.ministeriosrbc.org
Telefone: (41) 3257-4028

Brochura família: NW171 • ISBN 978-1-60485-849-5
Brochura flor: LQ877 • ISBN 978-1-60485-850-1
Brochura Israel: FN225 • ISBN 978-1-60485-847-1
Letra grande brochura família: UB560 • 978-1-60485-854-9
Letra grande espiral família: ST235 • 978-1-60485-853-2
Bolso brochura família: TC718 • 978-1-60485-851-8
Bolso brochura paisagem: WM460 • 978-1-60485-852-5

Impresso na China• Printed in China

1ª edição: 2014 • 1ª impressão: 2014

SUMÁRIO

Introdução

Nos alegramos por você ter escolhido uma cópia do volume 18 do devocional *Pão Diário*. Oramos para que cada meditação o aproxime ainda mais do nosso maravilhoso Senhor.

No artigo seguinte às meditações (pp.372-379) o autor Mart DeHaan fala sobre o perdão de Deus, alguns questionamentos comuns e os esclarecimentos que a Bíblia nos oferece para vivermos em paz com o Senhor.

DeHaan escreve: "O perdão que Deus oferece é abrangente. É completo e definitivo." E a Palavra de Deus nos assegura: "Bem-aventurados aqueles cujas iniquidades são perdoadas, e cujos pecados são cobertos; bem-aventurado o homem a quem o Senhor jamais imputará pecado (Romanos 4:7,8).

Talvez você queira compartilhar esta edição com amigos e familiares para que eles possam meditar nas verdades bíblicas e conhecer mais sobre o perdão do nosso grande Deus.

Se pudermos ajudá-lo, por favor, entre em contato conosco.

—Os editores do *Pão Diário*

Momento de decisão

Desde os dias de Jesus, governos e impérios surgiram e desapareceram. Mas o Rei que se diferenciou de todos os outros reis ao morrer em nosso lugar permanece. Apenas Ele pode satisfazer as nossas mais profundas necessidades. Jesus não quer ser apenas o nosso Rei — Ele quer ser o nosso Senhor e Salvador. Ele nos oferece uma vida de inimagináveis significado e propósito se aceitarmos o Seu perdão.

O apóstolo João, amigo e discípulo de Jesus, escreveu: "Mas, a todos quantos o receberam [Jesus], deu-lhes o poder de serem feitos filhos de Deus, a saber, aos que creem no seu nome (João 1:12). Mas o que isso significa? A explicação vem do próprio Jesus.

Jesus deu ao líder religioso Nicodemos esta encorajadora notícia: "Porquanto Deus enviou o seu Filho ao mundo, não para que julgasse o mundo, mas para que o mundo fosse salvo por ele" (João 3:17).

Isso parece maravilhoso, não é mesmo? Mas essa salvação não é automática. Jesus continuou: "Quem nele crê não é julgado; o que não crê já está julgado, porquanto não crê no nome do unigênito Filho de Deus" (v.18). Um tempo depois em Seu ministério, Jesus revelaria a uma desesperada mulher que Ele era de fato o tão esperado Messias (João 4:25,26).

Se você nunca fez isso antes, você está pronto para confiar no Único que pode nos dar o verdadeiro perdão dos pecados e o direito participar do Seu reino como Seu filho?

Permita que o seu coração seja transformado ao convidar o Rei dos reis ao Seu lugar de direito em sua vida.

1 de janeiro

A BOA VIDA

LEITURA:
Salmo 73:21-28

Quanto a mim, bom é estar junto a Deus... —Salmo 73:28

A BÍBLIA EM UM ANO:
- ☐ Gênesis 1–3
- ☐ Mateus 1

A beleza, riqueza, poder, amor, casamento e prazer são coisas boas, mas não são as melhores. A melhor é amar a Deus e receber o Seu amor — trazendo-lhe glória e tornando-o nosso amigo por toda a vida. Isso é o que nos conduz à melhor vida possível porque nos dá satisfação e alegria neste momento (João 10:10), e são estas as coisas que os cristãos farão por toda a vida.

Por isso, deveríamos encontrar tempo para Deus e descansar em Seu amor — o amor que formou você e eu. É a razão para nossa existência e a maneira de aproveitarmos o melhor das nossas vidas.

Gosto da maneira como o salmista expressou este pensamento: "Quanto a mim, bom é estar junto a Deus; no SENHOR Deus ponho o meu refúgio, para proclamar todos os seus feitos" (Salmo 73:28). Em outras palavras, o bom da vida é aproximarmo-nos daquele que nos ama como nenhum outro.

E como podemos "achegar-nos" a Ele? Aqui está algo que comecei há muitos anos: Reserve alguns minutos todas as manhãs para ler alguns versículos dos evangelhos (Mateus, Marcos, Lucas, João) e preste atenção ao que Jesus disse ou fez. Afinal, Ele veio para nos mostrar como Deus é (Hebreus 1:1-3). Coloque-se na história — por exemplo, no lugar do leproso que Ele curou com Seu toque de amor (Marcos 1:40-45). Pense no quanto Ele o ama e em seguida lhe agradeça! —DHR

A maravilha de tudo isso — pensar que Jesus me ama!

2 de janeiro

A FÉ E A BOLA

LEITURA:
Lucas 15:1-7

...a alegria do SENHOR é a vossa força.
—Neemias 8:10

A BÍBLIA EM UM ANO:
☐ Gênesis 4–6
☐ Mateus 2

O inventor do jogo chamado *T-ball* (jogo introdutório do beisebol para crianças pequenas) foi um gênio: Cada criança no campo sente a alegria da diversão e o prazer de jogar antes de frustrar-se por não poder mais lançar a bola.

No jogo *T-ball* uma bola de beisebol é posta num alvo de borracha quase na altura da cintura dos rebatedores de cinco e seis anos. Os jogadores se movem até acertarem a bola e em seguida correm. Em minha primeira experiência como treinador, o primeiro rebatedor bateu a bola muito longe do campo. De repente, todos os jogadores de todas as posições correram até ela em vez de ficarem onde deveriam. Quando um deles a acertou, ninguém estava dentro do campo para receber o lançamento! Todos os jogadores estavam em pé — torcendo com desenfreada exuberância!

Os que conheceram Jesus como Salvador há pouco tempo têm a alegria sem limites que também agrada aqueles à sua volta. Alegramo-nos com eles, e os anjos no céu também! (Lucas 15:7). Os novos cristãos sentem enorme amor por Deus e entusiasmam-se muito por conhecê-lo e aprender da Sua Palavra.

Os cristãos há mais tempo podem sentir-se desencorajados com as lutas da vida cristã e esquecer-se da alegria da fé recém-descoberta. Portanto, aproveite a oportunidade para alegrar-se com aqueles que acabaram de descobrir a fé. Deus pode usá-los para inspirar você a renovar seu compromisso pessoal com Jesus.
—RKK

Restitui-me a alegria da tua salvação...
—Salmo 51:12

3 de janeiro

CONVIVER BEM

LEITURA:
Filipenses 2:1-11

...completai a minha alegria, de modo que penseis a mesma coisa, tenhais o mesmo amor... —Filipenses 2:2

A BÍBLIA EM UM ANO:
☐ Gênesis 7–9
☐ Mateus 3

Amo estar com pessoas... a maior parte do tempo. Há uma alegria especial que ecoa em nossos corações quando estamos com as pessoas que apreciamos. Mas, infelizmente não estamos sempre com aqueles com os quais gostamos de estar. Às vezes, as pessoas podem ser espinhosas, o que pode ser a razão de alguém ter dito: "Quanto mais conheço as pessoas, mais amo o meu cachorro!" Quando não encontramos prazer em um relacionamento, tendemos a culpar a outra pessoa; e assim nos justificar para nos afastar e estar com as pessoas que gostamos.

O apóstolo Paulo nos conclama a comprometermo-nos com os nossos irmãos em Cristo. Na verdade, ele nos conclama a pensar "a mesma coisa", não ter em "...vista o que é propriamente seu, se não também cada qual o que é dos outros" e para ter "...o mesmo sentimento que houve também em Cristo Jesus" (Filipenses 2:2-5). Pense nisto. Jesus deixou Suas próprias prerrogativas e privilégios por nós; Ele escolheu viver como servo e pagou o supremo sacrifício que poderia nos trazer um relacionamento cheio de alegria com Ele (Hebreus 12:2). E Ele fez tudo isso a despeito de nossas chatices (Romanos 5:8).

Portanto, da próxima vez que você estiver próximo a alguém com quem é difícil conviver, peça a Jesus para ajudá-lo a encontrar uma maneira de compartilhar o Seu amor. Em tempo, você poderá se surpreender como Deus pode mudar sua atitude em relação às pessoas. –JMS

Ter a mente de Cristo é a chave para conviver bem com os outros.

4 de janeiro

SIRVA-SE

LEITURA:
Salmo 146

**Bem-aventurado aquele que tem o Deus de Jacó por seu auxílio, cuja esperança está no SENHOR, seu Deus.
—Salmo 146:5**

A BÍBLIA EM UM ANO:
☐ Gênesis 10–12
☐ Mateus 4

Vi recentemente na televisão um anúncio de uma rede de restaurantes que fez um apelo dramático. O anúncio dizia que nesses restaurantes você poderia "servir-se até ficar feliz". Não seria bom se uma porção de batatas, carne, massa ou sobremesa fosse tudo que é necessário para proporcionar felicidade? Infelizmente, nenhum restaurante pode cumprir essa promessa.

Felicidade é algo ilusório — como podemos ver em quase todas as áreas da vida. Nossa busca por felicidade pode envolver comida ou uma série de outras coisas, mas, no fim, a felicidade continua a escapar do nosso alcance.

Por quê? Em grande parte é porque as coisas que tendemos a buscar não tocam as necessidades mais profundas dos nossos corações. Nossas buscas podem proporcionar momentos de diversão, distração ou prazer, mas o grito dos nossos corações continua sem ser ouvido — o grito por ajuda e esperança. Por essa razão, o salmista destaca um caminho melhor quando diz, "Bem-aventurado aquele que tem o Deus de Jacó por seu auxílio, cuja esperança está no SENHOR, seu Deus" (Salmo 146:5).

Servir-se? Sim — Se estivermos procurando a felicidade encontrada no Senhor. Encontramos a felicidade que procuramos somente quando nos confiamos a Deus e ao Seu cuidado. Encontramos esperança e ajuda somente ao confiarmos nele. —WEC

Aquele que coloca Deus em primeiro lugar terá a felicidade duradoura.

5 de janeiro

SOLITUDE

LEITURA:
Atos 11:19-26; 13:1-3

Então, jejuando, e orando, e impondo sobre eles as mãos, os despediram.
—Atos 13:3

A BÍBLIA EM UM ANO:
☐ Gênesis 13–15
☐ Mateus 5:1-26

O restaurante *El Bulli*, que fica duas horas ao norte de Barcelona, é tão famoso que os clientes devem reservar uma mesa com seis meses de antecedência. Contudo, o renomado chefe de cozinha espanhol, Ferran Adrià, resolveu fechar as portas do seu premiado restaurante por dois anos, para que ele e seus funcionários pudessem ter tempo para pensar, planejar e inovar. O chefe disse a uma renomada revista de bordo, "Se estamos ganhando todos os prêmios, por que mudar? Trabalhar 15 horas por dia nos deixa com pouquíssimo tempo para criar." Em meio ao grande sucesso, eles investiram tempo para o que era mais importante para a equipe.

A igreja do primeiro século em Antioquia vivenciou um tempo de crescimento extraordinário quando "...muitos, crendo, se converteram ao Senhor" (Atos 11:21). Como consequência, Barnabé e Saulo ensinavam aos novos cristãos (vv.25-26). Mas com o trabalho árduo, eles investiram tempo para buscar o Senhor em oração e jejum (Atos 13:2-3). Por meio desta atitude, Deus revelou Seu plano de levar o evangelho à Ásia.

Poucas pessoas podem parar por dois anos para pensar e planejar. Mas todos nós podemos arrumar tempo em nossa agenda para buscar ao Senhor com seriedade em oração. À medida que abrimos nossos corações e mentes para Deus, Ele será fiel em revelar os passos de vida e serviço que honram o Seu nome. —DCM

A oração é tão importante quanto o respirar.

6 de janeiro

Que te importa?

Leitura:
João 21:15-22

...que te importa? Quanto a ti, segue-me. —João 21:22

A Bíblia em um ano:
☐ Gênesis 16–17
☐ Mateus 5:27-48

Quando você assiste ao concerto de um coral infantil, não se surpreende quando as crianças olham para qualquer lugar menos para o maestro. Elas se mexem, contorcem e cutucam umas as outras. Ficam na ponta dos pés para procurar seus pais na plateia, e levantam suas mãos para acenar quando os veem. Eventualmente cantam. Nós sorrimos das suas excentricidades. Esse comportamento é engraçado em crianças; não é igualmente engraçado quando membros de um coro adulto não observam o maestro. A música de Deus depende dos cantores que prestam atenção no regente, assim eles podem permanecer juntos enquanto cantam.

Os cristãos, às vezes, são como cantores num coral infantil. Em vez de olharem para Jesus, o grande maestro da sinfonia da vida, ocupam-se contorcendo e olhando uns para os outros ou observando a plateia.

Jesus admoestou Pedro por tal comportamento, e lhe disse o que seria exigido dele, Pedro apontou para João e perguntou, "E ele?" Jesus respondeu com uma pergunta: "...que te importa? Quanto a ti, segue-me" (João 21:22).

Às vezes nos distraímos com o que os outros estão fazendo. Pensamos que o plano de Deus para suas vidas é melhor que Seu plano para as nossas. Mas o plano de Deus para cada um de nós é o mesmo: Seguir Jesus. Quando o observamos atentamente, não nos distraímos pelos planos que Deus tem para outras pessoas. —JAL

Cada filho de Deus tem um lugar especial em Seu plano.

7 de janeiro

TOTALMENTE EQUIPADOS

LEITURA:
2 Timóteo 3:14-17

Toda a Escritura é inspirada por Deus [...] a fim de que o homem de Deus seja perfeito e [...] habilitado para toda boa obra.
—2 Timóteo 3:16-17

A BÍBLIA EM UM ANO:
☐ Gênesis 18–19
☐ Mateus 6:1-18

O suíço Karl Elsener, projetista de equipamentos cirúrgicos no século 19 aperfeiçoou um canivete militar. Hoje seu canivete suíço está associado à excelência em lâminas e às diversas utilidades. Um canivete inclui a lâmina de corte, lixa, tesoura, lupa, abridor de latas, chave de fenda, régua, palito de dente, caneta, e mais — tudo em um só canivete! Se você estiver acampando no mato, este único item certamente pode fazê-lo sentir-se bem equipado para sobreviver.

Precisamos de algo que nos equipe para sobrevivermos espiritualmente neste mundo pecaminoso. Deus nos deu a Sua Palavra, uma espécie de canivete espiritual para a alma. Paulo escreve: "Toda a Escritura é inspirada por Deus e útil para o ensino, para a repreensão, para a correção, para a educação na justiça, a fim de que o homem de Deus seja perfeito e perfeitamente habilitado para toda boa obra" (2 Timóteo 3:16-17).

A palavra *habilitado* significa "suprir, ajustar-se completamente." De que maneira a Bíblia nos habilita para a jornada da vida? Ela traz a verdade espiritual na doutrina, repreensão em demonstrar nossas imperfeições, correção ao revelar nossas falhas pecaminosas e instrução para viver uma vida santificada. Não há ferramenta mais valiosa do que a Palavra de Deus para nos tornar perfeitamente habilitados para a sobrevivência espiritual e crescimento pessoal. —HDF

A Bíblia contém os nutrientes necessários para uma alma saudável.

8 de janeiro

O DESTINO DOS PECADORES

LEITURA:
Romanos 5:16-15

Mas Deus prova o seu próprio amor para conosco pelo fato de ter Cristo morrido por nós, sendo nós ainda pecadores. —Romanos 5:8

A BÍBLIA EM UM ANO:
☐ Gênesis 20–22
☐ Mateus 6:19-34

Meu amigo estava conversando com um homem que não tinha muitas coisas boas a dizer sobre a fé cristã. Ele sabia que se soasse muito "religioso," estragaria qualquer oportunidade de testemunhar. Sendo assim, no meio da discussão entre eles, meu amigo disse: "—Bruno, você sabe qual é o destino dos pecadores?"

"—Esta é fácil", respondeu ele, "você vai me dizer que o destino deles é o inferno."

"—Não", disse meu amigo. "—Eles vão à igreja."

Bruno ficou sem fala. Esta não era a resposta que esperava, pois não estava pronto para ouvir de um cristão que ele mesmo não era perfeito. Meu amigo então teve a chance de compartilhar que os cristãos entendem a sua pecaminosidade e a necessidade de contínua restauração espiritual. Ele pode explicar sobre a graça — o favor imerecido que recebemos de Deus apesar dos nossos pecados (Romanos 5:8-9; Efésios 2:8-9).

Talvez não damos aos que estão fora da igreja uma imagem clara do que acontece em seu interior. Eles podem não entender que estamos lá para louvar o nosso Salvador por nos dar "...a redenção, a remissão, dos pecados" (Colossenses 1:14).

Sim, os pecadores vão à igreja. E os pecadores perdoados vão para o céu por causa da graça de Deus. —JDB

A igreja é um hospital para os pecadores, não um clube para os santos.

9 de janeiro

Fazendo Certo

Leitura:
Lucas 19:1-10

...se nalguma coisa tenho defraudado alguém, restituo quatro vezes mais. —Lucas 19:8

A Bíblia em um ano:
☐ Gênesis 23–24
☐ Mateus 7

Era o dia perfeito para um bazar em nossa garagem — claro e quente. As pessoas remexiam nas roupas, livros e pratos desaparelhados. Reparei numa jovem olhando para um colar de contas brancas. Minutos depois, o colar e a sua admiradora desapareceram. Avistei-a na rua, corri da garagem à calçada, e descobri a joia desaparecida aninhada em suas mãos. Ao olharmos uma para a outra sabendo o que tinha acontecido, ela se ofereceu para pagar pelo item roubado.

Zaqueu, o coletor de impostos que subiu numa árvore, conheceu Jesus e mudou. Ele prometeu pagar quatro vezes mais o valor do dinheiro que ele tinha tirado desonestamente dos outros (Lucas 19:8). Naqueles dias, coletores de impostos frequentemente aumentavam o imposto para os cidadãos e embolsavam os lucros extras. A ansiedade de Zaqueu para devolver o dinheiro e para doar metade dos seus bens aos pobres demonstrou uma mudança significativa de coração. Ele tinha sido um "tomador", mas após encontrar Jesus, ele estava determinado a fazer as restaurações devidas e ser um doador.

O exemplo de Zaqueu pode nos inspirar a fazer o mesmo tipo de mudança. Quando Deus nos lembra a respeito de itens que tomamos, impostos não pagos, ou maneiras que prejudicamos os outros, podemos honrá-lo fazendo restaurações. —JBS

Nunca é tão tarde para uma pessoa honesta pagar suas dívidas.

10 de janeiro

VISÃO ESPIRITUAL

LEITURA:
Lucas 15:1-7

...no qual temos a redenção, pelo seu sangue, a remissão dos pecados segundo a riqueza da sua graça... —Efésios 1:7

A BÍBLIA EM UM ANO:
☐ Gênesis 25–26
☐ Mateus 8: 1-17

Um prisioneiro que sobreviveu por 14 anos num presídio cubano contou como ele manteve vivas a sua alma e suas esperanças. "Não havia janela em minha cela, e então construí mentalmente uma na porta. Em minha mente 'via' uma linda cena montanhosa, com água escorrendo das fendas sobre as rochas. Esta visão tornou-se tão verdadeira para mim que eu podia visualizá-la sem esforço toda vez que olhava para a porta da cela."

Ironicamente, alguns dos livros mais esperançosos da Bíblia — Filipenses, Colossenses, e Efésios — foram escritos quando Paulo estava em Roma em prisão domiciliar. A carta aos Efésios dá uma dica sobre o que o apóstolo Paulo viu quando pensava sobre a sua vida além deste seu local de confinamento.

Primeiro, ele viu o crescimento espiritual nas igrejas que deixara para trás. Este livro começa com uma explosão de ação de graças pela vitalidade da Igreja de Éfeso (Efésios 1:15,16). Dessa forma, ele procurou abrir os olhos dos seus corações aos lugares ainda mais exaltados: a "suprema riqueza" da graça de Deus (Efésios 2:7). Quando Paulo se empolga para expressar o plano de amor divino, nem uma nota de tristeza e pesar se infiltra no texto do livro de Efésios.

Se você se sente desmotivado ou questiona se a vida cristã vale a pena, o livro de Efésios mostra-se um ótimo estimulante, pois prescreve as riquezas em Cristo disponíveis a todos. —PY

Quem tem esperança em Deus e Sua Palavra jamais se desespera.

11 de janeiro

TESTEMUNHA OCULAR

LEITURA:
1 João 1:1-10

...Ora, a nossa comunhão é com o Pai e com seu Filho, Jesus Cristo.
—1 João 1:3

A BÍBLIA EM UM ANO:
☐ Gênesis 27–28
☐ Mateus 8:18-34

Quando os apresentadores do programa de televisão norte-americano *Day of Discovery* (Dia da Descoberta) entrevistam pessoas para falar sobre uma biografia, nós da equipe gostamos especialmente de falar com aqueles que conhecem a vida das pessoas cuja história está sendo relatada. Ao longo dos anos, falamos com um homem que morou no mesmo campo de concentração na China onde Eric Liddell esteve; uma mulher que quando adolescente morou na casa de C. S. Lewis durante a Segunda Guerra Mundial; e um homem que foi o chofer do dr. George Washington Carver em uma turnê de palestras por todo o sudeste dos EUA. Todos eles falaram livre e abertamente sobre a pessoa especial que conheceram.

No momento em que João, um dos 12 discípulos de Jesus, estava velho, ele escreveu uma carta cujas palavras iniciais o consagraram como uma testemunha ocular e uma companhia próxima de Jesus: "...e a vida se manifestou, e nós a temos visto, e dela damos testemunho, e vo-la anunciamos, a vida eterna, a qual estava com o pai e nos foi manifestada" (1 João 1:2). Seus objetivos ao escrever eram que "...vós, igualmente, mantenhais comunhão conosco. Ora, a nossa comunhão é com o Pai e com seu Filho, Jesus Cristo" (v.3) e "...para que a nossa alegria seja completa" (v.4).

As testemunhas oculares dos discípulos de Jesus ajudam a nos conduzir à fé em Cristo. Ainda que não o tenhamos visto como os discípulos viram, nós cremos. —DCM

Bem-aventurados os que não viram e creram.
—Jesus

12 de janeiro

A DÁDIVA DO SONO

LEITURA:
Salmo 121

Inútil vos será levantar de madrugada, repousar tarde, comer o pão [...]; aos seus amados ele o dá enquanto dormem.
—Salmo 127:2

A BÍBLIA EM UM ANO:
☐ Gênesis 29–30
☐ Mateus 9:1-17

Dormir é essencial para uma boa saúde. Os cientistas não sabem exatamente por que precisamos do sono, mas eles sabem o que acontece quando não dormimos o suficiente. Arriscamo-nos a envelhecer precocemente, ganhar peso e doenças — de resfriados e gripes até câncer. O que Deus aperfeiçoa em nosso corpo enquanto derivamos para a ilha dos sonhos nada mais é do que miraculoso. Enquanto dormimos, Deus repõe nossas energias, refaz e reconstitui nossas células, e reorganiza as informações em nossos cérebros.

São muitas as razões para não dormirmos o suficiente, e algumas não podemos resolver, mas a Bíblia indica que o excesso de trabalho não deveria ser uma delas (Salmo127:2). Dormir é uma dádiva de Deus que deveríamos receber com gratidão. Se não dormimos o suficiente, precisamos descobrir qual é o motivo. Levantamo-nos cedo e dormimos tarde para ganhar dinheiro para adquirir coisas que não precisamos? Estamos envolvidos em esforços ministeriais que pensamos que ninguém mais será capaz de fazer?

Às vezes sou propensa a acreditar que o meu trabalho quando estou acordada é mais importante do que o trabalho que Deus faz enquanto eu durmo. No entanto, recusar a dádiva do sono, dada por Deus, é como dizer-lhe que o meu trabalho é mais importante que o dele.

Deus não quer ninguém escravo do trabalho. Ele quer que desfrutemos a Sua dádiva do sono. —JAL

Se não sairmos de cena e descansarmos um pouco, podemos simplesmente desmoronar. —Havner

13 de janeiro

Está determinado...

Leitura:
1 João 5:10-15

Estas coisas vos escrevi, a fim de saberdes que tendes a vida eterna, a vós outros que crerdes em nome do Filho de Deus. —1 João 5:13

A Bíblia em um ano:
☐ Gênesis 31–32
☐ Mateus 9:18-38

Amo assistir futebol, e sou um fã do *Liverpool* na Liga Profissional do futebol inglês. Quando eles jogam fico muito ansioso. Enquanto assisto, sinto-me tão nervoso porque um gol ou um lance perdido pode mudar o resultado do jogo. Mas isso é parte daquilo que torna o jogo divertido. No entanto, há pouco tempo, vi um *replay* de um dos jogos do *Liverpool* e me surpreendi como me senti mais calmo ao assisti-lo. Qual o motivo? Porque eu já sabia o resultado, e em consequência pude relaxar e curtir as jogadas.

A vida muitas vezes se parece como a experiência de observar eventos esportivos ao vivo. Há choques e surpresas, frustrações e medos, porque não temos certeza dos resultados. Os seguidores de Cristo podem obter conforto, entretanto, pelo fato de que embora muitas situações da vida sejam incertas, nosso destino eterno está determinado pelo sacrifício de Jesus na cruz.

O apóstolo João escreveu: "Estas coisas vos escrevi, a fim de saberdes que tendes a vida eterna, a vós outros que crerdes em o nome do Filho de Deus" (1 João 5:13). A vida pode nos trazer surpresas ao longo do caminho, mas por causa da obra de Cristo podemos ter paz. Ele já determinou o nosso destino eterno. —WEC

Quando Cristo governa o coração, a paz governa o dia.

14 de janeiro

O AMOR DE DEUS

LEITURA:
Jó 12:1-10

No pensamento de quem está seguro, há desprezo para o infortúnio, um empurrão para aqueles cujos pés vacilam.
—Jó 12:5

A BÍBLIA EM UM ANO:
- ☐ Gênesis 33–35
- ☐ Mateus 10:1-20

Durante uma recessão difícil, organizei um grupo de apoio para ajudar os colegas cristãos a lidar com o desemprego. Revisamos os currículos, colocamos na internet e oramos juntos. Porém, surgiu um problema: Sempre que alguém conseguia um emprego, ele ou ela quase nunca voltava ao grupo para encorajar os outros, o que aumentava a solidão e o isolamento daqueles que permaneciam no grupo.

O pior, contudo, eram os comentários daqueles que nunca tinham passado pela perda de um emprego. Eles agiam como os amigos de Jó em seu sofrimento: "...se fores puro e reto, ele sem demora, despertará em teu favor e restaurará a justiça da tua morada" (Jó 8:6). Por volta do capítulo 12, Jó começa a expressar coisas em termos que os trabalhadores modernos podem entender. Ele diz que sente o desprezo por aqueles cuja vida é fácil (v.5).

Quando as coisas estão indo bem para nós, podemos começar a pensar que não temos problemas, somos melhores, ou de certo modo mais amados por Deus, do que aqueles que estão sofrendo. Esquecemos que todos sofrem as consequências que advêm deste mundo decadente.

Somos todos amados por Deus e todos nós precisamos dele — nos bons e maus momentos. Os sucessos, abundância e posições que Deus tem nos dado são ferramentas para nos ajudar a encorajar outros em seus momentos de dificuldades. —RKK

A humildade diante de Deus nos torna gentis diante dos outros.

15 de janeiro

HÁ PODER

LEITURA:
Tiago 5:13-18

...Muito pode, por sua eficácia, a súplica dos justos. —Tiago 5:16

A BÍBLIA EM UM ANO:
☐ Gênesis 36–38
☐ Mateus 10:21-42

Quando minha irmã descobriu que tinha câncer, pedi aos meus amigos que orassem. Quando ela fez a cirurgia, oramos para que o cirurgião fosse capaz de remover todo o câncer e que ela não tivesse que se submeter à quimioterapia ou radiação. E Deus respondeu positivamente! Quando compartilhei as novidades, uma amiga comentou, "estou tão feliz que há poder na oração." Respondi, "E eu estou grata que Deus tenha respondido com um sim desta vez."

Tiago diz que "...Muito pode, por sua eficácia, a súplica dos justos" (5:16). Mas "muito pode" e "eficácia" significa que quanto mais oramos, ou mais pessoas pedirmos para orar aumenta a probabilidade de Deus responder com um "sim"? Eu tive respostas "não" e "espere" o suficiente para questionar essa pergunta.

A oração é poderosa, mas é um mistério muito grande. Fomos ensinados a ter fé, a pedir sincera e audaciosamente, a perseverar, a nos rendermos à vontade divina. No entanto, Deus responde em Sua sabedoria e Suas respostas são as melhores. Eu estou muito agradecida por Deus querer ouvir os nossos corações, e não importa qual for a resposta, Ele ainda é bom.

Gosto das palavras de Ole Hallesby: "A oração e o sentimento de incapacidade são inseparáveis. Apenas os que se sentem incapazes podem orar verdadeiramente... Nossa necessidade é a nossa melhor oração." Por meio da oração podemos lidar com as nossas incapacidades. —AMC

A oração soa como o choro da criança aos ouvidos atentos de Deus.

16 de janeiro

De ponta--cabeça

Leitura:
Isaías 55:6-13

Porque os meus pensamentos não são os vossos pensamentos, nem os vossos caminhos os meus caminhos... —Isaías 55:8

A Bíblia em um ano:
☐ Gênesis 39–40
☐ Mateus 11

Há muitas coisas que me intrigam sobre Jesus. Um dos aspectos do Seu ministério que tem produzido reações controversas é a contradição em Seus ensinamentos sobre aspectos diferentes da vida.

Ao seguirmos em nossa jornada da vida, podemos pensar que já descobrimos tudo e que nossos padrões de pensamentos e comportamentos para viver o dia a dia estão profundamente arraigados. Todavia, Jesus nos interrompe em meio às nossas rotinas e nos chama para um novo e melhor caminho. Mas cuidado! Este encontro com as maneiras de Jesus agir será desafiador.

Considere estas proposições paradoxais: Para viver você deve morrer (Marcos 8:35); para ganhar você deve dar (Mateus 19:21); "Bem-aventurados os que choram..." (5:4); para governar você deve servir (Lucas 22:26); e o sofrimento tem propósito (5:10-11).

São pronunciamentos como estes que fazem as pessoas pensarem que Cristo é estranhamente inatingível. Mas nós somos os inalcançáveis. Ele não é contraditório, nós somos! Agimos como crianças que pensam saber melhor do que seus pais sobre aquilo que é o melhor.

Não me admira que Deus nos tenha dito: "...meus pensamentos não são os vossos pensamentos, nem os vossos caminhos, os meus caminhos..." (Isaías 55:8). Portanto, em vez de confiar em nossos instintos desordenados, vamos pedir-lhe que nos ajude a refletir as Suas maneiras de agir. —JMS

O que pode parecer desordenado para nós está na posição certa para Deus.

17 de janeiro

PROBLEMA

LEITURA:
João 16:25-33

**...No mundo, passais por aflições; mas tende bom ânimo; eu venci o mundo.
—João 16:33**

A BÍBLIA EM UM ANO:
☐ Gênesis 41–42
☐ Mateus 12:1-23

Estava contente por ver os últimos dias do ano se aproximarem. O ano tinha sido de muito pesar, doenças e tristezas. Sentia-me pronta para acolher o mês de janeiro com toda a pompa que tinha direito!

Mas ao chegar o primeiro mês do novo ano, vieram também as más notícias, uma após outra. Diversos amigos perderam seus pais. O irmão do meu pai morreu enquanto dormia. Outros amigos descobriram que tinham câncer. O irmão de um colega e o filho de um amigo morreram, ambos, trágica e abruptamente. Ao invés de os tempos tristes cessarem, o novo ano parecia trazer um novo *tsunami* de tristezas.

O livro de João 16:33 nos diz, "...No mundo, passais por aflições..." Nem mesmo aos filhos de Deus foi prometida uma vida de facilidades, prosperidade ou boa saúde. No entanto, nunca estamos sozinhos em nossas tribulações. O livro de Isaías 43:2 lembra-nos que mesmo que atravessemos águas profundas, Deus está conosco. Embora nem sempre entendamos os propósitos de Deus nas provações que enfrentamos, podemos confiar em Seu coração porque nós o conhecemos.

Nosso Deus é um Deus de amor abundante e "...nem a morte, nem a vida [...] nem as coisas do presente, nem do porvir [nunca poderá] separar-nos do amor de Deus, que está em Cristo Jesus, nosso Senhor" (Romanos 8:38-39). Quando a aflição vier, a promessa de Deus é estar presente. –CHK

Fé é acreditar que Deus está presente quando ouvimos apenas o silêncio.

18 de janeiro

VOCÊ É NECESSÁRIO

LEITURA:
1 Coríntios 12:14-16

...Contudo, Deus coordenou o corpo, concedendo muito mais honra àquilo que menos tinha... —1 Coríntios 12:24

A BÍBLIA EM UM ANO:
☐ Gênesis 43–45
☐ Mateus 12:24-50

Conta-se a história de um maestro que regia sua orquestra. O órgão tocava uma bela melodia, os tambores trovejavam, o som das trombetas ecoava e os violinos soavam belamente. Mas o maestro notou que algo estava faltando — o flautim. O flautinista se distraiu e esperou que seu instrumento não fizesse falta. O maestro o lembrou: "Cada um de nós é necessário."

Esta foi essencialmente a mesma mensagem que Paulo comunicou aos cristãos de Corinto em sua primeira carta a eles (1 Coríntios 12:4-7). Cada cristão exerce um papel importante no corpo de Cristo. Paulo deu uma lista de dons espirituais e comparou seus usos às funções das várias partes do corpo humano para o bem do todo (vv.8-10). Pode ser que os cristãos de Corinto tivessem culturas, dons e personalidades diferentes, mas eles eram cheios do mesmo Espírito e pertenciam ao mesmo corpo de Cristo. Paulo fez uma menção especial das partes do corpo que eram fracas e obscuras, e ensinou que todos os cristãos têm um papel necessário e significativo. Nenhuma parte é mais necessária do que qualquer outra.

Lembre-se, Jesus lhe deu uma parte importante e significativa a cumprir e a usará para edificar o Seu povo. —MLW

Como membro do corpo de Cristo você é parte necessária do todo.

19 de janeiro

Pronto para a Glória

Leitura:
Filipenses 1:12-23

Preciosa é aos olhos do Senhor a morte dos seus santos.
—Salmo 116:15

A Bíblia em um ano:
☐ Gênesis 46–48
☐ Mateus 13:1-30

O pregador e comentarista bíblico D. Martyn Lloyd-Jones, morreu no dia 1 de março de 1981. Ele foi pastor de uma capela em Londres de 1939–68. No fim da sua vida, Lloyd-Jones perdeu a habilidade de falar. Para indicar que não queria mais orações por sua recuperação, ele escreveu num pedaço de papel: "Não me impeçam de ir para a glória."

Como a vida é preciosa, pode ser difícil deixar os nossos amados partirem quando chega a hora de ir desta terra para o céu. No entanto, Deus estabeleceu o tempo que Ele planeja nos chamar para casa. O livro de Salmo 116:15 relata, "Preciosa é aos olhos do Senhor a morte dos seus santos."

Quando Paulo viu que a morte estava próxima, encorajou-se pelo que o aguardava no paraíso: "Já agora a coroa da justiça me está guardada, a qual o Senhor, reto juiz, me dará naquele Dia; e não somente a mim, mas também a todos quanto amam a sua vinda" (2 Timóteo 4:8).

Não importa onde os cristãos estão na jornada da vida, seu destino final é "...estar com Cristo, o que é incomparavelmente melhor" (Filipenses 1:23). Isto deveria nos dar a confiança para enfrentar os desafios da vida e nos confortar quando outros cristãos nos deixam para ir ao glorioso lar que Cristo preparou.

—HDF

A maior alegria da vida é a firme esperança da eternidade.

20 de janeiro

UMA CANÇÃO

LEITURA:
Deuteronômio 31:16-22

...Engrandecei o nosso Deus. Eis a Rocha! Suas obras são perfeitas... —Deuteronômio 32:3-4

A BÍBLIA EM UM ANO:
- ☐ Gênesis 49–50
- ☐ Mateus 13:31-58

Alegrei-me quando recebi um presente gratuito na correspondência — um CD de versículos musicados. Após ouvi-lo muitas vezes, algumas melodias aninharam-se em minha mente. Em pouco tempo, eu pude cantar as palavras de alguns versículos no livro de Salmos sem a ajuda da gravação.

A música pode nos ajudar a lembrar de palavras e ideias que de outra maneira poderíamos esquecer. Deus sabia que os israelitas esqueceriam-se dele quando entrassem na Terra Prometida (Deuteronômio 31:20). Eles o abandonariam, curvariam-se aos ídolos, e os problemas surgiriam (vv.16-18). Por causa disto, Deus pediu a Moisés para compor uma canção e ensiná-la aos israelitas para que pudessem lembrar-se da proximidade que tiveram com Deus no passado e do pecado que havia interferido em seu relacionamento com o Pai (31:19-22). Talvez o mais importante tenha sido que Deus queria que Sua nação se lembrasse do Seu caráter; Deus é a rocha, "...Suas obras são perfeitas, porque todos os seus caminhos são juízo, Deus é fidelidade, e não há nele injustiça; é justo e reto" (32:4).

Pense no que Deus pode querer que você lembre sobre Ele hoje. Seu poder, Sua santidade, Seu amor ou Sua fidelidade? Você consegue lembrar-se de uma canção que exalte o caráter de Deus? Em seu coração, cante-a para o Senhor (Efésios 5:19).
—JBS

Lembrar-se da bondade de Deus traz uma canção em nossos corações.

21 de janeiro

Braços abertos

Leitura:
Lucas 15:11-24

...Vinha ele ainda longe, quando seu pai o avistou, e, compadecido dele, correndo, o abraçou, e beijou. —Lucas 15:20

A Bíblia em um ano:
☐ Êxodo 1–3
☐ Mateus 14:1-21

No funeral da ex-primeira-dama dos EUA Betty Ford, seu filho Estêvão disse: "ela era a que tinha o amor e o consolo, e era a primeira a abraçá-lo. Dezenove anos atrás quando afundei no alcoolismo, minha mãe... deu-me um dos maiores presentes, e mostrou-me o que significava render-se a Deus e aceitar a Sua graça em minha vida. E nos braços dela senti-me verdadeiramente como o filho pródigo voltando ao lar, e pude sentir o amor de Deus por meio do amor de minha mãe. E foi um bom presente."

A parábola de Jesus sobre um jovem que pediu e desperdiçou sua herança e em seguida humildemente voltou ao lar nos deixa maravilhados com a reação de seu pai: "...Vinha ele ainda longe, quando seu pai o avistou, e, compadecido dele, correndo, o abraçou, e beijou"(Lucas 15:20). Em vez de um sermão ou uma punição, o pai expressou amor e perdão ao dar-lhe uma festa. Por quê? "...porque este meu filho estava morto e reviveu, estava perdido e foi achado..." (v.24)

O filho concluiu o tributo à mãe com as palavras: "Obrigado, mãe, por nos amar, amar seu marido, seus filhos e a nação, com o amor de Deus."

Que Deus possa nos capacitar a estendermos os nossos braços aos outros, assim como os dele estão abertos a todos os que se voltam a Ele. —DCM

Os pecadores perdoados conhecem o amor e o demonstram.

22 de janeiro

Escolha seu Deus

Leitura:
Josué 24:14-18

...escolhei hoje a quem sirvais [...] Eu e a minha casa serviremos ao Senhor. —Josué 24:15

A Bíblia em um ano:
☐ Êxodo 4–6
☐ Mateus 14:22-36

Vi, recentemente, um comercial para um jogo *on-line* baseado na mitologia grega. Falava sobre exércitos, deuses mitológicos, heróis e perseguições. A descrição de como o jogo começava chamou minha atenção, pois dizia: Você se registra *on-line*, escolhe seu deus, e em seguida constrói seu império.

Uau! "escolher seu deus." Essas palavras, embora apresentadas casualmente no anúncio, atingiram-me como sendo características de uma das coisas mais perigosas do nosso mundo. Em um jogo, pode ser insignificante qual "deus" você escolhe; mas no mundo real essa escolha tem consequências eternas.

Para uma geração de israelitas cercada pelos deuses dos seus dias, Josué declarou que eles deveriam escolher seu deus — mas isto não deveria ser feito de uma maneira improvisada. Ele deu o exemplo ao dizer: "Porém, se vos parece mal servir ao Senhor, escolhei, hoje a quem sirvais: se aos deuses a quem serviram vossos pais que estavam dalém do Eufrates ou aos deuses dos amorreus em cuja terra habitais. Eu e a minha casa serviremos ao Senhor" (Josué 24:15).

Hoje, como nos dias de Josué, há muitas opções. Há, contudo, somente uma escolha sábia — o Deus verdadeiro. Josué fez a escolha certa. "...serviremos ao Senhor". —WEC

Nada pode preencher o vazio em seu coração exceto Deus.

23 de janeiro

Palavras Sadias

Leitura:
Efésios 4: 25-32

Não saia da vossa boca nenhuma palavra torpe, e sim unicamente a que for boa para edificação, conforme a necessidade... —Efésios 4:29

A Bíblia em um ano:
☐ Êxodo 7–8
☐ Mateus 15:1-20

Algum tempo atrás, uma atriz vencedora do prêmio Emmy posicionou-se corajosamente ao sair no meio da cerimônia do Prêmio Anual de Música Americana. Sua razão? Ela ficou cada vez mais chateada e desapontada pelo que ela descreve como "uma investida de piadas indecentes e de comentários indecorosos" e observações cruas e atrevidas dos apresentadores, artistas e anfitriões. Ela disse que a noite foi uma afronta a qualquer pessoa com o mínimo de dignidade e autorrespeito.

O discurso inconveniente era um problema até mesmo nos dias do apóstolo Paulo. Ele lembrou os cristãos em Éfeso que deveriam despojar-se da vulgaridade, lascívia, calúnias, e linguagem obscena de suas vidas (Efésios 5:4; Colossenses 3:8). Estas eram as expressões de suas vidas antes da justificação (1 Coríntios 6:9-11), e tais expressões, já não tinham lugar em sua nova identidade em Cristo. Em vez disso, as suas vidas seriam caracterizadas pelo discurso íntegro. Suas palavras de edificação dariam graça aos ouvintes. O Espírito Santo os ajudaria a guardar as suas palavras, os convenceria do discurso inadequado e os ajudaria a usar palavras para beneficiar outros (João 16:7-13).

Fomos chamados a demonstrar a presença de Deus com tudo o que somos, e isso inclui nossas palavras. Que nossas bocas possam estar repletas de gratidão e palavras que edifiquem aos outros. —MLW

Uma vida transformada reflete palavras que edificam.

24 de janeiro

SEMELHANTE A JESUS

LEITURA:
1 João 2:5-11

...aquele que diz que permanece nele, esse deve andar assim como ele andou.
—1 João 2:6

A BÍBLIA EM UM ANO:
☐ Êxodo 9–11
☐ Mateus 15:21-39

Durante um culto infantil, a professora falou sobre o primeiro dos Dez Mandamentos: "Não terás outros deuses diante de mim" (Êxodo 20:3). Ela sugeriu algumas maneiras para as crianças guardarem este mandamento, e disse, "nada deve vir antes de Deus — nem doces, nem tarefas da escola, nem videogames." Disse-lhes também que colocar Deus em primeiro lugar significava que o tempo investido com Ele, na leitura da Bíblia e oração deveria vir antes de qualquer outra atividade.

Uma criança mais velha no grupo respondeu com uma instigante pergunta. Ela perguntou se o fato de ser cristão significava seguir regras ou se, em vez disso, Deus queria estar envolvido em todas as áreas das nossas vidas.

Às vezes cometemos erros como vermos a Bíblia como uma lista de regras. Certamente obedecer a Deus (João 14:21) e investir tempo com Ele é importante, mas não porque precisamos ser cumpridores de regras. Jesus e o Pai tinham um relacionamento baseado em amor. Quando nos relacionamos com Deus, desejamos investir o nosso tempo com Ele e obedecê-lo, assim podemos nos tornar mais parecidos com Jesus. João disse: "...aquele que diz que permanece nele [Jesus] esse deve também andar assim como ele andou" (1 João 2:6). Ele é o exemplo que podemos seguir.

Quando queremos entender como amar, como ser humilde, como ter fé ou mesmo como estabelecer as nossas prioridades, podemos olhar para Jesus e seguir o Seu coração. —AMC

Jesus nos chama para segui-lo.

25 de janeiro

LISTA DE CONVIDADOS

LEITURA:
Lucas 14:7-4

...ao dares um banquete, convida os pobres, os aleijados, os coxos e os cegos; e serás bem-aventurado...
—Lucas 14:13-14

A BÍBLIA EM UM ANO:
☐ **Êxodo 12–13**
☐ **Mateus 16**

Qumran foi uma comunidade judaica do primeiro século que se isolou das influências externas para se preparar para a chegada do Messias. Eles tiveram grande cuidado com a vida religiosa, lavagens cerimoniais e estrita observação às regras de conduta. Documentos remanescentes mostram que eles não permitiam coxos, cegos e aleijados em suas comunidades; baseavam-se em suas próprias convicções de que qualquer um que tivesse um "defeito" físico era cerimonialmente impuro. Na comunhão ao redor da mesa, os inválidos nunca participavam como convidados.

Ironicamente, naquela mesma época, o Messias de Israel trabalhava nas cidades e vilas da Judeia e Galileia. Jesus proclamou o reino de Seu Pai, trouxe ensino e conforto, e realizou poderosos milagres. Corajosamente, o Senhor proclamou: "Antes, ao dares um banquete, convida os pobres, os aleijados, os coxos e os cegos; e serás bem-aventurado..."(Lucas 14:13-14).

O contraste entre as palavras de Jesus e a lista da "elite espiritual" dos convidados de *Qumran* nos ensina. Com frequência, gostamos de nos sentar à mesa com pessoas que pareçam, pensem, e ajam como nós. Mas nosso Deus nos exorta a ser como Ele e a abrirmos as nossas portas a todos. —HDF

O evangelho inclusivo não pode ser partilhado por um povo exclusivo. —George Sweeting

26 de janeiro

HORA DA HISTÓRIA

LEITURA:
2 Coríntios 3:1-11

...estando já manifestos como carta de Cristo [...] escrita não com tinta, mas pelo Espírito do Deus vivente...
—2 Coríntios 3:3

A BÍBLIA EM UM ANO:
☐ Êxodo: 14–15
☐ Mateus: 17

Quando criança, eu amava quando minha mãe lia para mim, sentava-me em seu colo e ouvia cada palavra. Enquanto ela lia, eu examinava os detalhes de cada figura e esperava ansiosamente para ouvir o que viria na página seguinte.

Você já pensou sobre a ideia de as nossas vidas contarem uma história? Em cada situação — boa, má ou indiferente — as pessoas ao nosso redor estão observando e ouvindo as histórias que contamos. Nossa história é comunicada não somente por nossas palavras, mas também por nossas atitudes e ações ao reagirmos às bofetadas e bênçãos da vida. Nossos filhos e netos, cônjuge, vizinhos e colegas de trabalho, todos podem observar a história que estamos contando.

O apóstolo Paulo nos lembra de que como seguidores de Jesus, nossas vidas são como carta "...conhecida e lida por todos os homens [...] carta de Cristo [...] escrita não com tinta, mas pelo Espírito do Deus vivente..." (2 Coríntios 3:2-3).

Qual é a história que aqueles ao nosso redor estão lendo por meio da carta de nossas vidas? Histórias de perdão? Compaixão? Generosidade? Paciência? Amor?

Se você experimentou a alegria de uma vida cheia de graça que vem do Espírito de Deus em sua vida, então bem-vindo à alegria de ser um dos contadores de história da grandeza de Deus! —JMS

Permita que a sua vida conte a história do amor e misericórdia de Cristo ao mundo a sua volta.

27 de janeiro

A VERDADEIRA LIDERANÇA

LEITURA:
Marcos 10:35-45

...e quem quiser ser o primeiro entre vós será servo de todos. —Marcos 10:44

A BÍBLIA EM UM ANO:
- ☐ Êxodo 16–18
- ☐ Mateus 18:1-20

Enquanto visitava o campus universitário num dia gelado de inverno, deparei-me com dois rapazes lascando uma grossa camada de gelo na calçada próxima a uma casa de irmandade. Deduzindo que deveriam ser calouros a quem tinha sido atribuído o duro trabalho pelos veteranos da fraternidade, perguntei: "Eles não mencionaram estes tipos de tarefas quando vocês ingressaram, mencionaram?" Um deles olhou para cima com um sorriso e disse, "Bem, somos ambos veteranos. Eu sou o vice-presidente e o meu amigo aqui é o presidente." Eu os agradeci pelo seu trabalho duro e segui meu caminho sendo lembrado que a marca de um verdadeiro líder é o seu serviço aos outros.

Quando dois dos discípulos de Jesus lhe pediram cargos de honra no Seu reino vindouro, o Senhor reuniu seus Doze seguidores mais próximos e lhes disse: "...quem quiser tornar-se grande entre vós, será esse o que vos sirva; e quem quiser ser o primeiro entre vós será servo de todos" (Marcos 10:43-44). Se houve alguma dúvida sobre o que Jesus quis dizer, Ele os lembrou de que Ele não tinha vindo para ser servido, mas para servir aos outros e dar Sua vida para resgatá-los do poder do pecado (v.45).

A marca da verdadeira liderança divina não é poder e privilégio, mas o serviço humilde. Deus nos dá força para seguirmos o exemplo de Jesus e indicar o Seu caminho. —DCM

Um líder qualificado é alguém que aprendeu a servir.

28 de janeiro

Os bons velhos tempos

Leitura:
Salmo 143:1-6

Lembro-me dos dias de outrora... —Salmo 143:5

A Bíblia em um ano:
☐ Êxodo 19-20
☐ Mateus 18:21-35

Às vezes nossas mentes voltam nos anos e anseiam por aqueles momentos e lugares que foram melhores — "os bons velhos tempos".

Mas para alguns, o passado abriga apenas memórias amargas. Nas profundezas da noite, eles ponderam suas próprias falhas, desilusões e fantasias, e pensam em como a cruel mão da vida os tratou.

É melhor relembrar o passado como Davi fez, contemplando os benefícios que Deus fez, "...penso em todos os teus feitos e considero nas obras das tuas mãos" (Salmo 143:5). Ao trazermos à mente a bondade do Senhor, podemos ver Suas bênçãos através dos anos. Estas são as memórias que fortalecem o bem mais elevado, pois evoca um profundo desejo por mais de Deus e mais do Seu suave cuidado. Elas transformam o passado em um lugar de familiaridade e comunhão com o nosso Senhor.

Ouvi uma história sobre uma senhora idosa que sentava em silêncio por horas em sua cadeira de balanço, as mãos dobradas em seu colo, olhos perdidos à distância. Um dia sua filha perguntou, "mãe, no que você pensa quando você senta aí tão quieta?" Sua mãe replicou suavemente com um brilho em seus olhos, "Isto é só entre Jesus e eu."

Eu oro para que nossas memórias e meditações possam atrair-nos à Sua presença. —DHR

A comunhão com Cristo é o segredo da felicidade agora e para sempre.

29 de janeiro

BUROCRACIA

LEITURA:
Romanos 5:1-8

...por intermédio de quem [Jesus] obtivemos [...] acesso, pela fé, a esta graça na qual estamos firmes; [...] na esperança da glória... —Romanos 5:2

A BÍBLIA EM UM ANO:
☐ Êxodo 21-22
☐ Mateus 19

A expressão "fita vermelha" descreve a irritante maneira como a burocracia impede as coisas de ficarem prontas. Originalmente, a frase refere-se à prática comum de prender documentos oficiais com uma fita vermelha. No anos iniciais do século 19, o termo foi popularizado pelos escritos de um historiador escocês, Thomas Carlyle, que protestava contra as procrastinações do governo. Após a Guerra Civil Americana, o problema da "fita vermelha" ressurgiu à medida que os veteranos da guerra lutaram para receber os seus benefícios. O termo denota frustração e desapontamento devido aos penosos obstáculos levantados para alcançarem os seus objetivos.

A fita vermelha e burocrática é quase lendária, mas há um lugar no universo onde ela nunca se aplica — o trono de Deus. No livro de Romanos 5:2, Paulo fala de Cristo, "...de quem obtivemos igualmente acesso, pela fé, a esta graça na qual estamos firmes..." Quando nossos corações estão partidos ou as nossas vidas atribuladas, não há burocracia que dificulte o nosso acesso a Deus. Jesus Cristo pavimentou o caminho de maneira que podemos ter acesso para entrar confiadamente na presença do Rei do céu (Hebreus 4:16).

Lembre-se, quando seu coração estiver ferido, você não terá que cortar muitas fitas vermelhas para apresentar suas necessidades a Deus. Por meio de Cristo, temos acesso completo e imediato. —WEC

O trono de Deus está sempre acessível aos Seus filhos.

30 de janeiro

Irrefreável

Leitura:
Números 22:10-34

Então o Senhor abriu os olhos a Balaão, ele viu o Anjo do Senhor, que estava no caminho... —Números 22:31

A Bíblia em um ano:
☐ Êxodo 23–24
☐ Mateus 20:1-16

Abaixo. Acima. Em volta. Através. Nada irá me impedir de fazê-lo. Ouço com frequência as pessoas expressarem esse tipo de atitude quando elas têm uma ideia ou veem uma oportunidade que lhes pareça boa ou vantajosa. Dedicam todos os seus recursos para conquistá-la.

Como evidência de que esta maneira de pensar possa ser falha, chamo uma jumenta como minha testemunha — uma que pertence a um homem chamado Balaão.

Um rei vizinho ofereceu a Balaão uma tarefa vantajosa, e ele perguntou a Deus se lhe era permitido aceitá-la (Números 22). Quando Deus disse não, os representantes do rei fizeram uma oferta melhor. Pensando que Deus poderia ter mudado de ideia, Balaão perguntou novamente. Deus permitiu a Balaão ir com os representantes, mas sob rigorosas condições. Deus conhecia o coração de Balaão e não estava contente com ele, portanto o Senhor colocou o Seu anjo no caminho. Balaão não podia ver o anjo, mas sua jumenta podia. Quando a jumenta recusou-se a continuar, Balaão irritou-se com o animal por bloquear o seu caminho.

A história de Balaão nos ensina que nem todo obstáculo foi feito para ser superado. Alguns são colocados por Deus para nos proteger de fazer algo tolo. Quando nossos planos são dificultados, não deveríamos presumir que é Satanás tentando nos parar. Pode ser Deus tentando nos proteger. —JAL

Deus está sempre nos protegendo — mesmo quando não percebemos que precisamos.

31 de janeiro

Resgatado

Leitura:
1 Coríntios 15:1-4, 20-25

...Crê no Senhor Jesus e serás salvo, tu e tua casa. —Atos 16:31

A Bíblia em um ano:
☐ **Êxodo 25–26**
☐ **Mateus 20:17-34**

Manuel Gonzalez foi o primeiro socorrista a alcançar os 33 mineiros presos por 69 dias na explosão em uma mina chilena, em 2010. Sob o enorme risco à sua própria vida, ele desceu cerca de 610 metros da terra para trazer os homens presos de volta à superfície. O mundo assistiu maravilhado como cada mineiro, um por um, foi resgatado e transportado à liberdade.

A Bíblia nos relata um resgate ainda mais maravilhoso. Pela desobediência de Adão e Eva, toda a humanidade está presa no pecado (Gênesis 2:17; 3:6,19; Romanos 5:12). Incapaz de libertar-se, cada pessoa enfrenta a morte certa — física e eterna. Mas Deus providenciou um Redentor — Jesus Cristo, o Filho de Deus. Todos os que aceitam o presente gratuito da salvação oferecida por meio de Sua morte e ressurreição são libertos das garras do pecado e do consequente castigo da morte (Romanos 5:8-11; 10:9-11; Efésios 2:1-10).

Jesus Cristo é "...primícias dos que dormem" (1 Coríntios 15:20). Ele foi o primeiro a ressuscitar dentre os mortos, para nunca mais morrer. Da mesma maneira, todos os que colocam sua fé em Cristo receberão vida (Romanos 8:11).

Você ainda está preso nas armadilhas dos seus pecados? Aceite o presente da salvação de Jesus e desfrute a liberdade de uma vida em Cristo e a eternidade com Ele (Atos 16:31; Efésios 2:1; Colossenses 2:13). —CPH

Por intermédio da Sua cruz, Jesus resgata e redime.

1 de fevereiro

Atitude do Coração

Leitura:
Efésios 6:5-9

...não servindo à vista, como para agradar a homens, mas como servos de Cristo, fazendo, de coração, a vontade de Deus... —Efésios 6:6

A Bíblia em um ano:
- ☐ Êxodo 27–28
- ☐ Mateus 21:1-22

Amo assistir a destreza e a paixão dos grandes atletas à medida que fazem o seu melhor em campo, pois é isso que demonstra o seu amor pelo jogo. Inversamente, quando uma longa temporada está acabando e a equipe já está praticamente eliminada do campeonato ou das partidas finais, às vezes, parece que os atletas "jogam meramente para cumprir tabela." Sua falta de paixão pode ser decepcionante para os fãs que pagaram para assistir a um bom jogo.

Do mesmo modo, a paixão é um aspecto chave das nossas vidas. A atitude do nosso coração em relação a Deus é revelada na maneira como o servimos. O apóstolo Paulo disse que servir ao Senhor compreende a maneira como desempenhamos nossas atividades diárias. Em Efésios 6:6-7, lemos que devemos fazer o nosso trabalho, "...não servindo à vista, como para agradar a homens, mas como servos de Cristo, fazendo, de coração a vontade de Deus; servindo de boa vontade, como ao Senhor e não como a homens".

A chave nesse versículo, para mim, é "de coração." Tenho um Pai celestial que me ama profundamente e que sacrificou Seu Filho por mim. Como posso fazer qualquer coisa menos do que dar-lhe o meu melhor? A paixão para viver para Deus, que vem "do coração", faz surgir a nossa melhor resposta àquele que fez tanto por nós. —WEC

O amor de Deus nos motiva a viver para Deus.

2 de fevereiro

NOVOS OLHOS

LEITURA:
Efésios 1:15-21

...iluminados os olhos do vosso coração, para saberdes qual a riqueza da glória da sua herança nos santos. —Efésios 1:18

A BÍBLIA EM UM ANO:
☐ Êxodo 29–30
☐ Mateus 21:23-46

Conheci uma estudante universitária recém-convertida a Cristo. E ela descreveu sua primeira mudança de vida da seguinte maneira: "Quando confiei em Cristo como Salvador, senti como se Deus tivesse descido dos céus e colocado novos olhos em minha cavidade ocular. Pude entender a verdade espiritual!"

Foi comovente ouvir como o seu encontro com o Salvador trouxe-lhe uma nova percepção espiritual. Mas a experiência dela não é singular. Todos são imbuídos com visão espiritual quando confiam em Cristo como seu Salvador. Contudo, por vezes um "nevoeiro" envolve nossa visão espiritual tornando-a nebulosa e obscura. Isso acontece quando negligenciamos nosso relacionamento com Cristo.

Nas ardentes orações de Paulo pela visão espiritual dos cristãos, vemos como é importante apreciar por completo tudo o que Deus fez e fará para nós, por meio de Cristo. Ele orou para que os olhos do nosso entendimento fossem iluminados para sabermos "...qual é a esperança do seu chamamento, qual a riqueza da glória da sua herança nos santos" (Efésios 1:18).

Cada cristão recebeu novos olhos para discernir as verdades espirituais. À medida que mantemos nossos corações voltados a Deus, Ele nos ajudará a ver com os nossos olhos espirituais tudo o que Ele nos deu em Cristo. —HDF

Outrora eu era cego, mas agora vejo!

3 de fevereiro

PROVE O SABOR

LEITURA:
Neemias 8:1-12

...todo o povo se foi a comer, a beber [...] e a regozijar-se grandemente.
—Neemias 8:12

A BÍBLIA EM UM ANO:
☐ Êxodo 31–33
☐ Mateus 22:1-22

Em uma cultura de ritmo acelerado do tipo "coma e corra," poucas pessoas conseguem tempo para desfrutar de uma calma refeição na companhia de amigos. Alguém até mesmo comentou que hoje a única maneira de se apreciar uma refeição completa é colocá-la inteira entre duas fatias de pão!

Após muitos dos israelitas exilados na Babilônia retornarem a Jerusalém para reconstruir o templo e os muros da cidade, eles se reuniram para ouvir Esdras ler o livro da Lei dado por Deus por intermédio de Moisés (Neemias 8:1). Os israelitas ouviram a Palavra de Deus por horas, enquanto os mestres dentre eles davam "...explicações, de maneira que entendessem o que se lia" (v.8).

Quando eles choraram por causa de suas falhas, Esdras e Neemias; o governador, lhes disseram que este não era um tempo para se entristecerem, mas alegrar-se. Foi lhes dito também para que preparassem um banquete e dividissem com aqueles que nada tinham, "...porque a alegria do SENHOR é a vossa força" (v.10). "Então, todo o povo se foi a comer, a beber, a enviar porções e a regozijar-se grandemente, porque tinham entendido as palavras que lhe foram explicadas" (v.12).

Para nós, é motivo de grande alegria — o banquete espiritual que Deus nos preparou em Sua Palavra. Vale a pena separar um tempo para saboreá-lo. —DCM

Deus, o Pão Vivo, satisfaz a nossa fome espiritual por meio da Palavra Viva.

4 de fevereiro

APENAS O NECESSÁRIO

LEITURA:
Mateus 6:25-34

...buscai, pois, em primeiro lugar, o seu reino e a sua justiça, e todas estas coisas vos serão acrescentadas. —Mateus 6:33

A BÍBLIA EM UM ANO:
- ☐ Êxodo 34–35
- ☐ Mateus 22:23- 46

Amo escrever para o *Pão Diário*. Confesso, entretanto, que me queixo aos meus amigos sobre como é difícil comunicar tudo o que eu gostaria de dizer em uma curta meditação. Se eu apenas pudesse usar mais do que 1345 caracteres!

Este ano, quando cheguei ao livro de Mateus no meu planejamento anual de leitura bíblica, pela primeira vez percebi algo. Ao ler sobre a tentação de Cristo (Mateus 4:1-11), percebi o quanto o texto foi curto. Mateus usou menos de 250 palavras para descrever um dos acontecimentos mais centrais em toda a Escritura. Em seguida, pensei em outras passagens, curtas e também poderosas: O Salmo 23 (575 caracteres) e a oração do Senhor em Mateus 6:9-13 (395 caracteres).

Está claro que eu não preciso de mais palavras, nem caracteres, só preciso usá-los bem. Isto também se aplica a outras áreas da vida — tempo, dinheiro, espaço. As Escrituras afirmam que Deus atende as necessidades daqueles que buscam o Seu reino e a Sua justiça (Mateus 6:33). O salmista Davi nos encoraja "...aos que buscam o SENHOR bem nenhum lhes faltará" (Salmo 34:10).

Se hoje você está pensando: " preciso apenas de um pouquinho mais" de alguma coisa, considere em vez disso, a possibilidade de que Deus lhe deu "o necessário". —JAL

É rico aquele que está satisfeito com o que tem.

5 de fevereiro

A LIÇÃO

LEITURA:
Romanos 12:14-21

Não te deixes vencer do mal, mas vence o mal com o bem.
—Romanos 12:21

A BÍBLIA EM UM ANO:
☐ **Êxodo 36–38**
☐ **Mateus 23:1-22**

Certo verão eu estava numa reunião de velhos conhecidos do Ensino Médio quando alguém por detrás bateu em meus ombros. Assim que meus olhos bateram no crachá com o nome daquela mulher, minha mente voltou no tempo. Lembrei-me de um bilhete firmemente dobrado que tinha sido empurrado pela fresta na minha gaveta. Nele estavam escritas palavras cruéis de rejeição que me envergonharam e quebrantaram meu espírito. Lembro-me de ter pensado: "alguém precisa lhe dar uma lição sobre como tratar as pessoas!" Embora me sentisse como se estivesse revivendo minha dor da adolescência, me recompus com o mais falso dos meus sorrisos; e comecei a falar palavras insinceras.

Começamos a conversar, e ela foi colocando para fora a triste história do seu crescimento e do casamento infeliz. À medida que falava, a expressão "raiz de amargura" do livro de Hebreus 12:15 surgiu em minha mente. É o que estou sentindo, pensei. Após todos esses anos, eu ainda tinha uma profunda raiz de amargura escondida em mim, entrelaçando e estrangulando meu coração.

Em seguida, estas palavras vieram a minha mente: "Não te deixes vencer do mal, mas vence o mal com o bem" (Romanos 12:21).

Conversamos, e até compartilhamos algumas lágrimas. Nenhuma de nós mencionou o incidente do passado. Naquela tarde, Deus ensinou uma lição a alguém — uma lição de perdão e desprendimento da amargura. Ele me ensinou. –CHK

A vingança nos aprisiona; o perdão nos liberta.

6 de fevereiro

Por nossas ações

Leitura:
Mateus 23:23-31

Até a criança se dá a conhecer pelas suas ações, se o que faz é puro e reto.
—Provérbios 20:11

A Bíblia em um ano:
☐ Êxodo 39–40
☐ Mateus 23:23-39

Certa noite um padre ia à igreja quando um ladrão lhe apontou uma arma e exigiu seu dinheiro ou sua vida. Quando ele pôs a mão no bolso para pegar a carteira, o ladrão viu seu crucifixo e disse: "Vejo que o senhor é padre. Não se preocupe, pode ir." O sacerdote, surpreso por aquele inesperado ato de piedade por parte do ladrão, ofereceu-lhe um bombom. O ladrão disse: "Não, obrigado. Não como doces durante a Quaresma."

O homem dispensou o doce como um pretenso sacrifício pela Quaresma, mas o fato de roubar demonstrou o seu verdadeiro caráter! Segundo o autor do livro de Provérbios, a conduta é o melhor indicador do caráter. Se alguém diz que é bondoso, suas palavras só podem ser provadas por práticas e ações consistentes (Provérbios 20:11). O mesmo acontecia com os líderes religiosos nos dias de Jesus. Ele condenou os fariseus e expôs sua hipocrisia por professarem piedade, mas negarem esta confissão com o pecado em suas vidas (Mateus 23:13-36). As aparências e as palavras são enganosas; o comportamento é o melhor juiz do caráter. Isto se aplica a todos nós.

Como seguidores de Jesus, demonstramos nosso amor por Ele, pelo que fazemos, e não apenas pelo que dizemos. Que, hoje, a nossa adoração a Deus, por causa do Seu amor por nós, seja revelada em nossas ações. —MLW

A melhor prova do caráter é a maneira de agir.

7 de fevereiro

À MARGEM

LEITURA:
Gênesis 39:19-23

O SENHOR, porém, era com José, e lhe foi benigno, e lhe deu mercê... —Gênesis 39:21

A BÍBLIA EM UM ANO:
☐ **Levítico 1–3**
☐ **Mateus 24:1-28**

Certa viagem de ônibus costuma levar 6 horas — a menos que o seu motorista o abandone no posto de gasolina. Foi o que aconteceu a 45 passageiros a bordo de um ônibus; eles esperaram 8 horas durante a noite pela reposição do motorista após o original tê-los abandonado. Eles devem ter ficado frustrados com o atraso, ansiosos pelos resultados do incidente e impacientes pelo resgate.

José provavelmente partilhou esses sentimentos quando foi lançado à prisão por um crime que não cometera (Gênesis 39). Abandonado e esquecido por qualquer homem que pudesse resgatá-lo, ele estava preso. Ainda assim, "O SENHOR, porém, era com José, e lhe foi benigno, e lhe deu mercê perante o carcereiro..." (v.21). Com o tempo, o carcereiro promoveu José a vigia de seus colegas prisioneiros, e tudo o que José fazia, "...o SENHOR prosperava" (v.23). Todavia, apesar da presença e bênção de Deus, José permaneceu encarcerado por anos.

Você pode ser abandonado numa sala de hospital, numa cela, num país estrangeiro ou em sua própria prisão interior. Não importa onde você estiver, ou quanto tempo tiver permanecido lá, as misericórdias e bênçãos divinas podem alcançá-lo. Porque Ele é o Deus Todo-poderoso (Êxodo 6:3) presente em todos os lugares (Jeremias 23:23-24), Ele pode proteger, encorajar e suprir suas necessidades quando parece que ninguém mais pode ajudar. –JBS

Deus está presente — mesmo quando sentimos que Ele está ausente.

8 de fevereiro

Verdade Misteriosa

Leitura:
João 17:20-26

Preciosa é aos olhos do Senhor a morte dos seus santos.
—Salmo 116:15

A Bíblia em um ano:
☐ Levítico 4–5
☐ Mateus 24:29-51

Às vezes, quando o Deus infinito transmite Seus pensamentos ao homem finito, o resultado é o mistério. Por exemplo, há um versículo profundo no livro de Salmos que parece apresentar mais perguntas do que respostas. "Preciosa é aos olhos do Senhor a morte dos seus santos" (Salmo 116:15).

Meneio minha cabeça e me pergunto: "mas como?". Vejo as coisas com os olhos terrenos, e para mim é difícil perceber o que é "precioso" no fato de nossa filha morrer num acidente de carro aos 17 anos de idade — ou de qualquer um de nós ter perdido pessoas amadas.

Contudo, começamos a desvendar o mistério quando consideramos que o precioso para o Senhor não está restrito às bênçãos terrenas. Este versículo examina a perspectiva do ponto de vista do paraíso. Por exemplo, sei pelo Salmo 139:16, que a chegada de Melissa ao lar celestial era esperada. Deus estava aguardando a chegada dela, a qual era preciosa aos Seus olhos. Portanto, pense nisto: Imagine a alegria do Pai quando Ele dá as boas-vindas aos Seus filhos e vê o seu completo êxtase por estarem face a face com o Seu Filho (João 17:24).

Quando a morte chega para os seguidores de Cristo, Deus abre os Seus braços para acolher essa pessoa em Sua presença. Mesmo em meio as nossas lágrimas, podemos perceber como a morte dos cristãos é preciosa aos olhos de Deus. —JDB

O pôr-do-sol numa terra
é o nascer do sol em outra.

9 de fevereiro

DESVIOS DIVINOS

LEITURA:
Mateus 1:18-25

...a quem pôs o nome de Jesus. —Mateus 1:25

A BÍBLIA EM UM ANO:
☐ Levítico 6–7
☐ Mateus 25:1-30

Tenho a tendência de ficar preso aos meus hábitos, portanto, qualquer coisa que me afaste dos meus planos e rotina pode ser muito irritante. Pior ainda, às vezes, os desvios da vida são inquietantes e dolorosos. Mas Deus, que disse, "... os meus pensamentos não são os vossos pensamentos, nem os vossos caminhos, os meus caminhos..." (Isaías 55:8) sabe que, com frequência, Ele precisa mudar a nossa direção, a fim de fazer das nossas vidas mais do que faríamos se permanecêssemos em nossos planos originais.

Pense em José, Deus o levou para o Egito a fim de prepará-lo para resgatar o povo escolhido de Deus da fome que havia. Ou em Moisés, que foi afastado do luxuoso estilo de vida do palácio de Faraó para encontrar Deus no deserto, na preparação para liderar o povo de Deus à Terra Prometida. Ou José e Maria a quem o anjo anunciou a alteração mais significativa de todas. Maria teria um filho, a quem chamaria de "...Jesus, porque ele salvará o seu povo dos pecados deles." (Mateus 1:21). José acreditou no maior propósito que Deus tinha para ele, rendeu-se àquela mudança de planos, e obedientemente "...pôs o nome de Jesus" (v.25). A continuação é uma história maravilhosa!

Podemos confiar nos maravilhosos planos de Deus, pois Ele faz o Seu melhor trabalho na história de nossas vidas. –JMS

Permita que Deus direcione — ou redirecione os seus passos.

10 de fevereiro

FOGO GREGO

LEITURA:
Tiago 3:1-12

... a língua é fogo; é mundo de iniquidade; [...] põe em chamas toda a carreira da existência humana...
—Tiago 3:6

A BÍBLIA EM UM ANO:
☐ Levítico 8–10
☐ Mateus 25:31-46

O fogo grego era uma solução química utilizada nas guerras da antiguidade pelo Império Bizantino contra os seus inimigos. Segundo uma fonte *on-line*, o fogo foi desenvolvido por volta do ano 672 d.C. e tinha um resultado devastador, especialmente em guerras marítimas porque podia queimar sobre as águas. Que tipo de fogo era este tal fogo grego? A verdadeira composição química permanece um mistério. Era um tipo de armamento militar tão valioso que a fórmula foi mantida em segredo absoluto — e foi perdida nas devastações da história. Hoje, os pesquisadores continuam tentando replicar essa antiga fórmula, mas sem sucesso.

Contudo, uma das fontes de destruição catastrófica entre os cristãos não é um mistério. Tiago nos diz que a origem da ruína em nossos relacionamentos é, com frequência, um tipo de fogo muito diferente. Ele escreveu, "...a língua é fogo; é mundo de iniquidade; a língua está situada entre os membros de nosso corpo, e contamina o corpo inteiro..." (Tiago 3:6). Essas palavras fortes nos lembram de como a imprudência com as palavras pode causar danos àqueles a nossa volta.

Em vez de criar um tipo de "fogo grego" verbal que pode destruir relacionamentos, famílias e igrejas, entreguemos nossas línguas ao controle do Espírito Santo e permitamos que nossas palavras glorifiquem ao Senhor. —WEC

Para frear a sua língua,
dê a Deus o controle de seu coração.

11 de fevereiro

DIAS CONTADOS

LEITURA:
Salmo 90:7-17

**Ensina-nos a contar os nossos dias, para que alcancemos coração sábio.
—Salmo 90:12**

A BÍBLIA EM UM ANO
☐ Levítico 11–12
☐ Mateus 26:1-25

Como consequência de um furacão devastador, um homem ficou do lado de fora do que sobrou de sua casa. Em meio aos escombros estavam as joias de sua mulher e seus próprios e valorosos pertences. Todavia, o homem não tinha qualquer intenção de entrar na casa semidestruída para procurar por seus pertences, e disse: "não vale a pena morrer por isso".

Em tempos de crise, com frequência, a nossa percepção sobre o que é realmente importante na vida costuma ficar mais evidente.

No Salmo 90, "Uma oração de Moisés," este homem de Deus olha para a vida do começo ao fim. À luz da brevidade da vida (vv.4-6) e da compreensão da justa ira divina (vv.7-11), Moisés suplica a Deus por entendimento: "Ensina-nos a contar os nossos dias, para que alcancemos coração sábio" (v.12).

Moisés continua este salmo com um apelo ao amor divino: "...Tem compaixão dos teus servos. Sacia-nos de manhã com a tua benignidade..." (vv.13-14). Ele conclui com uma oração pelo futuro : "Seja sobre nós a graça do Senhor, nosso Deus; confirma sobre nós as obras das nossas mãos..." (v.17).

Os nossos dias contados e a brevidade da vida nos convidam a aceitar o amor eterno de Deus, e, como Moisés, nos concentrarmos nas coisas mais importantes. —DCM

Nossos dias contados nos levam para o amor eterno de Deus.

12 de fevereiro

A MELHOR VIDA

LEITURA:
João 1:35-42

...[André] achou primeiro seu próprio irmão, Simão, a quem disse: Achamos o Messias...
—João 1:41

A BÍBLIA EM UM ANO:
☐ Levítico 13
☐ Mateus 26:26-50

Alguns meses atrás, tive que viajar à Flórida a trabalho. Em meu voo de retorno, tive a agradável surpresa de perceber que o meu banco tinha bastante espaço para as pernas. Senti-me muito bem por não estar acomodada numa área muito pequena. Somado a isso, havia um assento vazio ao meu lado! Todos os ingredientes para uma boa soneca.

Em seguida, lembrei-me daqueles à minha volta em seus assentos não tão confortáveis. Convidei algumas pessoas que eu conhecia que poderiam juntar-se a mim num lugar melhor, mas para minha surpresa, todas quiseram ficar em seus próprios assentos por vários motivos: Elas não queriam ser incomodadas com o deslocamento ou sentiam-se bem onde estavam.

Como cristãos, temos um convite muito mais significativo: Recebemos uma nova vida de fé em Jesus e queremos que outros a experimentem também. Alguns a desejarão, e outros não. No livro de João 1:40 lemos que André tinha começado a seguir Jesus. A primeira coisa que André fez foi encontrar o seu irmão Simão e convidá-lo a conhecer Jesus, o Messias (v.41), como ele havia feito. Jesus lhes ofereceu um novo e maravilhoso modo de viver, de conhecê-lo e desfrutar das Suas promessas: Seu perdão (Romanos 3:24), presença contínua (Hebreus 13:5), esperança (Romanos 15:13), paz (João14:27), e um futuro eterno em Sua presença (1 Tessalonicenses 4:17).

Você gostaria de participar? Jesus oferece a melhor vida. —AMC

Se você deseja que alguém saiba o que Cristo fará por ele, permita-lhe ver o que Cristo fez por você.

13 de fevereiro

Um pequeno sacrifício

Leitura:
Marcos 10:17-27

...para Deus tudo é possível.
—Marcos 10:27

A Bíblia em um ano:
☐ Levítico 14
☐ Mateus 26:51-75

Ao aguardarmos cheios de expectativas a celebração da Páscoa, começo a pensar sobre o sacrifício que Jesus fez para que eu pudesse ter a reconciliação com Deus. Para me ajudar a refletir sobre o que Ele renunciou por mim, faço um pequeno sacrifício pessoal. Quando me abstenho de algo que normalmente aprecio, cada desejo por aquela comida ou bebida ou passatempo lembra-me do quanto mais Jesus renunciou por mim.

Porque desejo ter êxito, minha tendência é renunciar alguma coisa que não seja uma grande tentação para mim. Ainda assim, falho. Minha incapacidade em ser perfeita em uma coisa pequena assim me lembra o motivo de a Páscoa ser tão importante. Se pudéssemos ser perfeitos, Jesus não precisaria ter morrido.

O jovem rico que Jesus encontrou ao longo da estrada da Judeia, tentava receber a vida eterna sendo bom. Jesus, no entanto, sabendo que o homem nunca poderia ser bom o bastante, disse, "...Para os homens [salvação] é impossível; contudo, não para Deus..." (Marcos 10:27).

Mesmo que renunciar a algo não torne ninguém bom, a renúncia nos lembra de que ninguém é bom, exceto Deus (v.18). E é importante lembrar-se de que esse é o motivo do sacrifício do Deus bom e perfeito que tornou possível a nossa salvação. —JAL

Jesus sacrificou a Sua vida pela nossa.

14 de fevereiro

SEGUNDA ESCOLHA?

LEITURA:
Gênesis 29:16-30

...pelo fato de ter Cristo morrido por nós, sendo nós ainda pecadores. —Romanos 5:8

A BÍBLIA EM UM ANO:
☐ Levítico 15–16
☐ Mateus 27:1-26

Lia deve ter ficado acordada a noite toda pensando no momento em que seu novo marido acordaria. Ela sabia que não era o seu rosto que ele esperava ver, mas o de Raquel. Jacó fora enganado, e quando percebeu que tinha caído numa *armadilha*, imediatamente fez um novo acordo com Labão para reivindicar a mulher que lhe fora prometida (Gênesis 29:25-27).

Você já se sentiu insignificante ou uma segunda escolha? Lia já sentiu-se assim, e isto se percebe nos nomes que foram escolhidos para os seus três primeiros filhos (vv. 31-35). Rúben significa "Deus consolou minha aflição", Simeão significa "Deus me ouviu", e Levi "aquele que une." O nome de todos eles contém palavras que indicam a falta de amor que ela sentia da parte de Jacó. Com o nascimento de cada filho, ela esperava desesperadamente atrair a afeição de Jacó e merecer o seu amor. No entanto, a atitude de Lia mudou lentamente, e ela deu ao seu quarto filho o nome de Judá, que significa "louvor" (v.35). Embora sentisse a rejeição do marido, talvez naquele momento tenha compreendido que era muito amada por Deus.

Nunca poderemos *merecer* o amor de Deus, pois isto não depende do que fazemos. Na verdade, a Bíblia diz que "...Cristo morreu por nós, sendo nós ainda pecadores..." (Romanos 5:8). Aos olhos de Deus, valemos o melhor presente que os céus poderiam oferecer — a dádiva do Seu precioso Filho. –CHK

Nada exprime o amor de Deus com mais clareza do que a cruz.

15 de fevereiro

Clamando a Deus

Leitura:
Salmo 142

...sejam conhecidas, diante de Deus, as vossas petições, pela oração e pela súplica... —Filipenses 4:6

A Bíblia em um ano:
☐ **Levítico 17–18**
☐ **Mateus 27:27-50**

Depois de todos estes anos, ainda não entendo completamente a oração. É um mistério para mim. Mas uma coisa eu sei: Quando estamos desesperadamente necessitados, a oração salta naturalmente de nossos lábios e do mais profundo de nossos corações.

Quando estamos desesperadamente desorientados, quando somos empurrados além dos nossos limites, quando somos arrancados da nossa zona de conforto, quando o nosso bem-estar é perturbado e posto em risco, nós reflexiva e involuntariamente recorremos à oração. "Socorro, Senhor!" é o nosso clamor natural.

O autor Eugene Peterson escreveu: "A linguagem da oração é forjada em meio ao teste severo da adversidade. Quando não podemos nos ajudar e pedir ajuda, quando não gostamos de onde estamos e queremos sair, quando não gostamos de quem somos e queremos uma mudança, usamos a linguagem instintiva, e essa linguagem torna-se a linguagem basilar da oração."

A oração começa nos problemas, e continua porque sempre estamos com algum tipo de problema. Não requer preparação especial, nem vocabulário preciso, nem postura apropriada. Surge em nós diante das necessidades e, com o tempo, torna-se a nossa resposta habitual a cada problema – bom ou ruim — que enfrentamos nesta vida (Filipenses 4:6). Temos o privilégio de levar todas as coisas a Deus em oração! —DHR

A ajuda de Deus está a apenas uma oração de distância.

16 de fevereiro

SAUDAÇÃO!

LEITURA:
2 João 1:1-11

Se alguém vem ter convosco e não traz esta doutrina, não o recebais em casa, nem lhe deis as boas-vindas. —2 João 1:10

A BÍBLIA EM UM ANO:
☐ Levítico 19–20
☐ Mateus 27:51-66

John Glenn fez história como o primeiro americano a orbitar sobre a Terra em 1962. Assim que o foguete subiu, a base de controle disse: "*Godspeed*, John Glenn" que vem da expressão, "Que a paz de Deus esteja com você."

Embora essa palavra não seja usada com frequência na atualidade, o apóstolo João a usou em sua segunda epístola: "Se alguém vem ter convosco e não traz esta doutrina, não o recebais em casa, nem lhe deis as *boas-vindas*" (2 João 1:10).

João é mencionado como "o apóstolo do amor," portanto por que ele advertiria os cristãos a não abençoar uns aos outros? Os evangelistas que viajavam dependiam da hospitalidade dos cristãos para lhes prover alojamento e alimentação. João estava falando aos cristãos que a verdade bíblica é importante. Se os missionários itinerantes não pregassem uma doutrina coerente com os ensinamentos apostólicos, os cristãos não deveriam abençoar o seu trabalho com a hospedagem ou a assistência financeira.

Aplica-se o mesmo aos cristãos de hoje. Devemos tratar a todos com generosidade porque Deus é bondoso para conosco. No entanto, quando somos solicitados a apoiar uma causa financeiramente, é importante sempre pedir sabedoria a Deus. O Espírito que nos guia na verdade (João 16:13) nos mostrará quando será apropriado abençoar àqueles que encontramos. —HDF

O Espírito de Deus por intermédio da Sua Palavra dá sabedoria para discernir a verdade do erro.

17 de fevereiro

ABENÇOADO PARA SERVIR

LEITURA:
Romanos 12:3-13

E há diversidade nas realizações, mas o mesmo Deus é quem opera tudo em todos. —1 Coríntios 12:6

A BÍBLIA EM UM ANO:
☐ Levítico 21–22
☐ Mateus 28

Um dia, me ocorreu que o meu pé direito faz todo o trabalho com os pedais quando dirijo meu carro de transmissão automática. O pé direito, sozinho faz funcionar o acelerador e o freio. O pé esquerdo fica inativo. O que acontecerá se eu decidir que para ser justo, meu pé esquerdo deve substituir o meu pé direito a metade do tempo enquanto eu estiver dirigindo? Se você nunca fez isso, por favor, não tente!

Se não exigimos tal igualdade entre membros do nosso próprio corpo, por que algumas vezes esperamos isto de pessoas na igreja? Essa parece ter sido uma questão que a igreja do primeiro século em Roma enfrentou. Alguns pensavam em si além do que convinha (Romanos 12:3) apenas porque faziam algumas coisas que outros não faziam. Mas Paulo nos lembra de que "...nem todos os membros têm a mesma função..." (v.4). Nós recebemos talentos de acordo com a graça de Deus (v.6). Ele nos deu estes dons para servirmos aos outros, não a nós mesmos (vv.6-13). Nosso servir deve ser marcado por cuidado e dedicação, pois servimos a Deus, não aos homens (v.11).

Portanto, não olhemos para o que os outros estão fazendo ou deixando de fazer. Veja como Deus pode usá-lo em Seu reino hoje, pois Ele lhe deu dons conforme o Seu agrado (v.3). —CPH

Nem todos podem ter a mesma função no serviço a Deus, mas todos devem trabalhar em harmonia.

18 de fevereiro

O PODER DA DEMONSTRAÇÃO

LEITURA:
1 Coríntios 2:1-5

...o reino de Deus consiste não em palavra, mas em poder.
—1 Coríntios 4:20

A BÍBLIA EM UM ANO:
☐ Levítico 23–24
☐ Marcos 1:1-22

Por duas décadas o ecologista Mike Hands vem ajudando os fazendeiros na América Central a adotar métodos mais efetivos de aumentar a safra. No entanto, para eles é difícil abandonar sua longa tradição agrícola de "cortar e queimar", embora saibam que isto destrói o solo e polui o ar.

Portanto, em vez de apenas falar com eles, Mike lhes mostra um caminho melhor. No documentário *Up and Smoke* (Queimando Tudo), ele diz: "Você tem que demonstrar, não pode pregar, não pode descrever. As pessoas devem ser capazes de colocar suas mãos à obra e ver."

Paulo adotou uma abordagem similar ao compartilhar o evangelho de Jesus Cristo. Ele escreveu aos cristãos em Corinto: "A minha palavra e a minha pregação não consistiram em linguagem persuasiva de sabedoria, mas em demonstração do Espírito e de poder, para que a vossa fé não se apoiasse em sabedoria humana, e sim no poder de Deus" (1 Coríntios 2:4-5).

Mais tarde nessa mesma carta, Paulo lhes disse novamente, "...o reino de Deus consiste não em palavra, mas em poder" (4:20).

Ao viver cada dia, peça a Deus para ajudá-lo a acompanhar suas palavras com ações. Quando permitimos que Deus aja em nós, demonstramos poderosamente Sua graça e amor. —DCM

Nossas palavras precisam estar apoiadas em ações.

19 de fevereiro

ESPERE

LEITURA:
1 Samuel 13:7-14

...disse Samuel a Saul: Procedeste nesciamente em não guardar o mandamento que o SENHOR, teu Deus, te ordenou... —1 Samuel 13:13

A BÍBLIA EM UM ANO:
☐ Levítico 25
☐ Marcos 1:23-45

Certo homem em São Francisco, Califórnia, nos EUA, impaciente, tentou escapar do movimento desviando-se de uma faixa de carros parados. Entretanto, ele entrou numa faixa que tinha acabado de ser cimentada, e o seu Porsche 911 ficou grudado no chão, sem poder sair do local. Este motorista pagou um alto preço por sua impaciência.

As Escrituras relatam sobre um rei que também pagou um alto preço por sua impaciência. Ansioso para Deus abençoar os israelitas na batalha contra os filisteus, Saul agiu impacientemente. Quando Samuel não chegou na hora marcada para oferecer um sacrifício por auxílio divino, Saul tornou-se impaciente e desobedeceu ao mandamento de Deus (1 Samuel 13:8-9,13). A impaciência fez Saul pensar que ele estava acima da lei, e se colocar na posição, não autorizada, de sacerdote. Ele pensou que poderia desobedecer a Deus sem sérias consequências. Estava errado.

Quando Samuel chegou, ele repreendeu Saul por sua desobediência e profetizou que este perderia o seu reino (vv. 13-14). A recusa de Saul em esperar pelo desenvolvimento do plano de Deus o motivou a agir apressadamente, e em sua pressa ele perdeu seu caminho (Provérbios 19:2). Sua impaciência foi a demonstração final de falta de fé.

O Senhor proverá Sua presença orientadora ao esperarmos pacientemente Ele executar a Sua vontade. —MLW

Paciência significa esperar o tempo de Deus e confiar no Seu amor.

20 de fevereiro

SEI ONDE ESTOU...

LEITURA:
Provérbios 3:1-8

Reconhece-o em todos os teus caminhos, e ele endireitará as tuas veredas.
—Provérbios 3:6

A BÍBLIA EM UM ANO:
☐ Levítico 26–27
☐ Marcos 2

"Não se preocupem, sei onde estou indo" disse aos meus passageiros. Logo uma voz quase humana delatou-me: "Recalculando...." Agora todos sabiam que eu estava perdido!

Hoje em dia, milhares de motoristas reconhecem estas palavras, ou outras similares, como sinal de que saíram da trajetória ou passaram reto por uma saída. O GPS não só reconhece quando o motorista sai do percurso, mas imediatamente começa a traçar um novo caminho de volta para redirecionar a trajetória.

Às vezes, os seguidores de Jesus precisam de ajuda para voltar à trajetória espiritual. Podemos nos desviar do caminho intencionalmente porque achamos que sabemos mais, ou nos afastarmos lentamente, falhando em perceber que estamos indo mais e mais longe da caminhada que Deus quer ter conosco.

No entanto, Deus não nos deixou por nossa conta. Ele concedeu o Espírito Santo a todos os cristãos (João 14:16-17; 1 Coríntios 3:16), que nos convence de nossos pecados (João 16:8,13). Quando estamos nos desviando da rota, Ele soa o alarme e desperta a nossa consciência (Gálatas 5:16-25). Podemos ignorar o aviso, mas o fazemos para o nosso próprio dano (Isaías 63:10; Gálatas 6:8).

Que conforto saber que Deus trabalha em nossas vidas por meio da ação convincente do Espírito Santo! (Romanos 8:26-27). Com a ajuda e direção de Deus, podemos continuar no caminho que o agrada. –RKK

Jamais permanecemos sem a ajuda de Deus, pois temos o Espírito em nós.

21 de fevereiro

Jarros de barro

Leitura:
2 Coríntios 4:7-15

Temos, porém, este tesouro em vasos de barro, para que a excelência do poder seja de Deus e não de nós. —2 Coríntios 4:7

A Bíblia em um ano:
☐ Números 1–3
☐ Marcos 3

Quando você compra uma boa joia, ela costuma ser embalada em veludo preto ou escuro. Acho que é feito assim para que a sua atenção seja imediatamente voltada para a beleza da joia. Se a embalagem fosse muito decorada, competiria com a beleza do tesouro.

Faz-me lembrar dos comentários de Paulo sobre o ministério de Jesus em nós, quando ele disse "Temos [...] este tesouro em vasos de barro" (2 Coríntios 4:7). É fácil esquecer que nós somos a embalagem e a Sua obra é o tesouro. Dessa forma, adornamos nossos jarros de barro, recebendo os créditos pelas coisas que fazemos para servir a Cristo. Buscamos trazer glória para nós mesmos quando perdoamos alguém, demonstramos misericórdia ou ofertamos generosamente. O problema é quando começamos a buscar reconhecimento e elogios pelas boas ações; competimos com o brilho do tesouro da ação de Deus agindo em nós.

Quando trabalhamos para Cristo, não é para nós, mas para Sua glória. Quanto menos evidente formos, mais brilhante Ele será. Por isso, Paulo afirma que o tesouro foi posto em jarros de barro para que Deus fosse aquele a ser glorificado. Além disso, desde quando os jarros de barro têm algum valor? Vale o que está em seu interior! —JMS

Permita que o brilho do tesouro de Cristo resplandeça através de você ao viver por Ele.

22 de fevereiro

Coroado em Glória

Leitura:
Salmo 8

...que é o homem, que dele te lembres?... —Salmo 8:4

A Bíblia em um ano:
☐ Números 4–6
☐ Marcos 4:1-20

A sonda espacial *Voyager 1* foi lançada em 1977 e está a mais de 14 bilhões de quilômetros de distância do nosso sistema solar. Em fevereiro de 1990, quando o *Voyager 1* estava a quase 6,4 bilhões de quilômetros de distância, cientistas voltaram suas câmeras à Terra e tiraram algumas fotos que mostraram o nosso planeta como um ponto azul quase imperceptível num vasto espaço vazio.

Na imensa extensão do nosso universo, a Terra é apenas uma minúscula partícula. Neste fragmento aparentemente insignificante no mar dos objetos galácticos vivem mais de 7 bilhões de pessoas.

Se isto faz você se sentir insignificante, Deus tem algumas notícias boas. Guardado dentro de um dos Salmos de Davi está uma pergunta retórica que pode permitir-lhe caminhar na brisa noturna, olhar para o céu e alegrar-se. O Salmo 8:3-5 afirma que somos astros aos olhos de Deus: "Quando contemplo os teus céus, obra de teus dedos [...] que é o homem, que dele te lembres? [...] e de glória e de honra o coroaste." Absorva isso! Deus — que fez existir um universo tão vasto que para o telescópio *Hubble* foi impossível encontrar seu fim — criou você, e cuida profundamente de você. Ele o cuida tanto que pediu a Jesus para deixar o céu e morrer por você.

Observe maravilhado a criação de Deus e louve-o por coroá-lo com glória por meio de Seu Filho Jesus. —JDB

Vemos o poder da criação de Deus; sentimos o poder do Seu amor.

23 de fevereiro

SEM RECEITA SIMPLES

LEITURA:
Hebreus 4:11-16

...não temos sumo sacerdote que não possa compadecer-se das nossas fraquezas; antes, foi ele tentado [...] mas sem pecado. —Hebreus 4:15

A BÍBLIA EM UM ANO:
☐ Números 7–8
☐ Marcos 4:21-41

No aniversário de nosso neto, minha mulher assou e decorou um biscoito de chocolate gigante para servir em sua festa. Ela pegou seu livro de receitas, juntou os ingredientes, e começou a seguir os passos básicos para fazer os biscoitos. Ela usou uma receita fácil e tudo acabou bem.

Não seria ótimo se a vida fosse assim? Seguir alguns passos fáceis e aproveitar a vida feliz.

Mas a vida não é simples assim. Vivemos num mundo decadente e não há uma receita fácil a seguir que irá garantir uma vida livre de dor, perda, injustiça ou sofrimento.

Em meio às dores da vida, precisamos do cuidado pessoal do Salvador que viveu neste mundo e experimentou as mesmas dificuldades que enfrentamos. Hebreus 4:15 nos encoraja: "Porque não temos sumo sacerdote que não possa compadecer-se das nossas fraquezas; antes, foi ele tentado em todas as coisas, à nossa semelhança, mas sem pecado." Cristo, que morreu para nos dar vida, é completamente suficiente para nos sustentar em nossas dores e experiências tristes. "...ele tomou sobre si as nossas enfermidades e as nossas dores..." (Isaías 53:4).

Jesus sabe que não há "receita" simples para prevenir as dores da vida, por isso Ele participa de nossas dores. Confiaremos nele com nossas lágrimas e tristezas? —WEC

O Cristo que morreu para nos dar vida nos sustentará em meio às dores.

24 de fevereiro

O FAROL DIVINO

LEITURA:
Mateus 5:1-14

Vós sois a luz do mundo. Não se pode esconder a cidade edificada sobre um monte... —Mateus 5:14

A BÍBLIA EM UM ANO:
☐ Números 9–11
☐ Marcos 5:1-20

O *Farol do Ponto da Missão* foi construído em 1870 numa península ao norte de Michigan, EUA, para alertar os navios sobre os bancos de areia e costas rochosas ao longo do Lago de Michigan. Seu nome provém de outro tipo de farol, uma igreja missionária que fora construída 31 anos antes.

Em 1839, Peter Dougherty tornou-se pastor de uma igreja na Antiga Missão que era composta por americanos nativos que moravam mais afastados, no sul da mesma península. Sob sua liderança, uma próspera comunidade de fazendeiros, professores e artesãos trabalharam lado a lado para construir uma vida melhor para a comunidade.

Quando os cristãos se unem para trabalhar, a sua fé brilha no mundo de trevas (Filipenses 2:15-16). Jesus disse, "Vós sois a luz do mundo. Não se pode esconder a cidade edificada sobre um monte [...] Assim brilhe também a vossa luz diante dos homens, para que vejam as vossas boas obras e glorifiquem o vosso Pai que está nos céus" (Mateus 5:14-16).

O *Farol do Ponto da Missão* alertava os navios sobre o perigo, mas originalmente a igreja da Antiga Missão dava orientação espiritual a todos os que quisessem ouvir. Os cristãos fazem o mesmo individualmente e por intermédio de nossas igrejas. Somos o farol de Deus porque Jesus habita em nós. —HDF

Os cristãos, quando suas vidas brilham, ajudam os perdidos a encontrar o caminho para casa.

25 de fevereiro

Sempre Aceito

Leitura:
João 1:6-13

Veio para o que era seu, e os seus não o receberam. —João 1:11

A Bíblia em um ano:
☐ Números 12–14
☐ Marcos 5:21-43

O especialista em finanças, Warren Buffet, uma das pessoas mais ricas do mundo, não foi aceito pela Universidade de Harvard aos 19 anos. Depois de ter falhado na entrevista de admissão, ele relembra uma "sensação de pavor" junto à preocupação com a reação de seu pai em relação à notícia. Em retrospectiva, Buffet diz, "[Tudo] em minha vida que pensei ser um acontecimento esmagador, na ocasião, resultou no melhor."

A rejeição, embora indiscutivelmente dolorosa, não deve nos impedir de realizar o que Deus quer que façamos. Os cidadãos da cidade natal de Jesus negaram que Ele era o Messias (João1:11), e muitos dos Seus seguidores mais tarde o rejeitaram (6:66). Assim como a rejeição de Jesus foi parte do plano de Deus para o Seu Filho (Isaías 53:3), também o foi o ministério ininterrupto de Jesus. Suportando a rejeição terrena e sabendo que o Pai se afastaria dele no Calvário (Mateus 27:46), Jesus prosseguiu, curando doentes, expulsando demônios, e pregando as boas-novas às massas. Antes de sua crucificação Jesus disse, "[Pai terminei] a obra que me confiaste para fazer..." (João 17:4).

Se a rejeição tem se tornado um obstáculo para a obra que Deus lhe deu para fazer, não desista. Lembre-se de que Jesus compreende, e aqueles que vêm a Ele serão sempre aceitos por Jesus (6:37) —JBS

Ninguém compreende como Jesus.

26 de fevereiro

AGRADECENDO

LEITURA:
João 11:32-44

**...Jesus levantando os olhos para o céu, disse: Pai, graças te dou porque me ouviste.
—João 11:41**

A BÍBLIA EM UM ANO:
- ☐ Números 15–16
- ☐ Marcos 6:1-29

Uma tragédia deixou uma família com um vazio que nada podia preencher. Um bebê, perseguindo um gato que vagueava pela estrada, foi atropelado por um caminhão de entrega. Uma criança de 4 anos assistiu chocada e em silêncio seus pais colocarem no berço o corpo sem vida de sua irmãzinha. Durante anos o frio vazio daquele momento cobriu aquela família de tristeza. Os sentimentos ficaram congelados, o único conforto era o entorpecimento. O alívio era inimaginável.

A escritora Ann Voskamp era a criança de 4 anos de idade, e o sofrimento em torno da morte de sua irmã formou sua visão da vida e de Deus. O mundo em que cresceu não considerava a graça. Alegria era uma ideia que não correspondia à realidade.

Como jovem mãe, Ann pôs-se a descobrir sobre o indescritível sentimento que a Bíblia chama de alegria. As palavras para alegria e graça vêm da palavra grega *chairo*, que ela descobriu fazer parte da palavra grega para gratidão. Poderia ser tão simples? Ela pensou. Para testar sua descoberta, Ann decidiu agradecer pelas milhares de dádivas que já tinha recebido. Ela começou devagar, mas logo a gratidão fluía livremente.

Assim como Jesus agradeceu antes, não depois, de ressuscitar Lázaro dentre os mortos (João 11:41), Ann descobriu que a gratidão fez ressurgir a alegria que tinha morrido com sua irmã. A alegria é fruto da gratidão. —JAL

O coração grato traz a alegria de viver.

27 de fevereiro

O vovô fugiu

LEITURA:
Salmo 16

Alegra-se, pois, o meu coração, e o meu espírito exulta; até o meu corpo repousará seguro. —Salmo 16:9

A BÍBLIA EM UM ANO:
☐ Números 17–19
☐ Marcos 6:30-56

Meu primo Cláudio lutou uma corajosa batalha contra o câncer durante 4 anos. No fim dos seus dias, sua esposa, três filhos, e vários netos entravam e saíam do quarto dele, aproveitando sua companhia e despedindo-se dele de maneira especial. Quando todos estavam fora do quarto por um instante, ele partiu para a eternidade. Depois que a família percebeu que ele já havia partido, uma das netinhas comentou amavelmente, "o vovô fugiu." Em um momento o Senhor estava com Cláudio aqui na terra; no momento seguinte o espírito de Cláudio estava com o Senhor na eternidade.

O Salmo 16 era o salmo preferido de Claudio e ele pediu que fosse lido em seu funeral. Ele concordava com o salmista Davi, que afirmou não existir tesouro mais valioso do que um relacionamento pessoal com Deus (vv.2,5). Com o Senhor como seu refúgio, Davi reconhecia que a sepultura não rouba a vida dos cristãos. Ele disse, "...não deixarás minha alma na morte..." (v. 10). Nem Cláudio nem ninguém que conhece Jesus como Salvador será abandonado na morte.

Pela morte e ressurreição de Jesus, também ressuscitaremos um dia (Atos 2:25-28; 1 Coríntios 15:20-22). E descobriremos que "...na tua [Deus] destra, [há] delícias perpetuamente" (Salmo 16:11). —AMC

Deus é o nosso tesouro neste momento, e com Ele na eternidade haverá delícias perpetuamente.

28 de fevereiro

EMBALE SUAS TRISTEZAS

LEITURA:
Isaías 53:1-6

**Certamente,
ele tomou sobre si
as nossas enfermidades
e as nossas dores...
—Isaías 53-4**

A BÍBLIA EM UM ANO:
☐ Números 20–22
☐ Marcos 7:1-13

Durante os turbulentos anos de 1960, a música popular na América do Norte era uma mistura estranha de protesto e patriotismo. Algumas canções criticavam com fúria, a guerra, a ganância e a injustiça na sociedade, enquanto outras reforçavam sua obediência aos valores tradicionais do país. Contudo, a canção *Pack Up Your Sorrows* (Embale Suas Tristezas) escrita por Richard Farina e Pauline Baez Marden, parecia se ajustar em todos os protestos com seu enfoque na busca pela paz individual. O refrão dizia o seguinte:

*Bem, se de alguma forma você
pudesse embalar suas tristezas,
e entregá-las a mim,
você as perderia, eu saberia utilizá-las,
entregue-as todas a mim.*

Talvez todos esperassem que alguém realmente pudesse lhes trazer a paz.

A boa notícia é de que existe alguém que pode! O livro de Isaías 53 é uma ilustração profética do Messias prometido a Israel. Os cristãos veem essa profecia cumprir-se na morte e ressurreição de Jesus Cristo. "Certamente, ele tomou sobre si as nossas enfermidades e as nossas dores [...] ele foi traspassado pelas nossas transgressões e moído pelas nossas iniquidades; o castigo que nos traz a paz estava sobre ele, e pelas suas pisaduras fomos sarados" (vv.4-5).

Jesus levou sobre si nossos pecados e sofrimentos para que pudéssemos ser perdoados e ter paz com Deus. Você entregará suas tristezas a Ele hoje? —DCM

**Nenhuma dor é tão pesada
que o nosso Salvador não possa suportar.**

1 de março

ESPERE GRANDES COISAS

LEITURA:
Hebreus 11:32-40

...os quais, por meio da fé [...] da fraqueza tiraram força... —Hebreus 11:33-34

A BÍBLIA EM UM ANO:
☐ Números 23–25
☐ Marcos 7:14-37

William Carey era um homem comum, dotado de uma fé extraordinária. Nascido de família proletária no século 18, Carey ganhava seu sustento fazendo calçados. Nessa mesma época, Carey lia livros de teologia e revistas sobre exploradores. Deus usou a Sua Palavra e as histórias da descoberta de novos grupos de pessoas para despertar-lhe o desejo pelo evangelismo global. Ele foi à Índia como missionário, e não só fez a obra de evangelista, mas também aprendeu dialetos indianos para os quais traduziu a Palavra de Deus. Ele expressa sua paixão por missões nas palavras: "Espere grandes coisas de Deus; tente fazer grandes coisas para Deus." Carey viveu segundo esta máxima e seu exemplo inspirou milhares a servirem como missionários.

A Bíblia menciona muitas pessoas cuja fé em Deus produziu resultados surpreendentes. O livro de Hebreus nos fala daqueles que "...por meio da fé, subjugaram reinos, praticaram a justiça, obtiveram promessas, fecharam a boca de leões, extinguiram a violência do fogo, escaparam ao fio da espada, da fraqueza tiraram força..." (11:33-34).

A lista de heróis da fé cresceu ao longo dos tempos; e nós podemos fazer parte dessa lista. Devido ao poder e fidelidade de Deus, nós podemos tentar fazer grandes coisas para Deus e esperar grandes coisas de Deus. —HDF

Quando Deus é seu parceiro, você pode fazer grandes planos!

2 de março

UM BOM HOMEM

LEITURA:
Romanos 3:10-18

Porque pela graça sois salvos, mediante a fé; e isto não vem de vós; é dom de Deus.
—Efésios 2:8

A BÍBLIA EM UM ANO:
☐ Números 26–27
☐ Marcos 8:1-21

"Geraldo era um bom homem", disse o pastor no funeral de Geraldo Stevens. "Ele amava sua família, era fiel à sua esposa, serviu seu país nas Forças Armadas, foi excelente pai, avô e um grande amigo."

Em seguida, o pastor continuou, dizendo aos amigos e parentes reunidos que a boa vida que ele levava e as boas obras de Stevens não eram suficientes para assegurar-lhe um lugar no céu. E que o próprio Stevens teria sido o primeiro a dizer-lhes isso!

Stevens acreditava nas seguintes palavras da Bíblia: "...todos pecaram e carecem da glória de Deus" (Romanos 3:23) e "...porque o salário do pecado é a morte..." (6:23). O destino final e eterno na jornada da vida não fora determinado por ele ter vivido uma vida realmente boa, mas unicamente por Jesus ter morrido em seu lugar para pagar o preço pelo pecado. Ele acreditou que cada um de nós deve aceitar pessoalmente o dom gratuito de Deus, que é "...a vida eterna em Cristo Jesus, nosso Senhor" (6:23).

Stevens foi um bom homem, mas nunca poderia ter sido 'bom o suficiente'. Nós também não podemos. É somente pela graça que podemos ser salvos por meio da fé. E isso não tem absolutamente nada a ver com os nossos esforços humanos. "...é dom de Deus" (Efésios 2:8).

"Graças a Deus pelo seu dom inefável!" (2 Coríntios 9:15).

—CHK

Não somos salvos por boas obras, mas pela obra de Deus.

3 de março

CANDURA REFRESCANTE

LEITURA:
João 4:7-26

...aquele que considera, atentamente, na lei perfeita, lei da liberdade, e nela persevera, [...] será bem-aventurado no que realizar. —Tiago 1:25

A BÍBLIA EM UM ANO:
- ☐ Números 28–30
- ☐ Marcos 8:22-38

Das muitas coisas que amo em minha mãe, a principal pode ser a sua candura. Muitas vezes, telefonei-lhe para pedir sua opinião a respeito de determinado assunto e ela sempre respondeu: "Não peça minha opinião a menos que queira ouvi-la. Não vou tentar descobrir o que você quer ouvir. Vou dizer-lhe o que realmente penso."

Num mundo em que as palavras são cuidadosamente analisadas, sua abordagem direta é refrescante. Ela é, também, uma das características de um verdadeiro amigo. Os amigos sinceros nos falam a verdade em amor — mesmo não sendo o que queremos ouvir. Como diz o provérbio, "Leais são as feridas feitas pelo que ama..." (Provérbios 27:6).

Esse é um dos motivos pelos quais Jesus é o maior de todos os amigos. Quando encontrou a mulher no poço (João 4:7-26), Ele se recusou a deixar-se envolver numa discussão sobre questões secundárias. Em vez disso, abordou diretamente as mais profundas questões e necessidades do coração dela. Ele a confrontou a respeito do caráter do Pai e, amorosamente, falou-lhe sobre seus sonhos desfeitos e suas profundas decepções.

Ao caminharmos com o nosso Senhor, vamos permitir que Ele fale candidamente à verdadeira condição de nossos corações por meio das Escrituras — e que possamos recorrer a Ele e encontrar a Sua graça para nos ajudar em nossos momentos de necessidade. —WEC

Jesus sempre nos diz a verdade.

4 de março

Eles estão observando

Leitura:
Tito 3:1-8

**...não difamem a ninguém; nem sejam altercadores, mas cordatos, dando provas de toda cortesia, para com todos os homens.
—Tito 3:2**

A Bíblia em um ano:
☐ Números 31–33
☐ Marcos 9:1-29

Faz muitas décadas que um acontecimento no Ensino Médio me afligiu. Para mim, era extremamente importante praticar esportes. Meu objetivo era o basquetebol e passei centenas de horas praticando minha jogada. Então, quando não consegui ser escalado para jogar pelo colégio em meu último ano, depois de estar nele desde o Ensino Fundamental, me senti desapontado.

Decepcionado e confuso, segui em frente. Tornei-me o responsável pelas estatísticas da equipe, assistindo aos jogos e mantendo um registro dos rebotes e lances dos meus amigos quando eles participavam de um jogo do campeonato estadual e eu não. Para ser honesto, nunca pensei em como eles viam minha reação. De alguma maneira, eu superei. Por isso, fiquei surpreso ao ouvir, recentemente, que vários de meus colegas de classe disseram a meu irmão que viram em minha reação uma lição de cristianismo — uma figura de Cristo. Meu objetivo não é dizer a você para agir como eu, porque não estou certo do que fiz. Meu objetivo é dizer-lhe que, quer saibamos, quer não, as pessoas estão nos observando.

No livro de Tito 3:1-8, Paulo explica a vida para a qual Deus nos capacita — uma vida de respeito, obediência e bondade, resultado do nosso renascimento por meio de Jesus e renovação pelo Espírito Santo que foi derramado em nós.

Ao vivermos sob a orientação do Espírito, Deus usará a nossa vida para demonstrar aos outros a realidade da Sua presença.
—JDB

**Um cristão é um sermão vivo,
ainda que não pregue uma só palavra.**

5 de março

LAZER FORÇADO

LEITURA:
Sofonias 3:14-20

O SENHOR, teu Deus, está no meio de ti, poderoso para salvar-te; ele se deleitará em ti com alegria; renovar-te-á no seu amor...
—Sofonias 3:17

A BÍBLIA EM UM ANO:
- ☐ Números 34–36
- ☐ Marcos 9:30-50

Pouco antes de um Natal, uma amiga recebeu o diagnóstico de leucemia e foi instruída a começar a quimioterapia imediatamente. Poucas semanas antes, Karina tinha dito aos amigos como se sentira abençoada e contente por ter uma família amorosa, uma casa confortável e um novo neto. Ao entrar no hospital, Karina pediu a Jesus para mostrar-lhe Sua presença e permanecer junto a ela.

Nos sete meses de tratamentos que se seguiram, a recuperação exigiu isolamento parcial, e este tempo se tornou um período que ela chama de "lazer forçado". Ela diz ter aprendido a desacelerar, refletir silenciosamente e descansar na bondade, no amor e no plano perfeito de Deus — sendo ou não curada.

Karina se apropriou de uma das promessas de Deus ao Seu povo de Israel: "O SENHOR, teu Deus, [...] poderoso para salvar-te; ele se deleitará em ti com alegria; renovar-te-á no seu amor, regozijar-se-á em ti com júbilo" (Sofonias 3:17).

O câncer agora está em remissão após uma jornada que ela diz ter mudado sua vida para melhor. De volta à rotina agitada, ela frequentemente faz uma pausa para apossar-se novamente das lições aprendidas no "lazer forçado".

É muito importante — seja em tempos de bonança ou de desafios — nos aproximarmos do coração amoroso de Deus para ouvir a Sua voz e colocarmos as nossas vidas em Suas mãos. —DCM

Deus tem as pessoas no íntimo do Seu coração.

6 de março

CARRINHOS BATE-BATE

LEITURA:
Mateus 18:23-35

...Senhor, até quantas vezes meu irmão pecará contra mim, que eu lhe perdoe? Até sete vezes? —Mateus 18:21

A BÍBLIA EM UM ANO:
- ☐ Deuteronômio 1–2
- ☐ Marcos 10:1-31

A vida é muito parecida com os "carrinhos bate-bate" de um parque de diversões. Você entra em seu carro sabendo que será atingido... você só não sabe com qual intensidade. E, ao ser atingido, pisa no acelerador e sai à caça daquele que lhe bateu, esperando bater nessa pessoa com força ainda maior.

Essa pode ser uma estratégia divertida para carrinhos bate-bate, mas é terrível para a vida. Quando você for atingido na vida, revidar só aumentará os danos e, no final, todos sofrerão prejuízos.

Jesus tinha uma estratégia melhor: perdoar aqueles que nos "atingiram". Como Pedro, podemos imaginar quantas vezes temos de perdoar. Quando Pedro perguntou a Jesus: "Até sete vezes?" Jesus respondeu "Até setenta vezes sete" (Mateus 18:21-22). Em outras palavras, não há limites para a graça. Devemos sempre conceder um espírito de perdão. Por quê? Na parábola do perdoador, Jesus explicou que perdoamos não porque nossos ofensores o merecem, mas porque fomos perdoados. Ele diz: "...perdoei-te [...] porque me suplicaste; não devias tu, igualmente, compadecer-te do teu conservo, como também eu me compadeci de ti?" (vv.32-33).

Como fazemos parte dos que foram muito perdoados, vamos interromper os danos e compartilhar essa bênção com os outros. —JMS

O perdão é a graça de Deus em ação por nosso intermédio.

7 de março

À MARGEM

LEITURA:
Filipenses 4:10-20

E o meu Deus, segundo a sua riqueza em glória, há de suprir, em Cristo Jesus, cada uma de vossas necessidades. —Filipenses 4:19

A BÍBLIA EM UM ANO:
☐ Deuteronômio 3–4
☐ Marcos 10:32-52

Quando as borboletas saem de seus casulos, no parque da cidade, elas têm um paraíso tropical preparado e perfeitamente adequado ao suprimento de todas as suas necessidades. A temperatura e a umidade são perfeitas. O alimento contém o perfeito equilíbrio de calorias e nutrientes para mantê-las saudáveis. Não há necessidade de irem a qualquer outro lugar. Contudo, algumas borboletas veem o céu azul brilhante fora do abrigo e passam seus dias voando junto ao teto de vidro, muito longe do abundante suprimento de alimentos.

Quero dizer a essas borboletas: "Vocês não sabem que tudo de que necessitam está aí dentro? O lado de fora é frio e agressivo, e vocês morrerão em poucos minutos se conseguirem o que estão desejando."

Pergunto-me se essa é a mensagem que Deus tem para mim e questiono: olho com desejo para coisas que me fariam mal? Uso minha energia para obter o que não necessito e não deveria ter? Ignoro a abundante provisão de Deus porque imagino que algo além do meu alcance é melhor? Invisto meu tempo à margem da fé?

Deus supre todas as nossas necessidades com Suas riquezas (Filipenses 4:19). Então, em vez de nos esforçarmos por obter o que não temos, vamos abrir os nossos corações para receber com gratidão tudo o que Ele já nos concedeu. —JAL

As nossas necessidades nunca esgotarão os suprimentos divinos.

8 de março

A EQUIPE DE JESUS

LEITURA:
Lucas 5:27-35

...viu um publicano, chamado Levi, assentado na coletoria, e disse-lhe: Segue-me! —Lucas 5:27

A BÍBLIA EM UM ANO:
☐ Deuteronômio 5–7
☐ Marcos 11:1-18

Em 2002, os *Oakland Athletics* montaram uma equipe vencedora de beisebol de uma maneira não tradicional. Eles haviam perdido três de seus melhores jogadores ao final da temporada anterior e não tinham dinheiro para contratar estrelas do esporte. Então, Billy Beane, o gerente geral do *Oakland*, utilizou algumas estatísticas frequentemente negligenciadas para montar um grupo de jogadores menos conhecidos, "em decadência" ou vistos por outras equipes como não suficientemente habilidosos. Essa equipe mambembe venceu 20 jogos seguidos, liderou a divisão e venceu 103 partidas.

Isto me lembra a maneira como Jesus montou Sua equipe de discípulos: rudes pescadores da Galileia, um zelote e um desprezado coletor de impostos chamado Levi (Mateus). Lembra também que "...Deus escolheu as coisas loucas do mundo para envergonhar os sábios e escolheu as coisas fracas do mundo para envergonhar as fortes" (1 Coríntios 1:27). Deus usou aqueles homens dedicados (menos Judas) para deflagrar um movimento que afetou o mundo tão dramaticamente, que este jamais foi o mesmo.

Existe aqui uma lição para nós. Às vezes, buscamos os conhecidos, os influentes e os ricos, e tendemos a ignorar pessoas com menos status ou portadoras de limitações físicas.

Jesus colocou em Sua equipe algumas das pessoas menos desejáveis da sociedade — tratando a todos com igualdade. Com o poder e a orientação do Espírito, nós também podemos honrar todas as pessoas igualmente. —DCE

Todos têm importância no corpo de Cristo.

9 de março

PARCEIROS DE ORAÇÃO

LEITURA:
1 Tessalonicenses 3:6-13

Irmãos, orai por nós.
—1 Tessalonicenses 5:25

A BÍBLIA EM UM ANO:
□ Deuteronômio 8–10
□ Marcos 11:19-33

Encontrei minha amiga Ângela para almoçar, depois de não nos vermos durante vários meses. Ao final do nosso encontro, ela puxou um pedaço de papel com anotações do nosso encontro anterior. Era uma lista dos meus pedidos de oração pelos quais ela viera orando desde então. Ela recapitulou cada um deles e perguntou-me se Deus já os respondera ou se havia alguma atualização a fazer. Em seguida, conversamos sobre seus pedidos de oração. Como é encorajador ter um parceiro de oração!

O apóstolo Paulo mantinha um relacionamento de oração com as igrejas às quais ele servia, incluindo a de Tessalônica. Ele agradeceu a Deus pela fé, o amor e a esperança das pessoas (1 Tessalonicenses 1:2-3). Ele desejava revê-los e pedia a Deus "noite e dia" para que lhe fosse possível visitá-los novamente (3:10-11). Ele pediu ao Senhor para ajudá-los a "...crescer e aumentar no amor uns para com os outros e para com todos..." (3:12). Ele também orava para que os corações deles fossem isentos de culpa perante Deus (v.13). Eles devem ter se encorajado ao ler sobre as preocupações e orações de Paulo por eles. Paulo também conhecia sua própria necessidade da presença e do poder de Deus, e pediu: "Irmãos, orai por nós" (5:25).

Amoroso Pai, obrigado por desejar que falemos contigo. Ensina-nos a sermos parceiros de oração. —AMC

O melhor tipo de amigo é o parceiro de oração.

10 de março

Presentes Generosos

Leitura:
Lucas 21:1-4

...todos estes deram como oferta daquilo que lhes sobrava; esta, porém, da sua pobreza deu tudo o que possuía, todo o seu sustento. —Lucas 21:4

A Bíblia em um ano:
☐ Deuteronômio 11–13
☐ Marcos 12:1-27

Quando pastoreava uma pequena igreja, enfrentamos uma enorme crise. A menos que conseguíssemos completar as amplas reformas necessárias para ajustar nosso prédio aos regulamentos de segurança adequados, perderíamos nosso local de adoração. Seguiram-se campanhas desesperadas para arrecadar fundos para pagar as restaurações; mas, de todo o dinheiro arrecadado, uma doação chamou a atenção da nossa liderança.

Uma senhora idosa da igreja doou várias centenas de dólares ao projeto — dinheiro do qual sabíamos que ela não podia abrir mão. Ficamos gratos por sua doação, mas queríamos devolver, sentindo que suas necessidades eram maiores do que as da igreja. Contudo, ela se recusou a receber o dinheiro de volta. Ela poupara durante vários anos para comprar um fogão e, enquanto isso, cozinhava numa chapa elétrica. Ainda assim, insistiu em que necessitava mais de um local de adoração com sua família da igreja do que de um fogão. Ficamos aturdidos com sua generosa doação.

Quando nosso Senhor observou uma viúva colocando as menores moedas no gazofilácio do templo, Ele a louvou por sua generosidade (Lucas 21:3-4). Por quê? Não pela quantia que ela ofertou, mas por ela ter dado tudo o que tinha. Esse é o tipo de doação que não somente honra ao nosso Deus, mas também nos faz lembrar da mais generosa das doações a nós — Cristo. —WEC

Um espírito generoso revela a gratidão do coração.

11 de março

Absolutamente Grato

Leitura:
1 Tessalonicenses 5:12-22

Em tudo, dai graças... —1 Tessalonicenses 5:18

A Bíblia em um ano:
- ☐ Deuteronômio 14–16
- ☐ Marcos 12:28-44

Minha filha é alérgica a amendoim. Sua sensibilidade é tão aguda, que comer até o menor fragmento de um amendoim ameaça sua vida. Por esse motivo, nós lemos cuidadosamente os rótulos das embalagens de alimentos. Carregamos uma seringa contendo medicamento (para reações alérgicas) aonde quer que vamos. E, quando comemos fora, telefonamos com antecedência e perguntamos à equipe do restaurante a respeito dos itens do cardápio.

Apesar destas precauções, ainda fico preocupada com sua segurança atual e futura. Esta situação não é algo pelo qual eu seria naturalmente grata. Contudo, a Palavra de Deus nos desafia: "Em tudo, dai graças, porque esta é a vontade de Deus em Cristo Jesus para convosco" (1 Tessalonicenses 5:18). Não há como fugir disto. Quando o futuro é incerto, quando a dor nos abate e quando surgem as necessidades, Deus quer que oremos com gratidão.

É difícil ser grato nas dificuldades, mas não impossível. Daniel "...orava, e dava graças..." (Daniel 6:10), sabendo que a sua vida estava em perigo. Jonas clamou "...com a voz do agradecimento..." (Jonas 2:9) enquanto estava no interior de um peixe! Estes exemplos, com a promessa de Deus de que Ele coopera para o nosso bem e a Sua glória (Romanos 8:28), podem nos inspirar a sermos gratos em tudo. –JBS

Podemos dar graças a Deus em todas as circunstâncias por não nos deixar desamparados.

12 de março

RIQUEZAS DA ALMA

LEITURA:
Provérbios 30:1-9

...não me dês nem a pobreza nem a riqueza; dá-me o pão que me for necessário. —Provérbios 30:8

A BÍBLIA EM UM ANO:
- ☐ Deuteronômio 17–19
- ☐ Marcos 13:1-20

Com a esperança de ganhar um prêmio recorde de 640 milhões de dólares, os norte-americanos gastaram aproximadamente 1,5 bilhão de dólares em bilhetes de uma loteria interestadual no início de 2012. A probabilidade de vencer era de 1 em surpreendentes 176 milhões, mas as pessoas faziam filas em supermercados, postos de combustíveis e em cafés para arriscar na oportunidade de enriquecer. Algo em nós nos faz pensar que mais dinheiro resolverá nossos problemas e melhorará nossas vidas.

A Bíblia fala de um homem chamado Agur o qual tinha uma perspectiva diferente a respeito das riquezas quando rogou a Deus para conceder-lhe dois pedidos antes de morrer.

Em primeiro lugar, disse ele: "...afasta de mim a falsidade e a mentira..." (Provérbios 30:8). A integridade é a chave para viver livre da ansiedade. Quando nada temos a esconder, nada temos a temer. O engano escraviza; a honestidade liberta. Em segundo lugar, ele disse: "...não me dês nem a pobreza nem a riqueza; dá-me o pão que me for necessário" (v.8). O contentamento surge como resultado de confiarmos em Deus como nosso provedor e aceitarmos com gratidão o que Ele nos concede. Agur disse que o Criador "...estabeleceu todas as extremidades da terra [...] ele é escudo para os que nele confiam" (vv.4-5).

Integridade e contentamento são riquezas da alma que estão disponíveis a todos. Nosso Senhor se agrada em dar esses tesouros a quem os pedir. —DCM

O descontentamento nos empobrece ao passo que o contentamento nos enriquece!

13 de março

TESTAMENTO VIVO

LEITURA:
2 Timóteo 2:1-10

Lembra-te de Jesus Cristo, ressuscitado de entre os mortos, descendente de Davi, segundo o meu evangelho.
—2 Timóteo 2:8

A BÍBLIA EM UM ANO:
☐ Deuteronômio 20–22
☐ Marcos 13:21-37

Watchman Nee foi preso em decorrência de sua fé em Cristo em 1952, e passou o resto de sua vida na prisão. Ele morreu em sua cela em 30 de maio de 1972. Quando sua sobrinha veio buscar seus poucos pertences, recebeu um pedaço de papel que um guarda encontrara ao lado do catre de Nee. Nele estava escrito seu testemunho de vida:

"Cristo é o Filho de Deus que morreu pela redenção dos pecadores e foi ressuscitado depois de três dias. Esta é a maior verdade no universo. Morro devido à minha crença em Cristo. — Watchman Nee"

Diz a tradição que o apóstolo Paulo também foi martirizado por sua fé em Cristo. Numa carta escrita pouco antes de sua morte, Paulo exortou seus leitores: "Lembra-te de Jesus Cristo, ressuscitado de entre os mortos, descendente de Davi, segundo o meu evangelho; pelo qual estou sofrendo até algemas [...]; contudo, a Palavra de Deus não está algemada" (2 Timóteo 2:8-9).

Podemos não ser chamados para sermos martirizados como testemunhas da veracidade de Cristo — como milhões dos Seus seguidores o foram ao longo dos séculos —, mas somos chamados para ser um testamento vivo da obra de Jesus em nosso favor. Independente do resultado, por termos um coração grato pelo gracioso dom de Deus, nós podemos contar aos outros o que Jesus tem feito por nós. —HDF

Permita que a sua vida e também os seus lábios testemunhem a favor de Cristo.

14 de março

CAIXAS-PRETAS

LEITURA:
1 Coríntios 10:1-11

Estas coisas lhes sobrevieram como exemplos e foram escritas para advertência nossa... —1 Coríntios 10:11

A BÍBLIA EM UM ANO:
☐ Deuteronômio 23–25
☐ Marcos 14:1-26

As aeronaves comerciais são equipadas com duas caixas que registram os dados de voo; as caixas-pretas. Uma delas registra o desempenho e a condição da aeronave em voo; a outra registra a conversação da tripulação com os controladores de tráfego aéreo em solo. Estas caixas são feitas para suportar temperaturas extremas e são equipadas com sinalizadores subaquáticos que emitem sons para a superfície. Após a queda de uma aeronave, estas caixas são resgatadas e seus dados são cuidadosamente analisados para determinar a causa da queda. Os especialistas em segurança de voo desejam aprender com os erros do passado, dentre outras coisas, para que não se repitam.

Como cristãos, nós também devemos buscar os erros do passado e aprender com eles. Paulo, por exemplo, aludiu a alguns dos erros cometidos pelos israelitas em sua jornada do Egito a Canaã. Ele escreveu que, por Deus não ter se agradado deles, muitos morreram no deserto (1 Coríntios 10:5). Continuando, Paulo explicou que "Estas coisas lhes sobrevieram como exemplos e foram escritas para advertência nossa, de nós outros sobre quem os fins dos séculos têm chegado" (v.11).

A Palavra inspirada por Deus é escrita para nos instruir para a vida (2 Timóteo 3:16-17). Agradecemos ao Senhor pela orientação da Sua Palavra. —CPH

As advertências de Deus são para nos proteger, não para nos punir.

15 de março

Os olhos de Jesus

Leitura:
Marcos 5:1-20

Vendo ele [Jesus] as multidões, compadeceu-se delas, porque estavam aflitas e exaustas como ovelhas que não têm pastor. —Mateus 9:36

A Bíblia em um ano:
☐ Deuteronômio 26–27
☐ Marcos 14:27-53

Estávamos na fila da sorveteria quando o percebi. Sua face carregava as marcas de muitas lutas — nariz torto e algumas cicatrizes. Suas roupas estavam amarrotadas, embora limpas. Coloquei-me entre ele e meus filhos, usando minhas costas para bloqueá-lo.

Na primeira vez em que ele falou, não o ouvi claramente e, por isso, apenas fiz com a cabeça um sinal de reconhecer sua presença ali. Eu mal fazia contato visual com ele. Como a minha mulher não estava comigo, ele pensou que eu fosse um pai solteiro e disse com brandura: "É difícil criá-los sozinho, não é?" Algo em seu tom de voz me fez virar e olhar para ele. Só então percebi seus filhos e escutei-lhe ao contar há quanto tempo sua esposa já havia partido. Suas palavras brandas contrastavam com seu exterior duro.

Fui devidamente castigado! Mais uma vez eu falhara em ver além da aparência. Jesus encontrou pessoas cujo exterior poderia tê-lo afastado, incluindo o homem possuído pelos demônios em nossa leitura de hoje (Marcos 5:1-20). Contudo, Ele viu as necessidades do coração e as supriu.

Jesus nunca deixa de ver-nos com amor, mesmo que tenhamos cicatrizes de pecado e uma natureza amarrotada que transparece em nossa cambaleante fidelidade. Que Deus possa nos ajudar a substituir a nossa altivez pelo coração amoroso de Jesus. —RKK

Se você olhar através dos olhos de Jesus, verá um mundo necessitado.

16 de março

OSSOS QUEBRADOS

LEITURA:
Salmo 51:1-13

Faze-me ouvir júbilo e alegria, para que exultem os ossos que esmagaste. —Salmo 51:8

A BÍBLIA EM UM ANO:
- ☐ Deuteronômio 28–29
- ☐ Marcos 14:54-72

Anos atrás, fui goleiro da equipe de futebol da faculdade. Foi mais divertido do que posso descrever aqui, mas, toda aquela diversão teve um alto preço — que continuo a pagar até hoje. Ser goleiro significa estar constantemente atirando o seu corpo em direção ao perigo para impedir que a outra equipe marque um gol, o que frequentemente resulta em lesões. Durante uma temporada, sofri fratura na perna e em várias costelas, luxação de ombro e uma concussão! Hoje, especialmente nos dias frios, as dolorosas lembranças daqueles ossos quebrados me visitam.

Davi também teve lembretes de ossos quebrados, mas, suas lesões eram espirituais, não físicas. Após o colapso moral de Davi envolvendo um caso amoroso com Bate-Seba e o assassinato do marido dela, Deus o disciplinou com firmeza. Entretanto, Davi arrependeu-se e orou: "Faze-me ouvir júbilo e alegria, para que exultem os ossos que esmagaste" (Salmo 51:8).

A correção de Deus foi tão esmagadora, que Davi se sentiu como se seus ossos estivessem quebrados. Contudo, ele confiou que o Deus da graça poderia reparar as suas pisaduras e reacender a sua alegria. Em nossas próprias falhas e pecados, é confortante saber que Deus nos ama o suficiente para ir ao nosso encontro e nos restaurar com a Sua amorosa disciplina.
—WEC

A mão de Deus, que disciplina, é uma mão de amor.

17 de março

DE QUEM SÃO MEUS LÁBIOS?

LEITURA:
Salmo 12

As palavras dos meus lábios e o meditar do meu coração sejam agradáveis na tua presença, SENHOR...
—Salmo 19:14

A BÍBLIA EM UM ANO:
- ☐ Deuteronômio 30–31
- ☐ Marcos 15:1-25

Com frequência, o motivo estabelece a diferença entre o elogio e a bajulação. Um elogio representa uma apreciação verdadeira por uma qualidade ou ação de outra pessoa. O objetivo da bajulação é, habitualmente, tirar proveito próprio ou receber a recompensa ou favor de outra pessoa. Os elogios procuram incentivar; a bajulação tenta manipular.

No Salmo 12, Davi lamentou sua sociedade, na qual as pessoas piedosas e fiéis haviam desaparecido e sido substituídas por outras que falavam com falsidade, "...com lábios bajuladores e coração fingido" (v.2). Elas haviam dito: "...Com a língua prevaleceremos, os lábios são nossos; quem é senhor sobre nós?" (v.4).

Uma boa pergunta a nos fazermos quando sentimos o desejo de bajular para obtermos o que desejamos é: "A quem pertencem meus lábios?". Se meus lábios me pertencem, posso falar o que eu quiser. Mas, se o Senhor for o dono dos meus lábios, meu falar espelhará as Suas palavras, o que o salmista descreveu como "...palavras puras, prata refinada em cadinho de barro, depurada sete vezes" (v.6).

Talvez uma boa maneira de demonstrar a quem nossos lábios pertencem seja iniciar o dia com outra oração de Davi: "As palavras dos meus lábios e o meditar do meu coração sejam agradáveis na tua presença, SENHOR, rocha minha e redentor meu" (Salmo 19:14). —DCM

"O que guarda a boca conserva a sua alma..."
—Provérbios 13:3

18 de março

NÃO POSSO FAZER TUDO

LEITURA:
Gálatas 6:1-10

Mas prove cada um o seu labor e, então, terá motivo de gloriar-se unicamente em si e não em outro. —Gálatas 6:4

A BÍBLIA EM UM ANO:
☐ Deuteronômio 32–34
☐ Marcos 15:26-47

Eliana, de quatro anos, estava ajudando sua mãe a recolher algumas de suas coisas antes de ir dormir. Quando sua mamãe lhe disse para tirar as roupas que estavam em cima da cama, Eliana chegou ao seu limite. Ela se virou, pôs suas mãozinhas nos quadris e disse: "Não posso fazer tudo!"

Você já se sentiu assim em relação às tarefas que Deus lhe chamou para fazer? É fácil sentir-se sobrecarregado com o envolvimento na igreja, o testemunho e sustento da família. Podemos até suspirar enfurecidos e orar: "Senhor, não posso fazer tudo!"

Contudo, as instruções de Deus indicam que Suas expectativas não nos sobrecarregam. Por exemplo, ao lidarmos com os outros, Ele nos dá essa dica: "...quanto depender de vós, tende paz com todos os homens" (Romanos 12:18). Deus compreende as nossas limitações. Ou essa: "Tudo quanto fizerdes, fazei-o de todo o coração, como para o Senhor..." (Colossenses 3:23). Ele não está pedindo perfeição para que possamos impressionar as pessoas, mas, simplesmente, que o honremos com o nosso trabalho. E mais uma: "Mas prove cada um o seu labor e, então, terá motivo de gloriar-se unicamente em si e não em outro" (Gálatas 6:4). Não estamos fazendo nosso trabalho como competição com os outros, mas, simplesmente, para carregarmos o nosso próprio fardo.

Deus, sabiamente, nos equipou para fazermos somente o que Ele quer que façamos — e, certamente, isso não é tudo! —JDB

Quando Deus dá uma atribuição, ela vem acompanhada da Sua capacitação.

19 de março

O MAIS IMPORTANTE

LEITURA:
1 Crônicas 28:5-10

...conhece o Deus de teu pai e serve-o de coração íntegro e alma voluntária...
—1 Crônicas 28:9

A BÍBLIA EM UM ANO:
☐ Josué 1–3
☐ Marcos 16

Quando nossa neta Sarah era bem pequena, ela nos disse que, quando crescesse, queria ser técnica de basquetebol, como o seu pai. Mas ela ainda não podia ser técnica, disse, porque primeiro tinha de ser jogadora; e um jogador precisa ser capaz de amarrar os seus tênis, o que ela ainda não conseguia fazer!

Dizemos: As primeiras coisas primeiro. E a primeira coisa na vida é conhecer a Deus e regozijar-se nele.

Reconhecer e conhecer a Deus nos ajuda a nos tornarmos aquilo que devemos ser. Eis o conselho do rei Davi ao seu filho Salomão: "...conhece o Deus de teu pai e serve-o de coração íntegro e alma voluntária..." (1 Crônicas 28:9).

Lembre-se, Deus pode ser conhecido. Ele é uma Pessoa, não um conceito lógico ou teológico. Ele pensa, decide, alegra-se, sente, ama e deseja, como qualquer outra pessoa.

O autor A. W. Tozer escreveu: "Ele é uma pessoa e pode ser mais bem conhecido intimamente à medida que predispomos o nosso coração a essa maravilha." Ah, existe um porém: nós devemos "predispor" os nossos corações.

O Senhor não está brincando de esconde-esconde; aqueles que querem conhecê-lo, conseguem. Ele não nos imporá o Seu amor, mas Ele espera pacientemente, pois deseja que você o conheça. Conhecê-lo é uma prioridade vital. —DHR

Pensar em Deus faz a mente vacilar, mas conhecê-lo satisfaz o coração.

20 de março

DEUS CUIDA DE MIM

LEITURA:
Mateus 5:38-48

...ele faz nascer o seu sol sobre maus e bons e vir chuvas sobre justos e injustos. —Mateus 5:45

A BÍBLIA EM UM ANO:
☐ Josué 4–6
☐ Lucas 1:1-20

Quando chuvas torrenciais caíram sobre minhas petúnias recém-plantadas, me senti mal por elas. Gostaria de trazê-las para dentro, e abrigá-las da tempestade. Quando a chuva parou, suas pequenas faces estavam arqueadas em direção ao chão, devido ao peso da água. Elas pareciam tristes e fracas. Dentro de poucas horas, porém, elas se recuperaram e miraram o céu. No dia seguinte, estavam eretas e fortes.

Que transformação! Após martelar suas pétalas em cheio, a chuva escorreu das suas folhas, infiltrou-se no solo e subiu por seus caules, dando-lhes a força para se manterem eretas.

Por preferir a luz solar, fico irritada quando a chuva prejudica os meus planos para fazer algo fora de casa. Às vezes, engano-me ao pensar na chuva como algo negativo. Mas, qualquer pessoa que tenha experimentado a seca sabe que a chuva é uma bênção. Ela nutre a terra para o benefício do justo e também do injusto (Mateus 5:45).

Mesmo quando as tempestades da vida nos ferem fortemente ao ponto de quase quebrarmos por sua força, a "chuva" não é uma inimiga. Nosso Deus amoroso a permitiu para nos fortalecer. Ele usa a água que nos atinge exteriormente para edificar-nos interiormente e assim podermos permanecer firmes e fortes. –JAL

Deus usará as tempestades que ameaçam nos destruir para nos fortalecer.

21 de março

FAÇA VALER

LEITURA:
1 Pedro 4:1-8

Ora, tendo Cristo sofrido na carne, armai-vos também vós do mesmo pensamento... —1 Pedro 4:1

A BÍBLIA EM UM ANO:
☐ Josué 7–9
☐ Lucas 1:21-38

Em sua batalha contra o câncer, Steve Jobs, cofundador da *Apple Inc.*, disse: "Lembrar-me de que logo estarei morto é a ferramenta mais importante que já encontrei para ajudar-me a fazer as grandes escolhas na vida. Porque quase tudo — toda expectativa externa, todo orgulho, todo medo de constrangimento ou fracasso — desaparece em face da morte, deixando somente o que é verdadeiramente importante." Seu sofrimento influenciou as escolhas que ele fez.

O apóstolo Pedro, diferentemente de Jobs, quis motivar seus leitores para que usassem os seus sofrimentos para suas vidas refletirem algum valor para a eternidade. E ele quis que o sofrimento e a morte de Jesus os inspirassem a aceitar o conflito espiritual e a perseguição que resultariam de propagar o nome de Jesus. Por amarem Jesus, seria normal sofrer. O sofrimento de Jesus deveria servir como motivação para eles desistirem das paixões pecaminosas e obedecerem ao desejo de Deus (1 Pedro 4:1-2). Se suas vidas fossem valer para a eternidade, eles precisariam parar de satisfazer-se com prazeres fugazes e, em vez disso, devotarem suas vidas ao que agrada a Deus.

O pensamento mais importante que temos para nos inspirar a fazermos escolhas que agradam a Deus, hoje, e a fazer nossas vidas valerem para a eternidade, é lembrar-se de que Jesus sofreu e morreu para perdoar os nossos pecados. –MLW

A morte de Jesus perdoou meus pecados passados e inspira minha obediência presente.

22 de março

EM BUSCA DO PRÊMIO

LEITURA:
1 Coríntios 9:24-27

Todo atleta em tudo se domina; aqueles, para alcançar uma coroa corruptível; nós, porém, a incorruptível. —1 Coríntios 9:25

A BÍBLIA EM UM ANO:
☐ Josué 10–12
☐ Lucas 1:39-56

Todo mês de março é feita a corrida anual de trenós de cães, no Alaska. Cães puxadores de trenós e seus condutores, chamados "*mushers*", correm ao longo de uma estrada de aproximadamente 1.700 quilômetros. As equipes competidoras cobrem essa grande distância em 8 a 15 dias. Em 2011, um tempo recorde foi estabelecido pelo *musher* John Baker, que percorreu todo o trajeto em 8 dias, 19 horas, 46 minutos e 39 segundos. O trabalho de equipe entre cães e condutor é notável e os competidores são tenazes em seus esforços para vencer. O vencedor recebe um prêmio em dinheiro e uma caminhonete nova. Mas, depois de tanta perseverança em condições climáticas extremas, as homenagens e prêmios podem parecer insignificantes e efêmeros.

Para Paulo, o entusiasmo gerado por uma corrida lhe era familiar, mas, ele utilizou a competição para ilustrar algo eterno e escreveu: "Todo atleta em tudo se domina; aqueles, para alcançar uma coroa corruptível; nós, porém, a incorruptível" (1 Coríntios 9:25).

Às vezes, a nossa tendência é enfatizar as recompensas temporais, que perecem com o passar do tempo. As Escrituras, no entanto, nos encorajam a concentrarmos em algo mais permanente. Honramos a Deus ao procuramos impactar a vida de outros, espiritualmente, honra essa, que será recompensada na eternidade. —HDF

Corra, mirando a eternidade!

23 de março

A ESPERANÇA É PARA...

LEITURA:
Hebreus 10:19-25

Guardemos firme a confissão da esperança, sem vacilar, pois quem fez a promessa é fiel.
—Hebreus 10:23

A BÍBLIA EM UM ANO:
☐ Josué 13–15
☐ Lucas 1:57-80

Embora eu tente não ficar chocado com as coisas que vejo nos dias atuais, fiquei passado com a mensagem escrita na camiseta de uma mulher quando ela passou por mim no *shopping center*. Estava escrito: "A esperança é para os idiotas." Com certeza, ser simplório ou crédulo pode ser tolo e perigoso. O otimismo infundado pode tragicamente gerar decepção e mágoa. Mas, uma maneira triste e cínica de enxergar a vida é não se permitir ter esperança.

A esperança bíblica é singular; ela é uma ousada confiança em Deus e naquilo que Ele está fazendo no mundo e em nossas vidas. Algo que todos precisam! O autor da carta aos Hebreus afirmou claramente a importância da esperança ao escrever: "Guardemos firme a confissão da esperança, sem vacilar, pois quem fez a promessa é fiel" (Hebreus 10:23).

Não é tolice ter esperança bíblica, pois isso tem um forte alicerce. Nós guardamos firme a esperança que recebemos em Cristo porque o nosso Deus é fiel. Podemos confiar nele em tudo que venhamos a enfrentar — hoje e sempre. Nossa esperança é fundamentada no caráter confiável do Deus que nos ama com amor eterno. Portanto, a mensagem da camiseta estava errada. A esperança não é para os idiotas; ela é para você e para mim! —WEC

A esperança alicerçada em Deus não desabará sob as pressões da vida.

24 de março

LIBERE

LEITURA:
Marcos 11:1-11

...Respondei: O Senhor precisa dele e logo o mandará de volta para aqui. —Marcos 11:3

A BÍBLIA EM UM ANO:
☐ Josué 16–18
☐ Lucas 2:1-24

Muitos anos atrás, quando um amigo ainda jovem perguntou se podia emprestar o nosso carro, minha mulher e eu hesitamos no início. Era o nosso carro. Ele era nossa propriedade e dependíamos dele. Mas, logo nos convencemos a emprestar-lhe porque sabíamos que Deus queria que nos importássemos com os outros. Então, lhe entregamos as chaves e ele viajou para uma igreja a 48 quilômetros de distância, para liderar uma reunião de jovens. O encontro foi usado pelo Senhor para levar adolescentes a Cristo.

Jesus instruiu Seus discípulos a pegarem o jumento de outro homem. O Filho de Deus disse aos Seus homens: "...desprendei-o e trazei-o" (Marcos 11:2). Se alguém se opusesse, eles deveriam dizer: "O Senhor precisa dele" e lhes seria permitido levá-lo. Aquele jumento carregou Cristo para dentro de Jerusalém no dia que hoje chamamos Domingo de Ramos.

Temos aqui uma lição para considerar. Todos nós temos coisas que nos são preciosas. Podemos pensar: "jamais poderia abrir mão disso". Pode ser um caminhão novo, um casaco, algum outro bem ou nossas preciosas e poucas horas livres durante a semana. Estaremos dispostos a ceder quando alguém precisar de algo que temos?

Se você perceber que o Espírito está falando com você, ceda seu tempo ou o seu bem, como o dono liberou o seu animal para Jesus utilizar. Então, Ele será glorificado como merece! —DCE

Deus nos dá tudo que precisamos, dessa maneira podemos atender os outros em suas necessidades.

25 de março

PESADO DEMAIS

LEITURA:
Salmo 32:1-6; Mateus 11:28-30

Vinde a mim, todos os que estais cansados e sobrecarregados, e eu vos aliviarei. —Mateus 11:28

A BÍBLIA EM UM ANO:
☐ Josué 19–21
☐ Lucas 2:25-52

Ao dar a partida em meu carro no escuro da madrugada, percebi no painel uma luz de aviso do cinto de segurança. Verifiquei minha porta, abri e a fechei novamente. Puxei meu cinto de segurança para testá-lo. Mas a luz do sensor permanecia acesa. Então, lentamente, estendi o braço e levantei minha bolsa até alguns centímetros acima do banco do passageiro. A luz se apagou.

Aparentemente, um telefone celular, três pacotes de moedas, um livro de capa dura e meu almoço, guardados em minha enorme bolsa, equivaliam ao peso de um passageiro pequeno, disparando o sensor!

Embora eu possa esvaziar facilmente uma bolsa, outros pesos não são fáceis. Esses fardos da vida oprimem o espírito.

Seja o peso que nos oprime decorrente de culpa, como o que consumiu os pensamentos de Davi (Salmo 32:1-6); de medo, como o que Pedro sentiu (Mateus 26:20-35); ou de dúvida, como a de Tomé (João 20:24-29), Jesus nos convidou a levá-los a Ele: "Vinde a mim, todos os que estais cansados e sobrecarregados, e eu vos aliviarei" (Mateus 11:28).

Não somos feitos para suportar os fardos sozinhos. Quando os lançamos sobre aquele que deseja carregá-los (Salmo 68:19; 1 Pedro 5:7), Ele os substitui por perdão, cura e restauração. Nenhuma carga é pesada demais para Ele. —CHK

Lance sobre Deus o peso que lhe oprime.

26 de março

O MUNDO DO NOSSO PAI

LEITURA:
Gênesis 1:26-28

Ao SENHOR pertence a terra e tudo o que nela se contém, o mundo e os que nele habitam.
—Salmo 24:1

A BÍBLIA EM UM ANO:
☐ Josué 22–24
☐ Lucas 3

Quando Amanda estava cursando o segundo ano da universidade, ela começou a repensar seus pontos de vista que se referiam à mordomia cristã em relação à Terra. Amanda fora educada pensando que ter consciência ambiental nada tinha a ver com o seu relacionamento com Jesus. Tudo isso mudou quando ela foi desafiada a considerar o papel do cristão no cuidado do planeta — especialmente como isso se relaciona a alcançar os mais necessitados no mundo.

O nosso cuidado com o lindo mundo que Deus nos deu e com as pessoas que nele habitam demonstra a nossa reverência por Deus e se fundamenta em dois princípios bíblicos.

Primeiro, a terra pertence a Deus (Salmo 24:1-2). O salmista louvou o Senhor por Sua criação e Seu senhorio sobre ela. Os céus, a terra e tudo que neles há lhe pertencem. Ele os criou, é soberano (93:1-2) e cuida deles (Mateus 6:26-30). Segundo, Deus delegou a nós a responsabilidade pelo bem-estar da Sua terra (Gênesis 1:26-28), o que inclui a apreciação e cuidado tanto com a natureza (Levítico 25:2-5,11; Provérbios 12:10) quanto com as pessoas (Romanos 15:2).

Este é o mundo do nosso Pai. Vamos demonstrar o quanto o amamos através do respeito e cuidado com as pessoas que habitam nele. —MLW

Tratar com descaso a criação de Deus é ofender o Criador.

27 de março

FORA DE CONTEXTO

LEITURA:
Lucas 4:1-13

...a tua palavra é a verdade. —João 17:17

A BÍBLIA EM UM ANO:
☐ Juízes 1–3
☐ Lucas 4:1-30

Quando um amigo começou a fazer declarações aleatórias desesperadoras, as pessoas se preocuparam com ele e começaram a dar conselhos e oferecer encorajamento. Acabamos descobrindo que ele estava simplesmente se divertindo ao repetir letras de canções fora de contexto para iniciar uma conversação. Amigos que tentaram ajudar desperdiçaram seu tempo oferecendo ajuda que ele não precisava e conselhos que ele não queria. As consequências das declarações desorientadoras de meu amigo não foram sérias, mas poderiam ter sido. Ao dedicar tempo para reagir a sua falsa necessidade, alguém poderia ter negligenciado a necessidade verdadeiramente séria de outra pessoa.

Algumas pessoas que usam palavras fora de contexto querem apenas chamar a atenção ou vencer uma discussão. Mas, outras são mais sinistras. Elas distorcem a verdade para obter o poder sobre os outros. Elas colocam em perigo não apenas vidas, mas também almas.

Quando pessoas usam palavras para manipular os outros, de modo que estes se comportem de determinadas maneiras — ou pior, quando elas citam a Bíblia fora de contexto para convencer outras a fazerem coisas erradas — só existe uma defesa: Precisamos saber o que Deus realmente diz em Sua Palavra. Jesus foi capaz de resistir à tentação com a verdade (Lucas 4). Nós dispomos do mesmo recurso. Deus nos deu a Sua Palavra e Espírito para nos guiar e impedir de sermos enganados ou confundidos. —JAL

Se nos apegarmos à verdade de Deus, não cairemos nas armadilhas das mentiras de Satanás.

28 de março

"E ERA NOITE"

LEITURA:
João 13:21-30

Ele [Judas], tendo recebido o bocado, saiu logo. E era noite.
—João 13:30

A BÍBLIA EM UM ANO:
☐ Juízes 4–6
☐ Lucas 4:31-44

Durante uma viagem de negócios participei de um culto vespertino na quinta-feira antes da Páscoa — um culto de Comunhão e *Tenebrae* (do latim, sombra ou escuridão) numa pequena capela iluminada por velas. Depois da Ceia do Senhor, uma passagem do evangelho de João foi lida em voz alta, foi apagada uma vela e cantamos uma estrofe de um hino que falava sobre a jornada de Jesus em direção à cruz. Isso foi repetido 14 vezes, até a capela ficar em completa escuridão. Em silêncio, ajoelhamo-nos em oração e, em seguida, um a um, saímos silenciosamente.

A escuridão desse tipo de culto pode lembrar-nos dos elementos tenebrosos que envolveram a morte de Jesus. Pense em Sua última Ceia com os discípulos (João 13:21-30), quando Ele explicou que um deles o trairia. Somente Jesus sabia que seria Judas. "Ele [Judas], tendo recebido o bocado, saiu logo. E era noite" (v.30).

Na noite mais escura da vida de Jesus, Ele agonizou em oração no Jardim, enfrentou uma prisão injusta, suportou humilhação nas mãos de líderes religiosos e estremeceu com as negações de Pedro. Mesmo assim, Jesus caminhou fielmente em direção à cruz na qual morreria por nossos pecados.

Jesus suportou trevas e morte para dar-nos luz e vida. Louve-o por tudo o que Ele passou por nós! —DCM

O calvário revela a vileza do nosso pecado e a vastidão do amor de Deus.

29 de março

MARAVILHOSO AMOR

LEITURA:
1 João 4:7-21

Amados, se Deus de tal maneira nos amou, devemos nós também amar uns aos outros. —1 João 4:11

A BÍBLIA EM UM ANO:
☐ Juízes 7–8
☐ Lucas 5:1-16

O amor é a peça central dos relacionamentos bem-sucedidos. As Escrituras deixam claro que precisamos ser pessoas que amam — a Deus com os nossos corações, ao nosso próximo como a nós mesmos, e aos nossos inimigos. Mas, é difícil amar quando não nos sentimos amados. Crianças negligenciadas, cônjuges que se sentem ignorados, e pais alienados de seus filhos conhecem a tristeza de uma vida sem amor.

Então, para todos os que desejam ser amados: seja bem-vindo ao prazer de saber que você é ricamente amado por Deus. Pense no profundo impacto do Seu amor que foi derramado por você na cruz. Medite sobre o fato de que, se você confiou nele, Seu amor cobre as faltas e fracassos, e que você está vestido com a Sua imaculada justiça (Romanos 3:22-24). Deleite-se no fato de que nada pode separar você do Seu amor (8:39). Aceite Sua amorosa provisão para um futuro seguro, no qual você será eternamente amado (João 3:16).

Quando João nos diz que "...devemos nós também amar uns aos outros", ele nos chama de "amados" (1 João 4:11; ver também 3:1-2). Quando você compreender quão maravilhosamente Deus o ama, será muito mais fácil ser a pessoa amorosa que Deus lhe chama a ser — mesmo com aqueles que não demonstram amor por você. –JMS

Compreender o amor de Deus por nós é a chave para amar os outros.

30 de março

VOCÊ PODE VENCÊ-LA!

LEITURA:
Mateus 28:1-10

...Onde está, ó morte, o teu aguilhão?
—1 Coríntios 15:55

A BÍBLIA EM UM ANO:
☐ Juízes 9–10
☐ Lucas 5:17-39

Soou-me intrigante a propaganda no rádio sobre um seminário que estava por acontecer. O locutor disse: "Você pode vencer o óbito — para sempre! Participe do meu seminário e lhe mostrarei como." Durante alguns momentos, fiquei a imaginar o que ele alegaria ser capaz de vencer a morte e quais poderiam ser as suas sugestões. Seria talvez algo sobre dieta, exercício ou congelamento do corpo? Após escutar um pouco mais, porém, percebi que ele dissera "Você pode vencer o débito — para sempre."

A notícia mais maravilhosa é que podemos vencer o óbito porque Jesus pagou o nosso débito! (1 Coríntios 15:55-57). Nossa dívida de pecado significava separação de Deus, mas Jesus entregou a Sua vida de boa vontade e foi crucificado para pagar o que nós devíamos. Quando Maria Madalena e a outra Maria foram ao túmulo no terceiro dia para ungir o Seu corpo, um anjo lhes disse: "Ele não está aqui; ressuscitou, como tinha dito..." (Mateus 28:6). Com grande júbilo, elas correram para contar a notícia aos Seus discípulos. No caminho, Jesus foi ao seu encontro e disse: "Salve!" (v.9). Jesus ressuscitara e Seus seguidores tiveram motivo para alegrar-se.

Jesus removeu o aguilhão da morte (1 Coríntios 15:55). Agora, nós também temos a vitória ao crer na morte e ressurreição do Filho de Deus por nós. Por intermédio da obra perfeita de Jesus, podemos vencer a morte — para sempre! —AMC

Tínhamos um débito que não podíamos pagar;
Jesus pagou a dívida que não era dele.

31 de março

SEM LETRAS MIÚDAS

LEITURA:
Deuteronômio 30:11-20

**Porque este mandamento que, hoje, te ordeno não é demasiado difícil, nem está longe de ti.
—Deuteronômio 30:11**

A BÍBLIA EM UM ANO:
☐ Juízes 11–12
☐ Lucas 6:1-26

Como redatora de um renomado jornal americano, Missy Sullivan notou que muitos contratos, garantias e isenções de responsabilidade que acompanham os produtos são quase ilegíveis. Intencionalmente impressos com letras muito pequenas, eles, na verdade, desencorajam as pessoas de compreendê-los. Em decorrência, muitas pessoas não leem todos os termos de contratos antes de assiná-los. Um professor universitário de comunicação gráfica falou sobre um contrato de 32 páginas que veio com seu novo *smartphone* dizendo: "Eles não querem que você leia."

Por outro lado, o Senhor está sempre buscando comunicar-se com Seu povo de maneiras claras e convincentes, sem qualquer tentativa de confundir ou enganar. Ao falar aos israelitas pouco antes de eles entrarem na Terra Prometida, Moisés disse: "Porque este mandamento que, hoje, te ordeno não é demasiado difícil, nem está longe de ti [...] te propus a vida e a morte, a bênção e a maldição; escolhe, pois, a vida, para que vivas, tu e a tua descendência" (Deuteronômio 30:11,19).

O Senhor quer que compreendamos claramente o Seu plano e propósito, para que possamos amar, obedecer e nos apegarmos a Ele — pois Ele é a nossa "...vida e a nossa longevidade..." (v.20). Isso é fácil de ver. —DCM

Não existe letra miúda na comunicação de Deus conosco.

1 de abril

NÃO REQUER SUBSTITUTO

LEITURA:
Salmo 139:1-12

Para onde me ausentarei do teu Espírito? Para onde fugirei da tua face? —Salmo 139:7

A BÍBLIA EM UM ANO:
☐ Juízes 13–15
☐ Lucas 6:27-49

Em visita ao meu filho, decidimos ir à igreja para ouvir o Dr. David Jeremias pregar. Estêvão e eu nos levantamos cedo na manhã do domingo e dirigimos por uma hora até a igreja. Mas a nossa expectativa se transformou em decepção ao descobrirmos que o Dr. Jeremias não estava lá naquele dia. "Algum outro" — um substituto — estava pregando.

Algumas semanas depois, eu estava escalado para pregar na igreja em que minha esposa e eu somos membros. Em pé diante da congregação, percebi que, agora, eu era o "algum outro" e eles poderiam estar decepcionados porque tinham vindo ouvir o nosso pastor — não eu — falar.

Embora encontremos conforto na familiaridade com aqueles de quem dependemos na vida, temos de reconhecer que, às vezes, eles podem ser substituídos. Mas, aquele que mais necessitamos — de quem dependemos para nossa própria vida — está sempre presente (Salmo 139:7-8). Quando desejamos entrar na presença de Deus em oração, Ele está sempre presente: "À tarde, pela manhã e ao meio-dia, farei as minhas queixas e lamentarei; e ele ouvirá a minha voz" (Salmo 55:17).

Você está procurando Deus? Ele está sempre próximo. Não precisa de substituto. –JDB

Quando você busca o Senhor, não existe fila de espera — Seus ouvidos estão sempre abertos ao seu clamor.

2 de abril

AMIZADE

LEITURA:
1 Samuel 23:14-18

Em todo tempo ama o amigo... —Provérbios 17:17

A BÍBLIA EM UM ANO:
- ☐ Juízes 16–18
- ☐ Lucas 7:1-30

A amizade é uma das maiores dádivas da vida. Amigos verdadeiros buscam um tipo especial de bem para seus queridos; o bem mais elevado: que eles possam conhecer Deus e amá-lo com todo o seu coração, alma e mente. O pastor e mártir alemão Dietrich Bonhoeffer disse: "O objetivo da amizade é determinado exclusivamente por aquilo que é a vontade de Deus para a outra pessoa."

Jônatas, amigo de Davi, é um excelente exemplo de amizade verdadeira. Davi estava no exílio, escondido no Deserto de Zife, ao saber que "...Saul saíra a tirar-lhe a vida..." (1 Samuel 23:15). Jônatas foi a Horesa para encontrar Davi. A importância dessa cena está na intenção de Jônatas: Ele ajudou Davi a encontrar forças em Deus ou, como diz o texto, "...lhe fortaleceu a confiança em Deus" (v.16).

Essa é a essência da amizade cristã. Além de interesses comuns e de afeição, além de inteligência e riso está o objetivo definitivo de semear nos outros as palavras de vida eterna, deixando-os com lembretes da sabedoria de Deus, revigorando seu espírito com palavras do Seu amor e fortalecendo a sua confiança em Deus.

Ore por seus amigos e peça a Deus para dar-lhe uma palavra "a seu tempo" para ajudá-los a encontrar forças renovadas em nosso Deus e Sua Palavra. —DHR

Um amigo verdadeiro é um presente de Deus e alguém que nos aponta o caminho de volta a Ele.

3 de abril

Brado de Triunfo

Leitura:
João 19:28-37

Está consumado!
—João 19:30

A Bíblia em um ano:
☐ Juízes 19–21
☐ Lucas 7:31-50

Recentemente, li a respeito de Aron Ralston, um alpinista que ficou preso entre as pedras sozinho no fundo de um cânion isolado. Com escassa esperança de ser encontrado e suas forças se acabando, ele teve de tomar medidas drásticas para salvar a sua vida. Durante um momento de dor excruciante, ele gritou em agonia e vitória, por soltar-se e ter, naquele momento, uma chance de escapar e viver.

Aqueles que testemunharam a crucificação de Jesus viram Suas horas de agonia e ouviram-no clamar em alta voz: "Está consumado!", ao entregar Seu espírito (João 19:30). Suas palavras finais na cruz não foram um grito de dolorosa derrota, mas um brado de triunfo, por ter realizado tudo que o Pai o enviara para fazer.

Quando Jesus morreu, compartilhou daquilo que todos nós devemos experimentar. Mas muito além disso, Ele fez o que nenhum de nós pode fazer. Ele pagou o preço por nossos pecados, para que pudéssemos ser perdoados e ter vida eterna por meio da fé nele.

"Está consumado!" foi o brado de vitória do Senhor porque agora, através dele, nós podemos escapar do poder do pecado; podemos viver e ser livres.

Em respeito ao sacrifício de Jesus por nós, chamamos o dia da Sua morte — Sexta-feira Santa. —DCM

Jesus morreu para que pudéssemos viver.

4 de abril

VIGILÂNCIA SOBRENATURAL

LEITURA:
Mateus 6:1-6,16-18

... teu Pai, que vê em secreto, te recompensará.
—Mateus 6:18

A BÍBLIA EM UM ANO:
☐ Rute 1–4
☐ Lucas 8:1-25

Não muito longe de minha casa, as autoridades instalaram uma câmera para fotografar motoristas que ultrapassam o sinal vermelho. Depois, os infratores recebem, pelo correio, uma multa contendo a foto da transgressão, a prova visual de sua infração de trânsito.

Às vezes, penso em Deus da mesma maneira como penso naquela câmera — Ele está lá em cima, apenas esperando para flagrar-me fazendo algo errado. Embora Deus veja nossos pecados (Hebreus 4:13), Ele também vê e se interessa por nossas boas obras. Por meio da Sua vigilância sobrenatural, Deus vê o tamanho do nosso sacrifício quando ofertamos dinheiro à igreja ou aos necessitados (Marcos 12:41-44). Ele escuta nossas orações feitas em secreto (Mateus 6:6). E, quando jejuamos, podemos portar-nos como de costume, tendo a certeza de que nosso "Pai [...] vê em secreto" (v.18).

Saber que Deus vê tudo nos livra de pensar sobre os olhos vigilantes dos outros. Quando fazemos o que é certo, não necessitamos do aplauso de espectadores; quando pecamos, não precisamos nos preocupar com nossa reputação se acertamos as contas com Deus e com aqueles a quem prejudicamos. Podemos descansar, sabendo que os "...olhos [do SENHOR] passam por toda a terra, para mostrar-se forte para com aqueles cujo coração é totalmente dele..." (2 Crônicas 16:9). —JBS

Os outros veem o que fazemos,
mas Deus vê os nossos motivos em fazer.

5 de abril

ENTRE AS FLORES

LEITURA:
Lucas 24:13-34

...o Senhor ressuscitou...!
—Lucas 24:34

A BÍBLIA EM UM ANO:
☐ 1 Samuel 1–3
☐ Lucas 8:26-56

Quando as primeiras flores da primavera desabrocharam em nosso jardim, meu filho de cinco anos entrou num canteiro de narcisos amarelos. Ele percebeu alguns restos de plantas que haviam morrido meses antes e observou: "Mamãe, quando eu vejo algo morto, isso me lembra da Páscoa porque Jesus morreu na cruz." Respondi-lhe: "Quando eu vejo algo vivo — como os narcisos amarelos —, isso me lembra que Jesus voltou a viver!"

Um dos motivos pelos quais sabemos que Jesus ressuscitou é que, de acordo com o evangelho de Lucas, Ele abordou dois viajantes que 'estavam de caminho para uma aldeia chamada Emaús', três dias após Sua crucificação. Jesus caminhou com eles; ceou com eles e lhes ensinou sobre as profecias do Antigo Testamento (24:15-27). Este encontro mostrou aos viajantes que Jesus conquistou a morte — Ele tinha ressuscitado dentre os mortos. Em decorrência disso, a dupla retornou a Jerusalém e disse aos discípulos: "O Senhor ressuscitou!" (v.34).

Se Jesus não tivesse voltado à vida, nossa fé como cristãos não teria sentido e ainda estaríamos sob a penalidade do nosso pecado (1 Coríntios 15:17). Contudo, a Bíblia nos diz que Jesus "...ressuscitou por causa da nossa justificação" (Romanos 4:25). Hoje, podemos estar em paz com Deus porque Jesus está vivo!
—JBS

A cruz e o túmulo vazios oferecem salvação completa.

6 de abril

PERIGO INVISÍVEL

LEITURA:
Tiago 1:13-25

...cada um é tentado pela sua própria cobiça, quando esta o atrai e seduz. —Tiago 1:14

A BÍBLIA EM UM ANO:
☐ 1 Samuel 4–6
☐ Lucas 9:1-17

Quando eu era criança, nossa família escapou de uma "quase" tragédia. A maioria dos principais utensílios da minha casa, bem como o aquecimento, era alimentado por gás natural, mas um pequeno vazamento numa das tubulações de gás colocou nossas vidas em risco. Quando o gás entrou em nossa pequena casa, nossa família foi dominada pelos gases letais e perdemos a consciência. Se não tivéssemos sido descobertos por uma vizinha que, casualmente, veio nos visitar, todos nós poderíamos ter morrido por causa desse perigoso inimigo invisível.

Como seguidores de Cristo, nós também podemos encontrar-nos rodeados de perigos invisíveis. A nociva existência da tentação e da fraqueza de nossa própria fragilidade humana pode colocar em perigo nossas vidas e nossos relacionamentos. Diferentemente do gás natural da minha infância, porém, esses perigos invisíveis não provêm do nosso exterior — eles residem em nós. Tiago escreveu: "...cada um é tentado pela sua própria cobiça, quando esta o atrai e seduz" (Tiago 1:14).

Nossa tendência natural ao pecado, composta por pontos cegos que nos impedem de ver nossas próprias fraquezas, pode levar às escolhas tóxicas que nos arruínam. Somente submetendo-nos a Deus, quando Ele nos mostra os nossos corações em Sua Palavra (vv.23-25), podemos viver uma vida que agrada ao Mestre. —WEC

O Espírito de Deus é a maior proteção contra os perigos invisíveis do pecado.

7 de abril

E-U A-M-O...

LEITURA:
Romanos 6:1-11

Ora, se já morremos com Cristo, cremos que também com ele viveremos. —Romanos 6:8

A BÍBLIA EM UM ANO:
☐ **1 Samuel 7–9**
☐ **Lucas 9:18-36**

Meu marido e eu estávamos numa piscina pública quando as pessoas à nossa volta começaram a olhar para o céu. Um avião pequeno emitia fumaça, formando letras. Enquanto observávamos, o piloto soletrava: "E-U A-M-O". As pessoas começaram a especular: talvez fosse uma proposta de casamento. Talvez um homem romântico esteja num terraço próximo, com sua namorada, e logo perguntará "Quer se casar comigo?". Continuamos a olhar para o alto: "E-U A-M-O V-O-C-Ê J-E". Ouvi meninhas tentando adivinhar: "Aposto que é Jeane ou, talvez, Jéssica". Ele continuou a soletrar. Não. Era: "J-E-S-U-S". O piloto estava declarando amor por Jesus para que muitas pessoas vissem.

Frequentemente, um amigo meu termina suas orações com "Eu te amo, Senhor." Ele diz: "Não consigo deixar de dizer 'Eu te amo' depois de tudo o que Ele fez por mim." Em Romanos 6:1-11, nosso texto da Bíblia para hoje, o apóstolo Paulo nos conta um pouco do que Jesus fez por nós, que merece o nosso amor: Ele foi crucificado, sepultado e ressuscitou. Por essa razão, aqueles dentre nós que pusemos nossa fé em Jesus têm, agora, uma nova vida (v.4), não precisamos mais ser controlados pelo pecado ou medo da morte (vv.6,9) e, um dia, nós também seremos ressuscitados para viver com Ele para sempre (v.8).

Não é de admirar que digamos: "Eu te amo, Jesus!" –AMC

Para demonstrar o Seu amor, Jesus morreu por nós; para demonstrarmos o nosso, vivemos para Ele.

8 de abril

GUARDE SUA MARCA

LEITURA:
Colossenses 3:1-14

...acima de tudo isto, porém, esteja o amor, que é o vínculo da perfeição.
—Colossenses 3:14

A BÍBLIA EM UM ANO:
☐ 1 Samuel 10–12
☐ Lucas 9:37-62

Uma conhecida loja de roupas exige que seus vendedores se vistam como os manequins que fazem propaganda das suas roupas nas janelas da loja. Esta prática é denominada "guardar a marca". A ideia por detrás dela é que os compradores terão mais probabilidade de comprar roupas porque desejarão se parecer com as pessoas que veem vestidas, usando-as.

Numa cultura orientada ao consumo, é fácil pensar que podemos "comprar" aceitação vestindo as mesmas coisas que as pessoas bonitas vestem. Os lojistas querem nos fazer crer que ter boa aparência nos tornará desejáveis.

Às vezes, até nos convencemos de que podemos ganhar seguidores para Deus tornando-nos atraentes ao mundo. Mas, a Bíblia é clara a respeito do que é realmente importante para Deus. Ele quer que sejamos parecidos com Jesus em nosso caráter. De certo modo, Jesus é a nossa "marca", pois estamos sendo conformados à Sua imagem (Romanos 8:29). Atraímos outras pessoas para Cristo quando nos revestimos dos Seus atributos que incluem misericórdia, bondade, humildade, mansidão, longanimidade (Colossenses 3:12) e, acima de tudo, amor (v.14).

Em vez de polir e proteger a nossa própria imagem, precisamos guardar e refletir a imagem de Deus, que está sendo aperfeiçoada em nós por intermédio de Cristo. —JAL

Uma das tarefas do Espírito é modelar a semelhança de Cristo em nós.

9 de abril

É ERRADO TER AMBIÇÃO?

LEITURA:
Colossenses 3:22-24

Tudo quanto fizerdes, fazei-o de todo o coração, como para o Senhor... —Colossenses 3:23

A BÍBLIA EM UM ANO:
- ☐ 1 Samuel 13–14
- ☐ Lucas 10:1-24

É errado ter ambição? É errado ser esforçado, fazer o máximo para ser o melhor? Pode ser. A diferença entre a ambição certa e a errada está em nosso objetivo e motivação — se é para a glória de Deus ou para a nossa própria.

No livro de 1 Tessalonicenses 4:1, Paulo nos diz que os cristãos devem viver para agradar a Deus. Para alguns, o desejo de agradá-lo surge da transformação instantânea no momento da salvação; para outros, a transformação é cheia de passos indecisos e largadas em falso. Quer a transformação ocorra instantânea ou gradualmente, o cristão deve perseguir as metas de Deus, não as suas metas.

Então, no trabalho, perguntamos: "De que maneira essa mudança de emprego me ajudará a servir aos outros e glorificar a Deus?" Seja qual for, a nossa ambição deve centrar-se em Deus e nos outros, colocando-nos sempre à disposição do Senhor para Ele nos capacitar e nos usar da maneira que lhe aprouver.

Paulo sugere que trabalhemos "...em singeleza de coração, temendo ao Senhor" (Colossenses 3:22). O que quer que estejamos fazendo — na sala de reuniões, nas docas, onde quer que estejamos trabalhando — devemos servir como se estivéssemos servindo a Deus (vv.23-24).

Glorificamos e apreciamos mais a Deus quando trabalhamos com excelência para o Seu prazer, não o nosso. Para servi-lo e servir aos outros, não para servirmos a nós mesmos e obtermos ganho pessoal — Ele merece o nosso melhor. —RKK

"Apequenamo-nos ao tentar ser grandes."
—Eli Stanley Jones, missionário

10 de abril

SIMPLIFIQUE

LEITURA:
2 Coríntios 1:12-14

Porque nenhuma outra coisa vos escrevemos, além das que ledes e bem compreendeis... —2 Coríntios 1:13

A BÍBLIA EM UM ANO:
- ☐ 1 Samuel 15–16
- ☐ Lucas 10:25-42

James Madison, quarto presidente dos EUA, contribuiu para a elaboração do rascunho da constituição daquele país. Ele alertou contra criar leis "tão volumosas que não possam ser lidas ou tão incoerentes que não possam ser compreendidas". Com base em alguns dos complicados formulários do governo que li, aquele conselho ainda precisa ser escutado com muito mais frequência!

Às vezes, ao compartilharmos o evangelho, nós o tornamos mais complicado do que ele precisa ser. Podemos ficar felizes porque a Bíblia apresenta as boas-novas da salvação em linguagem clara e de fácil compreensão. Jesus disse a Nicodemos, um fariseu culto, que "...Deus amou o mundo de tal maneira que deu o seu Filho unigênito, para que todo o que nele crê não pereça, mas tenha a vida eterna" (João 3:16). Mais tarde, Ele disse: "...Eu sou o caminho, e a verdade, e a vida; ninguém vem ao Pai senão por mim" (14:6). O apóstolo Paulo disse em linguagem clara ao carcereiro de Filipos, que lhe perguntara como ser salvo: "...Crê no Senhor Jesus e serás salvo..." (Atos 16:31).

A preciosa história do amor de Deus é simples. Ele enviou o Seu Filho para nos resgatar do pecado e da morte. Maravilhosas notícias que até as crianças conseguem entender. –DCE

Por meio da fé em Cristo, recebemos o perdão de Deus e escapamos da penalidade do pecado.

11 de abril

COMPENSANDO O TEMPO

LEITURA:
Joel 2:21-27

Restituir-vos-ei os anos que foram consumidos pelo gafanhoto migrador...
—Joel 2:25

A BÍBLIA EM UM ANO:
☐ 1 Samuel 17–18
☐ Lucas 11:1-28

Nenhum de nós pode dizer que não tem remorsos. Com frequência, somos levados por caminhos de más escolhas — alguns, mais longos que outros — que podem ter efeito persistente sobre a mente, o corpo e a alma.

Um amigo meu, durante muitos anos, abusou do álcool e das drogas. Mas, Deus fez uma obra maravilhosa em sua vida e, recentemente, ele celebrou 25 anos de libertação do abuso dessas substâncias. Ele agora administra um negócio bem-sucedido, tem uma esposa dedicada e seus filhos amam a Jesus. Ele tem paixão por alcançar outros que estão no fundo do poço e serve como um sábio e amoroso mentor no resgate de suas vidas.

Deus nunca desiste de nós! Mesmo que, no passado, tenhamos feito más escolhas que nos trouxeram remorso, podemos escolher como viveremos agora. Podemos escolher continuar a viver de maneira destrutiva, simplesmente chafurdando no remorso, ou podemos correr para Cristo, crendo que Ele tem maneiras de "...restituir [...] os anos que foram consumidos pelo gafanhoto migrador..." (Joel 2:25). Quando, arrependidos, buscamos Sua cura e poder libertador, Ele é misericordioso.

Embora algumas consequências do passado possam permanecer, podemos confiar que Deus tem um futuro bom e glorioso para aqueles que confiam nele! —JMS

Deus jamais desiste de transformar nossas vidas em algo lindo.

12 de abril

SISTEMA DE HONRA

LEITURA:
Lucas 16:1-10

Quem é fiel no pouco também é fiel no muito; e quem é injusto no pouco também é injusto no muito. —Lucas 16:10

A BÍBLIA EM UM ANO:
☐ 1 Samuel 19–21
☐ Lucas 11:29-54

Muitas casas próximas à nossa vendem hortaliças e sempre-verdes à beira da estrada. Às vezes, nos dirigimos a uma banca sem ninguém cuidando, que opera segundo o "sistema de honra". Ao escolhermos o que desejamos comprar, colocamos o dinheiro numa caixa ou numa velha lata de café. Então, vamos para casa saborear as frutas e os vegetais recém-colhidos.

Mas, nem sempre esse sistema de honra funciona. Minha amiga Jaqueline tem uma banca de flores em frente à sua casa. Um dia, ao olhar para fora, pela janela, viu uma mulher bem vestida e com um grande chapéu colocando vasos de sempre-verdes no porta-malas de seu carro. Jaqueline sorriu ao calcular mentalmente um lucro de $50 por seus trabalhos no jardim. Mas, ao verificar a caixa de dinheiro mais tarde, ela estava vazia! O sistema de honra revelara que aquela mulher não era merecedora de honra.

Talvez, para ela, levar as flores parecesse algo pequeno. Mas, ser honesto nas pequenas coisas indica como reagiremos nas grandes (Lucas 16:10). A honestidade em todas as áreas de nossas vidas é uma maneira de darmos honra a Jesus Cristo, nosso Salvador.

O melhor sistema de honra para um seguidor de Cristo é Colossenses 3:17: "...tudo o que fizerdes, seja em palavra, seja em ação, fazei-o em nome do Senhor Jesus..." —CHK

Honestidade significa nunca se preocupar se você está sendo observado.

13 de abril

Conte a história

Leitura:
Salmo 78:1-8

...contaremos à vindoura geração os louvores do Senhor, e o seu poder, e as maravilhas que fez. —Salmo 78:4

A Bíblia em um ano:
- ☐ 1 Samuel 22–24
- ☐ Lucas 12:1-31

Numa entrevista perguntaram ao cineasta George Lucas de que maneira ele gostaria de ser lembrado. Ele respondeu: "Serei lembrado como um cineasta. [...] Espero que algumas das histórias que contei ainda sejam relevantes. [...] Se você criou filhos, sabe que tem de explicar coisas a eles e, se não o fizer, eles acabarão aprendendo da maneira mais difícil. [...] Então, as velhas histórias têm de ser reiteradas de uma forma que seja aceitável a cada nova geração. Não acho que um dia deixarei de contar as velhas histórias, porque penso que elas ainda precisam ser contadas."

No Salmo 78, o salmista reconhecia a possibilidade de as poderosas obras de Deus serem esquecidas e de uma geração perder-se; por esse motivo, conclamou o povo de Deus a nunca se cansar de contar a velha história dos Seus atos de redenção às futuras gerações (v.4). O objetivo dessa repetição perpétua da sua história não era apenas memorizar dados históricos; mas inspirar fé, obediência e esperança no Senhor (v.7) e impedir as gerações futuras de tatearem nas trevas da descrença e rebelião, como as gerações anteriores (v.8).

Devido ao grandioso poder e graça de Deus em nossas vidas, desejamos ser fiéis para contarmos Suas histórias, para que possamos inspirar fé e obediência nas futuras gerações. —MLW

As histórias sobre a graça no passado inspiram as histórias de fé que serão contadas no futuro.

14 de abril

MUITO BOM, DAVID!

LEITURA:
Isaías 35:3-10

...Sede fortes, não temais. Eis o vosso Deus...
—Isaías 35:4

A BÍBLIA EM UM ANO:
☐ 1 Samuel 25–26
☐ Lucas 12:32-59

No funeral de David Schumm, celebramos o otimismo, a perseverança e a fé de um homem com grave paralisia cerebral. Durante todos os 74 anos de David, as tarefas simples da vida diária exigiram grande esforço. Ao longo de todo esse tempo, ele continuou sorrindo e ajudando os outros, doando mais de 23 mil horas como voluntário num hospital, além de encorajar adolescentes em situação de risco.

David escolheu Isaías 35:3-10 para ser lido em seu funeral: "Fortalecei as mãos frouxas e firmai os joelhos vacilantes. Dizei aos desalentados de coração: Sede fortes, não temais. Eis o vosso Deus. A vingança vem, a retribuição de Deus; ele vem e vos salvará [...] os coxos saltarão como cervos, e a língua dos mudos cantará; pois águas arrebentarão no deserto, e ribeiros, no ermo" (vv.3-4,6). Esta promessa, feita ao povo de Israel ainda nos tempos do cativeiro, nos lembra de nossa esperança pelo dia em que Cristo retornará para aqueles que creem nele e o seguem.

Durante suas últimas semanas, David frequentemente mostrava aos visitantes um grande quadro de Jesus que estava próximo ao seu leito, dizendo: "Ele logo virá para buscar-me." Esta é a esperança que Jesus Cristo dá a todos os Seus filhos, que inspira a nossa gratidão e louvor a Ele! —DCM

Viva como se Cristo tivesse morrido ontem e estivesse voltando hoje.

15 de abril

FALAR SOBRE DINHEIRO

LEITURA:
1 Timóteo 6:6-12

...não sejam orgulhosos, nem depositem a sua esperança na instabilidade da riqueza, mas em Deus... —1 Timóteo 6:17

A BÍBLIA EM UM ANO:
- ☐ 1 Samuel 27–29
- ☐ Lucas 13:1-22

Marilyn e Estêvão estavam casados há poucos anos e o dinheiro estava curto. Ao olhar para sua colcha puída, ela desejou trocá-la. Em seguida, decidiu comprar uma nova com o cartão de crédito — esperando conseguir, de alguma maneira, o dinheiro para pagar.

Sua leitura devocional para aquele dia a surpreendeu, quando citou Provérbios 22:27: "...pois, se não tens com que pagar, por que arriscas perder a cama de debaixo de ti?" Marilyn decidiu não contrair uma dívida para comprar uma colcha nova naquele dia.

As decisões sobre a maneira como gastamos o nosso dinheiro são uma questão pessoal entre nós e o Senhor, e podem ser difíceis de tomar. Mas, Deus não nos deixou sem ajuda. Ele nos diz: "Honra ao SENHOR com os teus bens..." (Provérbios 3:9) e "...Não podeis servir a Deus e às riquezas" (Mateus 6:24).

Com tais verdades em mente, aprofundamos nossa busca em Sua Palavra para ajudar-nos a usar o dinheiro com sabedoria. Encontramos isso: "...Tende cuidado e guardai-vos de toda e qualquer avareza..." (Lucas 12:15). Outra passagem diz: "...o que toma emprestado é servo do que empresta" (Provérbios 22:7). E, em 1 Timóteo, lemos: "...sejam [...] generosos em dar e prontos a repartir" (6:18).

Dinheiro é um assunto importante. Deus, que provê todas as nossas necessidades, pode nos mostrar como usá-lo para a Sua honra. –JDB

Não permita que o ouro tome o lugar de Deus em sua vida.

16 de abril

Cabo da Tribulação

Leitura:
Tiago 1:1-8

...tende por [...] alegria o passardes por várias provações, sabendo que a [...] vossa fé, uma vez confirmada, produz perseverança. —Tiago 1:2-3

A Bíblia em um ano:
☐ 1 Samuel 30–31
☐ Lucas 13:23-35

O navio do navegador inglês James Cook colidiu contra um recife ao largo da costa da Austrália em 10 de junho de 1770. Ele navegou para águas mais profundas e, novamente, atingiu outro recife, desta vez quase afundando o navio. Esta experiência o fez escrever no livro de registro do navio: "O ponto norte [foi chamado] Cabo da Tribulação, porque aqui começaram todos os nossos problemas."

Muitos de nós já enfrentamos uma tribulação que pareceu desencadear uma sucessão de outras provações. Perda de emprego, morte de um ente querido, divórcio indesejado ou declínio da saúde, todos poderiam fazer parte da lista.

Embora uma crise possa parecer ser o nosso "Cabo da Tribulação", Deus ainda é soberano e, com certeza, está no controle. Faz parte do Seu propósito usar a tribulação para produzir a perseverança em nós. Tiago escreve: "Meus irmãos, tende por motivo de toda alegria o passardes por várias provações, sabendo que a provação da vossa fé, uma vez confirmada, produz perseverança" (Tiago 1:2-3). A palavra traduzida como "perseverança" significa ter estâmina, determinação ou capacidade de resistir.

Em meio às provações que transformam a vida, lembre-se de que Deus ainda está agindo. Ele quer usar sua experiência no "Cabo da Tribulação" para edificar o seu caráter. Ele prometeu que a Sua graça lhe basta (2 Coríntios 12:9). —HDF

A fé cresce melhor no inverno da tribulação.
—Rutherford

17 de abril

Os confortos do lar

LEITURA:
João 14:1-6

Na casa de meu Pai há muitas moradas [...] vou preparar-vos lugar. —João 14:2

A BÍBLIA EM UM ANO:
☐ 2 Samuel 1–2
☐ Lucas 14:1-24

Certa vez, durante meu mandato como gestor de recursos humanos numa empresa de construção civil, conseguimos alguns projetos num estado vizinho. Isso significava que nossos empregados teriam de enfrentar duas horas de condução a cada ida e volta, além da jornada normal de trabalho. Para aliviar a carga, reservamos quartos de hotel para os dias de semana, mas, também contratamos vans e motoristas para transportar os que quisessem ir e voltar diariamente. Quase todos preferiram as vans!

Um dos funcionários, o mais mal-humorado, deixou de lado o seu comportamento habitual ao descrever a emoção e surpresa de sua esposa e quatro filhos na primeira noite. Não lhes tendo dito que tinha a opção de voltar para casa, ele apareceu inesperadamente para surpreendê-los. Algum tempo depois, sua esposa telefonou ao dono da empresa para agradecer-lhe, dizendo que sua família tinha lealdade vitalícia com quem quer que compreendesse a importância do lar para os funcionários.

Quem já precisou afastar-se do seu lar, mesmo por pouco tempo, compreenderá o conforto que os discípulos de Jesus encontraram em Suas palavras quando Ele prometeu que uma morada eterna os aguardava (João 14:2). E, para completar sua alegria, Jesus lhes disse que prepararia e os conduziria a essa morada, e ainda por cima, alegria! Ele também estaria lá (v.3).

Lembre-se do maior conforto desta vida: Jesus prometeu que, um dia, nós iremos para casa para estar com Ele. —RKK

Não existe lugar como o nosso lar — especialmente quando este lar é o céu.

18 de abril

DO DESOLADO AO LINDO

LEITURA:
Jó 42:10-17

...abençoou o SENHOR o último estado de Jó mais do que o primeiro...
—Jó 42:12

A BÍBLIA EM UM ANO:
☐ 2 Samuel 3–5
☐ Lucas 14:25-35

A primavera é a estação do ano em que Deus nos recorda de que as coisas nem sempre são o que parecem. Em poucas semanas, o que parece desesperadamente morto retorna à vida. Bosques desolados transformam-se em paisagens coloridas. Árvores cujos galhos nus se estendiam ao céu no inverno, como se implorassem por vestimenta, de repente se adornam com trajes verdes rendados. Flores que murcharam e caíram ao chão rendendo-se ao frio se levantam lentamente da terra, desafiando a morte.

Nas Escrituras, lemos a respeito de algumas situações aparentemente sem esperança. Um exemplo é o de um homem rico chamado Jó, a quem Deus descreveu como íntegro (Jó 2:3). O desastre se abateu sobre ele, que perdeu tudo que lhe era importante. Na miséria, ele disse: "Os meus dias [...] se findam sem esperança" (7:6). O que parecia a Jó e seus amigos ser uma prova de que Deus se virara contra ele, era exatamente o oposto. Deus confiava tanto na integridade de Jó, que confiou nele nesta batalha contra Satanás. Mais tarde, a esperança e a vida de Jó foram renovadas.

A chegada da primavera, sempre fiel, todo ano me conforta quando estou numa situação que parece não ter esperança. Com Deus, não existe tal coisa. Independente do quão desolada a paisagem da vida possa parecer, Deus pode transformá-la num glorioso jardim de cores e fragrâncias. —JAL

Com Deus, existe esperança até mesmo nas situações mais desanimadoras.

19 de abril

FORÇA PELO SOFRIMENTO

LEITURA:
1 Pedro 5:1-11

Ora, o Deus de toda a graça, [...] depois de terdes sofrido por um pouco, [...] vos há de [...] fortificar e fundamentar.
—1 Pedro 5:10

A BÍBLIA EM UM ANO:
☐ 2 Samuel 6–8
☐ Lucas 15:1-10

Muitas vezes, os cultos terminam com uma bênção. Uma destas bênçãos está registrada nas notas finais de Pedro em sua primeira carta: "Ora, o Deus de toda a graça, que em Cristo vos chamou à sua eterna glória, depois de terdes sofrido por um pouco, ele mesmo vos há de aperfeiçoar, firmar, fortificar e fundamentar" (1 Pedro 5:10). Às vezes, a frase "depois de terdes sofrido por um pouco" é omitida na bênção. Por quê? Talvez porque não seja agradável falar sobre o sofrimento.

Contudo, não deveríamos nos surpreender quando o sofrimento nos atinge. O apóstolo Paulo, que sabia bem o que era sofrer, escreveu: "Ora, todos quantos querem viver piedosamente em Cristo Jesus serão perseguidos" (2 Timóteo 3:12).

Se vivermos uma vida de submissão a Deus (1 Pedro 5:6) e resistirmos ao diabo (v.9), poderemos esperar ser caluniados, incompreendidos e, até mesmo, que tirem vantagem de nós. Mas, o apóstolo Pedro diz que há um propósito para tal sofrimento, o qual é restaurá-lo e fortalecê-lo: firme e inabalável (v.10).

Com frequência, o caminho de Deus para o nosso crescimento cristão nos leva a atravessar dificuldades, mas nos fortalece para suportar as futuras tempestades da vida. Que Deus nos ajude a sermos fiéis ao buscarmos, com ousadia, viver uma vida que o honre. —CPH

Quando Deus quer nos fortalecer,
Ele nos ensina por meio de dificuldades.

20 de abril

MARAVILHOSO ME FORMASTE

LEITURA:
Salmo 139:13-18

...as tuas obras são admiráveis, e a minha alma o sabe muito bem. —Salmo 139:14

A BÍBLIA EM UM ANO:
☐ 2 Samuel 9–11
☐ Lucas 15:11-32

Recentemente, ao fazer um exame oftalmológico, meu médico utilizou um equipamento que eu nunca vira antes. Perguntei-lhe o que era aquele dispositivo e ele respondeu: "Eu o uso para tirar uma foto da parte interna do fundo do seu olho."

Fiquei impressionado por alguém ter inventado uma câmera que pudesse fazer isso. Mas, fiquei ainda mais impressionado pelo que meu médico poderia descobrir com aquela imagem. Ele disse: "Podemos coletar muitos detalhes a respeito do seu atual estado de saúde simplesmente observando o fundo do seu olho."

O comentário dele me deixou estupefato. É notável a saúde geral de uma pessoa poder ser medida pala saúde do olho. Que cuidado o Senhor tomou para colocar esses detalhes nos corpos que Ele criou! Isso traz à mente, de imediato, as palavras do salmista Davi, que se regozijou com a criatividade de Deus: "Graças te dou, visto que por modo assombrosamente maravilhoso me formaste; as tuas obras são admiráveis, e a minha alma o sabe muito bem" (Salmo 139:14).

As enormes complexidades de nossos corpos refletem a genialidade e a sabedoria do nosso grande Criador. A maravilha do Seu projeto é mais do que empolgante — ela nos dá motivos incontáveis para adorá-lo! —WEC

Toda a vida é criada por Deus e tem o Seu autógrafo.

21 de abril

UM A UM

LEITURA:
Atos 8:26-35

Filipe [...] anunciou-lhe a Jesus. —Atos 8:35

A BÍBLIA EM UM ANO:
☐ 2 Samuel 12–13
☐ Lucas 16

Edward Payson foi um famoso pregador numa época passada. Num domingo tempestuoso, ele só tinha uma pessoa na plateia. Alguns meses depois, seu único espectador o procurou: "Fui levado ao Salvador através daquele culto", disse ele. "Porque, sempre que você falava a respeito de pecado e salvação, eu olhava à minha volta para ver a quem você se referia, mas, como ali não havia ninguém além de mim, eu não tive alternativa senão receber cada palavra em meu próprio coração e consciência!"

Deus nos salva um a um. Se você tiver acesso a uma pessoa, esse é o seu campo missionário. "Toda alma com Cristo é um missionário; toda alma sem Cristo é um campo missionário", diz o *slogan.* Uma pessoa é incapaz de alcançar o mundo inteiro, mas, podemos amar o nosso próximo. "Quem é o meu próximo?" — perguntamos. A próxima pessoa que encontrarmos à nossa frente!

O Espírito levou Filipe ao eunuco etíope que estava lendo as Escrituras e precisava de alguém para explicá-las a ele (Atos 8:26-35). O Espírito deu a Filipe as palavras adequadas e o eunuco confessou a sua fé em Cristo (v.37).

Peça a Deus para levá-lo à pessoa que Ele preparou. Ele o levará ao lugar certo no momento certo, para falar a essa pessoa. Ele falará por meio dos seus lábios, agirá por intermédio de suas mãos e cumprirá em você o grande propósito da Sua vontade. —DHR

Você será um sucesso no reino de Deus se for fiel onde Ele o colocou.

22 de abril

Arte com pó

Leitura:
Gênesis 2:1-7

Então, formou o Senhor Deus ao homem do pó da terra e lhe soprou nas narinas o fôlego de vida, e o homem passou a ser alma vivente.
—Gênesis 2:7

A Bíblia em um ano:
☐ 2 Samuel 14–15
☐ Lucas 17:1-19

Quando Deus escolheu o pó como o Seu material artístico para criar Adão (Gênesis 2:7), Ele não precisou se preocupar em ficar sem a matéria-prima. De acordo com Hannah Holmes, autora de *The Secret Life of Dust* (A Vida Secreta do Pó), "Entre 1 e 3 bilhões de toneladas de pó do deserto são lançados para o céu anualmente. Um bilhão de toneladas encheria 14 milhões de vagões fechados de um trem que desse seis voltas à Terra pela linha do Equador."

Ninguém precisa comprar pó, pois todos nós temos mais do que desejamos. Em minha casa, ignoro-o quanto posso. Raciocino assim: se eu não o perturbar, não será perceptível. Mas, finalmente, ele se acumula até o ponto de eu não poder mais fingir que ele não está lá. Então, pego meus produtos de limpeza e começo a removê-lo de onde quer que ele tenha se assentado.

Ao remover o pó, vejo-me refletida na superfície lisa. Então, vejo outra coisa: vejo que Deus tomou algo sem valor, o pó, e o transformou em algo de valor incalculável — você, eu e todas as outras pessoas (Gênesis 2:7).

O fato de Deus ter utilizado o pó para criar os seres humanos me faz pensar duas vezes a respeito de rotular alguém ou algo como sem valor. Talvez, exatamente a coisa que eu queira me livrar — uma pessoa ou um problema que me importuna — seja o material artístico que Deus utilizou para exibir a Sua glória. —JAL

Tendo sido criados do mesmo pó, sejamos misericordiosos e justos. —Longfellow

23 de abril

AGORA EU VEJO

LEITURA:
João 14:15-27

...o Consolador, o Espírito Santo, [...] esse vos ensinará todas as coisas e vos fará lembrar de tudo o que vos tenho dito. —João 14:26

A BÍBLIA EM UM ANO:
- ☐ 2 Samuel 16–18
- ☐ Lucas 17:20-37

Deborah Kendrick ama assistir aos musicais da Broadway, embora seja cega e sempre tenha dificuldade para compreender o cenário e os movimentos dos personagens no palco. Recentemente, porém, ela assistiu a uma peça que utilizava *D-Scriptive*; uma nova tecnologia que informa sobre os elementos visuais da produção do palco através de um pequeno receptor de FM. Uma narração gravada, sincronizada com as mesas de iluminação e de som do espetáculo, descreve o cenário e a ação à medida que esta se desenrola no palco. Escrevendo para um jornal, Deborah disse: "Se você me perguntar se eu vi um espetáculo semana passada em Nova Iorque, minha resposta é sim… eu genuína e inequivocamente quero dizer que vi o espetáculo."

Sua experiência me impactou como uma vívida ilustração do papel do Espírito Santo em nossa compreensão da Palavra de Deus. Pouco antes de ir para a cruz, Jesus disse aos Seus seguidores: "…o Consolador, o Espírito Santo, a quem o Pai enviará em meu nome, esse vos ensinará todas as coisas e vos fará lembrar de tudo o que vos tenho dito" (João 14:26).

Ao abrirmos a Bíblia para ler ou estudar, o Espírito da Verdade está conosco para nos guiar em toda a verdade (16:13). Nós somos cegos, mas, por meio da orientação do Espírito Santo de Deus, podemos enxergar. –DCM

O Pai deu o Espírito para nos ensinar a partir da Sua Palavra.

24 de abril

FIEL ATÉ O FIM

LEITURA:
Hebreus 12:1-4

...corramos, com perseverança, a carreira que nos está proposta. —Hebreus 12:1

A BÍBLIA EM UM ANO:
- ☐ 2 Samuel 19–20
- ☐ Lucas 18:1-23

Após correr 32 quilômetros da *Maratona Salomon Kielder*, na Grã-Bretanha, um corredor saiu da pista e tomou um ônibus até uma área arborizada próxima à linha de chegada. Então, ele reentrou na corrida e chegou em terceiro lugar. Quando os comissários lhe perguntaram, ele declarou ter parado de correr porque estava cansado.

Muitos de nós conseguimos sentir a exaustão de um atleta esgotado ao corrermos a carreira da fé cristã. O livro de Hebreus nos incentiva a corrermos "...com perseverança, a carreira que nos está proposta" (12:1). Correr com perseverança exige que deixemos de lado o pecado que bloqueia o nosso caminho e larguemos os pesos que nos atrasam. Talvez tenhamos de avançar em meio à perseguição (2 Timóteo 3:12).

Para evitar desgaste e desânimo em nossas almas (Hebreus 12:3), a Bíblia nos incita a focarmos em Cristo. Quando prestarmos mais atenção nele do que em nossas lutas, perceberemos que Ele está correndo ao nosso lado — sustentando-nos quando tropeçamos (2 Coríntios 12:9) e encorajando-nos com Seu exemplo (1 Pedro 2:21-24). Manter nossos olhos no "autor e consumador da fé" (Hebreus 12:2) nos ajudará a permanecer junto à fonte de nossa força e fiéis até o fim. —JBS

Somos fortalecidos quando o centro da nossa atenção é Cristo.

25 de abril

DIFÍCIL DE AMAR

LEITURA:
Atos 13:13-23

...[Deus] suportou-lhes os maus costumes por cerca de quarenta anos no deserto.
—Atos 13:18

A BÍBLIA EM UM ANO:
☐ 2 Samuel 21–22
☐ Lucas 18:24-43

Anos atrás, eu era o conselheiro do acampamento de alguns meninos rebeldes e achei desafiador lidar com o comportamento deles. Eles maltratavam os animais do minizoológico e, ocasionalmente, lutavam entre si. Adotei então, uma abordagem calma e firme para orientá-los. E, embora eles frequentemente me exasperassem, me certifiquei sempre de atender às suas necessidades físicas.

Embora eu fosse gentil e amoroso por fora, frequentemente sentia, em meu íntimo, estar apenas suportando. Isso me fez refletir, em oração, sobre como um Pai celestial amoroso provê para Seus filhos rebeldes. Ao contar a história dos israelitas durante o êxodo, Paulo disse: "[Deus] suportou-lhes os maus costumes por cerca de quarenta anos no deserto" (Atos 13:18). Em grego, "suportar" provavelmente significa prover pacientemente as necessidades das pessoas, a despeito de uma reação ingrata.

Algumas pessoas podem não reagir favoravelmente aos nossos esforços para demonstrar cuidado e preocupação. Quando isso acontece, pode ser útil lembrar-se de que Deus é paciente conosco. E Ele nos deu o Seu Espírito para ajudar-nos a reagir com amor com os que são difíceis de amar ou ingratos (Gálatas 5:22-23).

Dê-nos Sua paciência, Senhor, para amarmos qualquer pessoa de nossas vidas que seja difícil de amar. —HDF

Seja tão paciente com os outros quanto Deus tem sido com você.

26 de abril

A MELHOR TEMPORADA

LEITURA:
Efésios 5:15-21

Portanto, vede prudentemente como andais, [...] remindo o tempo, porque os dias são maus.
—Efésios 5:15-16

A BÍBLIA EM UM ANO:
☐ 2 Samuel 23–24
☐ Lucas 19:1-27

A vida é muito semelhante ao clima... sazonal. Ela tem uma maneira de empurrar-nos até a estação seguinte, queiramos ou não. E, uma vez empurrados até a estação seguinte, frequentemente estamos incertos e até medrosos quanto ao que ela possa nos reservar.

Nas últimas estações da vida, isso é especialmente verdadeiro, somos assombrados por pensamentos como: Ficarei sozinho? Minha saúde aguentará? Meu dinheiro vai durar? Minha mente continuará bem? Como em todas as estações da vida, temos de escolher — desperdiçar a estação com pensamentos de medo ou, como diz Paulo, fazer o melhor uso do tempo, "...porque os dias são maus" (Efésios 5:16).

Independentemente da sua estação, você pode contar com a fidelidade de Deus. Ele diz: "...De maneira alguma te deixarei, nunca jamais te abandonarei. Assim, afirmemos confiantemente: O Senhor é o meu auxílio, não temerei..." (Hebreus 13:5-6).

Por ter a presença e o sustento de Deus, você pode tirar o máximo proveito do seu tempo em todas as estações seguindo Jesus de perto, dedicando tempo à Sua Palavra e oração, amando e perdoando mais livremente do que nunca, e servindo aos outros com alegria e generosidade.

Deus nos abençoou com nossa estação atual — tire o máximo proveito dela! –JMS

A vida é importante
— tire o máximo proveito dela!

27 de abril

CHAMANDO VOCÊ

LEITURA:
1 Samuel 3:1-10

Tornou o SENHOR a chamar: Samuel!... —1 Samuel 3:6

A BÍBLIA EM UM ANO:
- ☐ 1 Reis 1–2
- ☐ Lucas 19:28-48

Alguns colegas de trabalho e eu acabáramos de passar pela inspeção de segurança do aeroporto e nos dirigíamos ao nosso portão de embarque quando ouvi meu nome: "Chamando Anne Cetas. Chamando Anne Cetas." Por não ser um nome comum, sabíamos que só poderia ser o meu. Presumi que me distraíra e esquecera algo no balcão de serviços. Perguntei a um funcionário da empresa aérea, que me instruiu a pegar um telefone vermelho, dizer meu nome e perguntar por que estava sendo chamada. Procurei o telefone e liguei, mas, o atendente disse: "Não, nós não a chamamos." Eu disse: "Era, com certeza, o meu nome." Ele repetiu: "Não, nós não a chamamos." Eu nunca descobri por que fora chamada naquele dia.

Muito tempo atrás, o pequeno Samuel ouviu seu nome ser chamado (1 Samuel 3:4). As Escrituras dizem que ele "...ainda não conhecia o SENHOR, e ainda não lhe tinha sido manifestada a palavra do SENHOR" (v.7), então Eli, o sacerdote do templo, teve de ajudá-lo a entender quem o estava chamando (vv.8-9). Em seguida, Deus revelou Seu plano para a vida de Samuel.

O Senhor tem um plano também para nós e Ele chama os nossos corações: "Vinde a mim, todos os que estais cansados e sobrecarregados, e eu vos aliviarei" (Mateus 11:28). Esse é o Seu chamado para recebermos o dom de Sua salvação, repouso e paz.

O Salvador está nos chamando a irmos a Ele. —AMC

Cristo chama os cansados a encontrarem seu descanso nele.

28 de abril

MOMENTOS ATERRORIZANTES

LEITURA:
Salmo 23

Ainda que eu ande pelo vale da sombra da morte, não temerei mal nenhum, porque tu estás comigo... —Salmo 23:4

A BÍBLIA EM UM ANO:
- ☐ 1 Reis 3–5
- ☐ Lucas 20:1-26

Quando nosso primeiro filho nasceu, minha mulher, Marlene, ficou em trabalho de parto durante mais de 30 horas, criando um tremendo estresse para ela e o bebê. O médico, um substituto de seu médico habitual, não conhecia nem ela nem o histórico de sua gestação. Como resultado, ele esperou demais para decidir pela cesariana de emergência e o trauma resultante provocou a ida de nosso bebê para a unidade de terapia intensiva (UTI) neonatal. Não havia nada que eles pudessem fazer para ajudar o nosso bebê a superar a condição motivada pelo trauma.

Pela graça de Deus, Matt se recuperou — mas, não consigo lembrar-me de qualquer momento de minha vida que tenha sido tão amedrontador quanto aquele em que fiquei ao lado de seu berço na UTI. Ainda assim, eu sabia que o Senhor estava perto enquanto eu falava com Ele em oração.

Nos momentos aterrorizantes da vida (e em todos os outros momentos também), nada pode trazer conforto ao coração ferido como a certeza da presença e o cuidado de Deus. O salmista Davi escreveu: "Ainda que eu ande pelo vale da sombra da morte, não temerei mal nenhum, porque tu estás comigo; o teu bordão e o teu cajado me consolam" (Salmo 23:4).

Quando o medo é avassalador, o Senhor está presente. Sua confortante presença nos conduzirá através das nossas mais profundas tribulações. —WEC

Paz é a presença de Deus.

29 de abril

Superando más notícias

Leitura:
Salmo 4

...Senhor, levanta sobre nós a luz do teu rosto.
—Salmo 4:6

A Bíblia em um ano:
☐ 1 Reis 6–7
☐ Lucas 20:27-47

"Há muitos que dizem: Quem nos dará a conhecer o bem?..." (Salmo 4:6). Estas palavras de Davi parecem descrever o prognóstico pessimista que tão facilmente desenvolvemos em nosso mundo atual. A primeira página dos jornais e as histórias de destaque na internet ou na televisão parecem focar em crimes, acidentes, política, economia e pessoas de destaque exibindo comportamentos inadequados. Nossas conversas no trabalho e em casa começam a tratar de dificuldades e são suficientes para desanimar qualquer um. Em que local podemos buscar melhores notícias?

Em meio às suas tribulações, Davi voltou-se ao Senhor, que o aliviou de sua angústia (v.1) e escutou a sua oração (v.3). Em vez de esperar por um bem temporário decorrente das circunstâncias mudadas, ele encontrou o incessante encorajamento em Deus. "Senhor, levanta sobre nós a luz do teu rosto" (v.6). O resultado foi uma alegria de coração que ultrapassava qualquer prosperidade ou sucesso terreno (v.7).

Ao longo de toda a sua vida, antes e depois de tornar-se rei de Israel, Davi nunca se viu sem oposição. Mas, no fim do dia, ele podia dizer: "Em paz me deito e logo pego no sono, porque, Senhor, só tu me fazes repousar seguro" (v.8).

Ponderar as verdades do Salmo 4 a respeito do cuidado de Deus conosco é uma boa maneira de começar e terminar todos os dias. –DCM

Deus é um abrigo seguro nas tempestades da vida.

30 de abril

OFERTAS FANTÁSTICAS

LEITURA:
1 Pedro 1:3-9

...segundo a sua muita misericórdia, [Deus] nos regenerou para uma viva esperança, mediante a ressurreição de Jesus...
—1 Pedro 1:3

A BÍBLIA EM UM ANO:
☐ 1 Reis 8–9
☐ Lucas 21:1-19

Fico estupefato com as inacreditáveis ofertas que enchem minha caixa de entrada de *e-mails* todos os dias. Recentemente, somei as ofertas de dinheiro grátis que chegaram durante uma semana e minha conta totalizou 26 milhões de dólares. Mas, cada uma dessas ofertas era uma fraude. Todas — desde um prêmio de 1 milhão até uma oferta de 7 milhões — eram apenas mentiras enviadas por pessoas inescrupulosas para extrair dinheiro de mim.

Todos nós somos vulneráveis às ofertas fantásticas — fraudes que, na realidade, recompensam com nada além de problemas. Oferecem-nos falsas esperanças que terminam em sonhos frustrados.

Existe, porém, uma oferta que é genuína, apesar de ser a mais fantástica além do que se pode crer. É a oferta que Deus nos faz — a salvação por meio da fé na obra acabada de Jesus na cruz: "...Crê no Senhor Jesus Cristo e serás salvo..." (Atos 16:31). É uma oferta que custou muito caro a Jesus — e nós recebemos os benefícios. O livro de Romanos nos diz que Jesus "...foi entregue por causa das nossas transgressões e ressuscitou por causa da nossa justificação" (4:25).

Dizendo sim à salvação, podemos ter esperança (Tito 1:2), paz (Romanos 5:1), perdão (Efésios 1:7), incomparáveis riquezas (2:7) e redenção (4:30). Este é o grande negócio. A morte e a ressurreição de Jesus o garantem. —JDB

Nossa salvação foi infinitamente cara para Deus, mas é totalmente gratuita para nós.

1 de maio

TUDO QUE É PRECIOSO

LEITURA:
1 Pedro 2:1-10

Chegando-vos para ele, a pedra que vive, rejeitada, sim, pelos homens, mas para com Deus eleita e preciosa...
—1 Pedro 2:4

A BÍBLIA EM UM ANO:
☐ **1 Reis 10–11**
☐ **Lucas 21:20-38**

Ao longo de minha vida, acumulei muitas coisas. Tenho caixas de coisas que foram importantes um dia, mas, com o tempo, deixaram de empolgar. E, como colecionador incorrigível, percebi que a empolgação está em procurar e obter uma nova peça para adicionar à coleção. Então, minha atenção se volta à caça do próximo item.

Embora acumulemos muitas coisas que nos são importantes, muito poucas são realmente preciosas. De fato, ao longo do tempo aprendi que as coisas mais preciosas da vida não são as coisas materiais. Pelo contrário, as pessoas que me amaram e edificaram minha vida é que são preciosas. Quando meu coração diz: "Não sei o que faria sem elas", reconheço-as como deveras preciosas para mim.

Então, quando Pedro se refere a Jesus como "...pedra angular, eleita e preciosa..." (1 Pedro 2:6), deve ressoar em nossos corações que Ele é verdadeiramente precioso — nosso bem mais valioso, acima de tudo e de todos. Onde estaríamos hoje sem a constante e infalível companhia de Sua presença fiel, orientação sábia e perfeita, paciência misericordiosa, conforto e repreensão transformadora? O que faríamos sem Ele? Não consigo nem imaginar! —JMS

Jesus encabeça a lista de tudo que é precioso.

2 de maio

UM PEDIDO DE ORAÇÃO

LEITURA:
2 Tessalonicenses 3:1-5

...irmãos, orai por nós...
—2 Tessalonicenses 3:1

A BÍBLIA EM UM ANO:
☐ 1 Reis 12–13
☐ Lucas 22:1-20

Recentemente, uma missionária nos visitou no curso bíblico que eu estava fazendo. Ela descreveu como tinha sido encaixotar as coisas de sua casa, despedir-se dos amigos e mudar-se para um país distante. Quando ela e sua família chegaram, foram saudados com um florescente comércio de drogas e rodovias perigosas. A barreira linguística trouxe crises de solidão. Eles contraíram quatro diferentes vírus gástricos. E a sua filha mais velha escapou por um triz da morte, após cair através do balaústre inseguro de uma escada. Eles precisavam de oração.

O apóstolo Paulo vivenciou perigos e dificuldades como missionário. Ele foi preso, naufragou e foi espancado. Não é de admirar que suas cartas contenham pedidos de oração. Ele pediu aos cristãos de Tessalônica para que orassem por sucesso na disseminação do evangelho, que a Palavra de Deus se propagasse e fosse glorificada (2 Tessalonicenses 3:1) e para que Deus o livrasse "dos homens perversos e maus" (v.2). Paulo sabia que precisaria "abrir [sua] boca [...] com intrepidez" e declarar o evangelho (Efésios 6:19) — este era outro pedido de oração.

Você conhece pessoas que necessitam de ajuda sobrenatural ao propagarem a boa-nova de Cristo? Lembre-se do apelo de Paulo: "...irmãos, orai por nós..." (2 Tessalonicenses 3:1) e interceda por eles diante do trono do nosso poderoso Deus. — JBS

Interceda pelos outros em oração;
o trono de Deus é sempre acessível.

3 de maio

AS REGRAS DA MAMÃE

LEITURA:
Efésios 4:17-32

...quanto ao trato passado, vos despojeis do velho homem, que se corrompe... —Efésios 4:22

A BÍBLIA EM UM ANO:
☐ 1 Reis 14–15
☐ Lucas 22:21-46

Encontrei uma mulher encantadora, chamada "Mamãe Carla", que criou cerca de uma dúzia de filhos adotivos. Esses jovens lhe foram designados pelo Poder Judiciário e ela lhes deu um lar com estabilidade, orientação e amor. Ela me contou que, cada vez que uma nova criança chegava, a primeira coisa era explicar as "Regras da Mamãe". Elas incluíam padrões de comportamento, além de tarefas que forneciam uma ajuda muito necessária na casa e ensinavam responsabilidade a crianças sem muita instrução anterior.

Algumas das crianças podem ter recusado as "Regras da Mamãe", pensando que elas lhes roubavam a diversão ou o prazer — mas, nada disso poderia estar mais longe da verdade. Aqueles padrões permitiam que a casa ficasse organizada, onde a mãe e as crianças pudessem sentir que a vida era agradável e pacífica.

De maneira semelhante, algumas pessoas consideram os padrões estabelecidos por Deus na Bíblia como obstáculos que nos impedem de desfrutar a vida. Contudo, os limites impostos por Deus nos protegem de nossas piores inclinações e criam reações saudáveis a Ele.

No livro de Efésios 4, por exemplo, Paulo fornece alguma orientação a respeito de como devemos viver. Ao vivermos segundo essas e outras instruções amorosas de Deus, encontramos a proteção e a oportunidade de experimentar a alegria verdadeira e duradoura. —WEC

A Palavra de Deus é a bússola que nos mantém no caminho certo.

4 de maio

CANÇÕES

LEITURA:
Salmo 31:9-20

Compadece-te de mim, SENHOR [...] de tristeza os meus olhos se consomem, e a minha alma e o meu corpo. —Salmo 31:9

A BÍBLIA EM UM ANO:
☐ 1 Reis 16–18
☐ Lucas 22:47-71

Em um documentário a respeito de três lendários guitarristas, Jack White descreveu a primeira coisa essencial para se escrever uma canção: "Se você ainda não tiver uma luta em seu interior ou à sua volta, terá de criar uma."

As canções de maior significado para nós expressam nossos mais profundos sentimentos. Boa parte do livro de Salmos, frequentemente chamado "o livro de canções da Bíblia", nasceu da luta. Elas capturam nossas decepções e medos, mas, sempre destacam para o fiel amor de Deus.

No Salmo 31, Davi escreveu: "Compadece-te de mim, SENHOR, porque me sinto atribulado; de tristeza os meus olhos se consomem, e a minha alma e o meu corpo." (v.9). Ele fala de uma armadilha feita para ele (v.4), de seu próprio pecado (v.10), do abandono pelos amigos (vv.11-12) e de tramas contra sua vida (v.13).

Contudo, a esperança de Davi não estava em sua própria força, mas, em Deus. "Quanto a mim, confio em ti, SENHOR. Eu disse: tu és o meu Deus. Nas tuas mãos, estão os meus dias; livra-me das mãos dos meus inimigos e dos meus perseguidores" (vv.14-15).

Os Salmos nos convidam a derramarmos nossos corações a Deus, porque Ele reservou Sua bondade para aqueles que confiam nele (v.19). –DCM

**Em sua mais profunda necessidade,
encontre o conforto de Deus no livro de Salmos.**

5 de maio

Digerindo a Palavra

Leitura:
Jeremias 15:15-21

...as tuas palavras me foram gozo e alegria para o coração... —Jeremias 15:16

A Bíblia em um ano:
☐ **1 Reis 19–20**
☐ **Lucas 23:1-25**

O rei James (Tiago) é famoso pela tradução inglesa da Bíblia com o seu nome (*King James*). Quando essa Bíblia era impressa, ele lançou o *Livro de Oração Comum*. Ainda hoje utilizado, este guia à intercessão e adoração contém uma bela oração para memorizar a Bíblia: "Bendito Senhor, que fizeste todas as Sagradas Escrituras serem escritas para nosso aprendizado; concede-nos que possamos [...] ouvi-las, ler, marcar, aprender, e digeri-las interiorizando, que pela paciência e conforto da [Tua] santa Palavra possamos aceitar e nos apegar à bendita esperança da vida eterna."

Séculos antes, o profeta Jeremias expressou semelhanças ao deixar as Escrituras nutrirem nossos corações: "Achadas as tuas palavras, logo as comi; as tuas palavras me foram gozo e alegria para o coração, pois pelo teu nome sou chamado, ó Senhor, Deus dos Exércitos" (Jeremias 15:16). Internalizamos a Palavra quando "lemos, marcamos, aprendemos e digerimos interiorizando" uma passagem da Escritura através de meditação em oração.

Peça ao Senhor que o ajude a aplicar a Bíblia ao seu coração hoje. Pondere sobre a carne e o leite da Palavra (Hebreus 5:12). Ao aquietar o seu coração, Deus lhe ensinará acerca de si mesmo através do Seu Livro. —HDF

Há livros para saborear; outros para deglutir, e poucos para mastigar e digerir. —Bacon

6 de maio

SEMPRE NOS PREPARANDO

LEITURA:
2 Timóteo 2:19-26

...se alguém a si mesmo se purificar destes erros, será utensílio para honra [...] preparado para toda boa obra.
—2 Timóteo 2:21

A BÍBLIA EM UM ANO:
☐ 1 Reis 21–22
☐ Lucas 23:26-56

Certa manhã, durante uma visita mais longa de meu filho, ele bateu à porta de meu escritório e perguntou o que eu fazia. "Estou me preparando para a Escola Dominical", respondi. Então, pensando em todo o tempo que passo em meu escritório, disse-lhe: "Parece que estou sempre me preparando para alguma coisa."

Sou grato pelas oportunidades que Deus me dá de alcançar outras pessoas. Existe, porém, alguma tensão quando você está sempre preparando algo para alguém. É difícil equilibrar as prioridades tendo sempre em mente a pressão para preparar uma aula, uma mensagem ou um documento.

Essa ideia de estar em constante preparação me intrigou; então, procurei na Bíblia para ver o que ela menciona a respeito do assunto. Descobri que somos chamados para nos preparar sempre. Um coração dedicado a Deus precisa estar pronto para servi-lo (1 Samuel 7:3). Devemos estar prontos a fazer boas obras (2 Timóteo 2:21) e a defender a verdade das Escrituras (1 Pedro 3:15). E Paulo nos recorda que até a nossa doação requer planejamento (2 Coríntios 9:5).

Esse é só o começo. Viver de maneira que agrada ao Senhor exige preparação mental, espiritual e física. Mas, não precisamos ficar estressados, porque Ele nos capacitará com Seu poder. Peçamos a Deus para nos guiar enquanto nos preparamos para servir, honrar e contar aos outros a respeito dele. —JDB

A melhor preparação para o amanhã é o uso correto do hoje.

7 de maio

Podemos confiar nele

Leitura:
Mateus 10:32-38

...amai os vossos inimigos e orai pelos que vos perseguem. —Mateus 5:44

A Bíblia em um ano:
☐ 2 Reis 1–3
☐ Lucas 24:1-35

Sei muito pouco a respeito de perseguição. Meu bem-estar físico nunca foi ameaçado por minha fé ou minhas palavras. O pouco que conheço acerca do assunto vem daquilo que ouço e leio. Mas, isso não se aplica a muitos de nossos irmãos e irmãs ao redor do mundo. Alguns deles vivem em perigo todo dia, simplesmente por amarem Jesus e quererem que outros também o conheçam.

Existe outra forma de perseguição que pode não ameaçar a vida, mas é dolorosa. É a perseguição que vem dos familiares não-cristãos. Quando entes queridos ridicularizam a nossa fé e zombam de nós pelo que cremos e como expressamos nosso amor por Deus, sentimo-nos rejeitados e não amados.

Paulo alertou os cristãos de que seguir Jesus resultaria em perseguição: "Ora, todos quantos querem viver piedosamente em Cristo Jesus serão perseguidos" (2 Timóteo 3:12), e sabemos que, às vezes, a rejeição virá daqueles que amamos (Mateus 10:34-36). Mas, quando as pessoas que amamos rejeitam o Deus que amamos, a rejeição parece ser pessoal.

Jesus nos disse para orarmos por aqueles que nos perseguem (Mateus 5:44), e isso inclui mais do que os desconhecidos que nos odeiam. Deus é capaz de nos dar graça para perseverarmos em meio à perseguição, mesmo quando vem daqueles que amamos. —JAL

As pessoas podem zombar de nossa mensagem, mas não podem impedir as nossas orações.

8 de maio

ÁGUIA DOURADA

LEITURA:
Salmo 145:1-7

Meditarei [...] nas tuas maravilhas.
—Salmo 145:5

A BÍBLIA EM UM ANO:
- ☐ 2 Reis 4–6
- ☐ Lucas 24:36-53

Meu filho Marcos e eu estávamos saindo de uma pousada, para voltarmos para casa, quando à distância, vimos um enorme pássaro assentado numa árvore solitária à beira de um desfiladeiro íngreme. Ao nos aproximarmos, a águia dourada saltou da árvore e voou por sobre o desfiladeiro, com os filetes dourados de suas penas reluzindo ao sol da manhã. Seu imenso tamanho e beleza nos deixaram maravilhados. Sentimo-nos privilegiados por testemunhar essa magnífica demonstração da tremenda criatividade de Deus.

A criação mostra as maravilhosas obras de Deus (Salmo 145:5). E, quando paramos para meditar a respeito dessas obras, só podemos temer, pois nossas mentes e espíritos são levados a refletir a respeito do caráter do Deus que as criou.

Aquela águia dourada contou a meu filho e a mim uma história sobre o gênio criativo de nosso poderoso Deus. Assim fazem a ave canora migrante, a corça com seu gamo brincalhão, a arrebentação violenta e as delicadas florezinhas, como a *Centaurea* e a *Claytonia*. Nos momentos mais inesperados e nos lugares mais improváveis, o Senhor faz brilhar Sua glória neste mundo para revelar-se a nós. Esses momentos casuais são oportunidades para meditarmos nas Suas maravilhas (v.5). —DCE

Busque sempre as maravilhas de Deus.

9 de maio

"NÃO SE PREOCUPE, PAPAI!"

LEITURA:
Êxodo 14:19-25

...a glória do SENHOR será a tua retaguarda. —Isaías 58:8

A BÍBLIA EM UM ANO:
☐ 2 Reis 7–9
☐ João 1:1-28

No verão passado, meu marido e eu promovemos um concerto beneficente para a pesquisa de câncer infantil. Planejávamos fazer o evento no quintal de casa, mas, a previsão do tempo era péssima. Horas antes do evento, telefonamos aos mais de 100 convidados para informá-los sobre a alteração de local. Quando os amigos e familiares transportavam os alimentos, decorações e equipamentos de nossa casa para o ginásio de esportes da igreja, nossa filha parou por um momento para abraçar o seu pai e lembrá-lo, em nome dos filhos e netos, de que eles estavam lá para ajudá-lo: "Não se preocupe, Papai! Somos a sua retaguarda."

Ouvir isso foi reconfortante, porque nos lembrou de que não estamos sós. Alguém está dizendo: "Estou aqui. Cuidarei do que você possa se esquecer. Serei um segundo par de olhos e mãos para você."

Quando os israelitas estavam fugindo de uma vida de escravidão, Faraó enviou ao seu encalço um exército de carros e cavaleiros (Êxodo 14:17). Mas, "o Anjo de Deus [...] passou para trás deles; também a coluna de nuvem se retirou de diante deles, e se pôs atrás deles" (v.19). Desta maneira, Deus os escondeu e protegeu durante toda a noite. No dia seguinte, Ele abriu o Mar Vermelho para que eles pudessem atravessar em segurança.

Deus também nos diz: "Não se preocupe". "Se Deus é por nós, quem será contra nós?" (Romanos 8:31). —CHK

Nossa tarefa é demonstrar o cuidado; a obra de Deus é cuidar e proteger!

10 de maio

ÉPOCAS DA VIDA

LEITURA:
Lucas 2:6-7,25-35

Tudo tem o seu tempo determinado, e há tempo para todo propósito debaixo do céu.
—Eclesiastes 3:1

A BÍBLIA EM UM ANO:
☐ 2 Reis 10–12
☐ João 1:29-51

Quando eu era pastor, servi a muitas mulheres que eram mães. Eu as visitava no hospital e me alegrava com elas por seus preciosos bebês que vieram ao mundo. Aconselhava as mães ansiosas e tentava garantir-lhes que Deus estava cuidando de seus adolescentes rebeldes. Ficava junto às mães à beira do leito de filhos feridos ou doentes e sentia suas dores. E chorava com elas em seu luto quando seu filho ou filha morria.

Maria, a mãe de Jesus, também passou por tempos de alegria e tristeza. Que alegria ela deve ter sentido quando Cristo-criança nasceu! (Lucas 2:7). Que entusiasmo quando os pastores e, depois, os reis magos vieram adorá-lo (vv.8-20; Mateus 2:1-12). Que inquietação quando Simeão profetizou que uma espada traspassaria a sua alma (Lucas 2:35). E que dor pesarosa quando Maria viu seu Filho morrer na cruz! (João 19:25-30). Mas, seus tempos de ser mãe não terminaram com aquela cena terrível. Ela se regozijou por Ele ter ressurgido do túmulo.

As mães, e todos nós, vivenciamos grandes alegrias e intensas tristezas. Mas, quando submetemos as nossas vidas ao Senhor, cada época de nossa vida pode servir aos Seus eternos propósitos. —HVL

Ser mãe é uma sagrada parceria com Deus.

11 de maio

ONTEM, HOJE E AMANHÃ

LEITURA:
Josué 4:1-6,20-24

Para que todos os povos da terra conheçam que a mão do SENHOR é forte... —Josué 4:24

A BÍBLIA EM UM ANO:
☐ 2 Reis 13–14
☐ João 2

Recentemente, percebi que todas as fotos e recordações em meu escritório representam o passado. Considerei removê-las, mas, imaginei se essas lembranças de pessoas, lugares e eventos poderiam servir a algum propósito além da nostalgia. Para evitar ficar atolado no passado, eu precisava descobrir o valor daqueles itens para o hoje e o amanhã.

Quando o povo de Deus atravessou o Rio Jordão e entrou na Terra Prometida, Ele disse ao seu líder, Josué, para escolher 12 homens, fazer cada um tirar uma pedra do meio do rio e carregá-la até o local de acampamento daquela noite (Josué 4:1-5). Josué dispôs as pedras como um memorial para que, quando as futuras gerações perguntassem: "...Que vos significam estas pedras?", eles pudessem contar-lhes a respeito da fidelidade de Deus em conter a água enquanto eles atravessavam (vv.6-7).

Como seguidores de Cristo, é bom termos provas tangíveis da ajuda de Deus no passado. Aquelas recordações nos lembram de que Sua fidelidade continua hoje, e poderemos segui-lo confiantemente em direção ao futuro. Nossas "pedras" também podem ajudar outras pessoas a saberem que a mão de Deus é poderosa, e nos encoraja a temer o Senhor nosso Deus para sempre (v.24).

As recordações do que Deus fez por nós podem ser memoriais para construirmos o hoje e o amanhã. —DCM

As recordações preciosas de ontem podem fortalecer nossa fé hoje e amanhã.

12 de maio

ESPERE PARA APLAUDIR

LEITURA:
Efésios 3:14-21

...conhecer o amor de Cristo, que excede todo entendimento, para que sejais tomados de toda a plenitude de Deus. —Efésios 3:19

A BÍBLIA EM UM ANO:
☐ **2 Reis 15–16**
☐ **João 3:1-18**

Em seu primeiro jogo da Liga Infantil de Futebol, um jovem jogador do time em que eu era o treinador foi atingido no rosto por uma bola. Ele não se feriu, mas, ficou compreensivelmente abalado. Durante o restante da temporada, ele teve medo da bola. Jogo após jogo, ele tentava bravamente, mas, não conseguia acertar a bola.

Em nosso jogo final, estávamos desesperadamente atrás, sem motivos para torcer. Então, aquele jovem entrou em campo e fez sua jogada. Para surpresa de todos, ele acertou a bola em cheio, e fez um belo gol! Seus colegas de time enlouqueceram; seus pais e os pais dos outros jogadores o aplaudiram com entusiasmo. Embora ainda estivéssemos perdendo, eu pulava muito! Todos nós amávamos o garoto e o incentivávamos.

Imagino que o Senhor também nos incentiva em nossas vidas. Ele nos ama profundamente e deseja que possamos "... compreender [...] qual é a largura, e o comprimento, e a altura, e a profundidade e conhecer o amor de Cristo, que excede todo entendimento..." (Efésios 3:18-19).

Alguns pensam que o Senhor não é amoroso e que espera que escorreguemos para poder nos punir. Portanto, nós temos o privilégio de lhes falar a respeito de Seu profundo amor por eles. Imagine a alegria deles ao ouvirem sobre o Deus que os ama tanto, que enviou Seu único Filho para morrer na cruz por seus pecados e que deseja animar e fortalecê-los! –RKK

As mãos de Jesus perfuradas pelos cravos revelam o coração amoroso de Deus.

13 de maio

Dia das Tulipas

Leitura:
Mateus 6:25-34

Considerai como crescem os lírios do campo [...] nem Salomão, em toda a sua glória, se vestiu como qualquer deles. —Mateus 6:28-29

A Bíblia em um ano:
- ☐ 2 Reis 17–18
- ☐ João 3:19-36

Vários países celebram o Dia das Tulipas para dar boas-vindas à primavera. Quando penso em tulipas, frequentemente me lembro da Holanda, mas o cultivo comercial dessa flor começou no Oriente Médio. Hoje, essas flores coloridas existem no mundo todo. Estima-se que, atualmente, 109 espécies de tulipas embelezem parques, vias públicas e jardins de casas ao redor do mundo.

No outono passado, plantei alguns bulbos de tulipas. Vários meses depois, eles floresceram com cores vívidas, anunciando a chegada da primavera. Eles me lembraram de que o verão está a caminho e, com ele, virão ainda mais flores para encantar os olhos.

Para mim, as flores são maravilhosos lembretes da graça de Deus em nossas vidas. Nosso Senhor utilizou lírios do campo para nos lembrar da provisão de nosso Pai celestial. Em Seu grande Sermão do Monte, Jesus disse: "...Considerai como crescem os lírios do campo [...] Eu, contudo, vos afirmo que nem Salomão, em toda a sua glória, se vestiu como qualquer deles. Ora se Deus veste assim a erva do campo [...] quanto mais a vós outros, homens de pequena fé?" (Mateus 6:28-30).

As tulipas nos alertam para o fim do inverno e começo da primavera. Mas, como os lírios do campo, elas também podem lembrar-nos de que podemos depender de Deus para prover por nosso alimento, vestimentas e abrigo. —HDF

**Se Jesus se preocupa com flores e pássaros,
Ele certamente se preocupa com você e comigo.**

14 de maio

TORNANDO-SE

LEITURA:
Lucas 2:41-52

E crescia Jesus em sabedoria, estatura e graça, diante de Deus e dos homens.
—Lucas 2:52

A BÍBLIA EM UM ANO:
☐ **2 Reis 19–21**
☐ **João 4:1-30**

Cresci numa cidade pequena. Ninguém lá era famoso. Nenhuma rua era movimentada. Não havia muita coisa para fazer. Contudo, sempre fui grata por minha criação calma e descomplicada.

Certa noite, quando meu marido e eu participávamos de um jantar de negócios, uma nova conhecida me perguntou de onde eu era. Quando lhe contei, ela disse: "Você não fica constrangida de admitir isso?"

Não sabendo se ela estava brincando, simplesmente respondi: "Não".

Embora, às vezes, minha cidade fosse menosprezada por sua falta de sofisticação, não lhe faltavam coisas que importam. Minha família fazia parte de uma igreja na qual os pais criavam os filhos "...na disciplina e na admoestação do Senhor" (Efésios 6:4).

Jesus também cresceu numa cidade pequena: Nazaré. Um homem chamado Natanael perguntou: "...De Nazaré pode sair alguma coisa boa?..." (João 1:46). Jesus provou que a resposta é sim. Embora tivesse crescido num lugar insignificante, Ele foi a pessoa mais significante de toda a história.

A experiência me ensinou e as Escrituras confirmam que não importa onde você cresceu, mas como cresceu. Às vezes, sentimo-nos insignificantes em comparação a pessoas sofisticadas de lugares proeminentes. Mas, temos valor para Deus e Ele pode nos fortalecer no espírito e encher-nos com Sua sabedoria. —JAL

O que nos tornamos é mais importante do que o local de onde viemos.

15 de maio

CADARÇOS AMARRADOS

LEITURA:
Josué 7:1-12

Prevaricaram os filhos de Israel nas coisas condenadas; porque Acã [...] tomou das coisas condenadas.
—Josué 7:1

A BÍBLIA EM UM ANO:
☐ 2 Reis 22–23
☐ João 4:31-54

Os atos de uma pessoa podem afetar um grupo inteiro. Esta verdade ficou clara ao jornalista Sebastian Junger ao acompanhar um pelotão de soldados. Junger observou um soldado abordar outro soldado cujos cadarços estavam arrastando no chão. Ele não o confrontou por uma questão de estética, mas, porque os cadarços soltos colocavam todo o pelotão em risco — era impossível garantir que ele não tropeçasse e caísse num momento crucial. Junger percebeu que o que acontece a um acontece a todos.

Acã "tinha os cadarços desamarrados" e, de sua história, aprendemos que o pecado nunca é individual. Após a grande vitória em Jericó, Deus deu a Josué instruções específicas sobre como lidar com a cidade e seu despojo (Josué 6:18). O povo deveria "guardar-se das coisas condenadas" e enviar toda a prata e todo o ouro "para o Seu tesouro" (vv.18-19). Mas, eles desobedeceram o Seu mandamento (7:1). O interessante é que nem todo Israel pecou; somente uma pessoa o fez — Acã. Mas, por seus atos, todos foram afetados e Deus foi desonrado.

Como seguidores de Jesus, pertencemos uns aos outros e nossos atos individuais podem impactar todo o corpo e o nome de Deus. "Amarremos nossos cadarços" para podermos, individualmente e em conjunto, dar a Deus a honra que Ele merece.
—MLW

Os pecados individuais, inevitavelmente, terão impacto público.

16 de maio

Desculpe-me

Leitura:
Mateus 5:21-26

...vai primeiro reconciliar-te com teu irmão... —Mateus 5:24

A Bíblia em um ano:
☐ 2 Reis 24–25
☐ João 5:1-24

Quando meu genro e eu participamos de um evento desportivo, gostamos de observar o jogo e as pessoas à nossa volta.

Uma dessas pessoas demonstrou o lado mau e o lado bom da humanidade. Aparentemente, aquele homem não conseguia encontrar seu lugar na arquibancada. Enquanto procurava, ficou em pé exatamente entre nós e o campo. O homem sentado à nossa frente também teve sua visibilidade bloqueada; e disse ao outro: "Você poderia mudar de lugar? Não conseguimos enxergar."

O homem perdido respondeu, com sarcasmo: "Que pena". Uma segunda solicitação recebeu uma resposta semelhante, embora mais inflamada. Finalmente, o homem mudou de lugar. Mais tarde, veio a surpresa. Ele voltou e disse ao homem cuja visão bloqueara: "Ei, desculpe-me. Eu estava chateado por não conseguir encontrar meu lugar." Eles deram um aperto de mãos e o incidente terminou bem.

Aquela interação me fez pensar. Ao vivermos lutando para encontrar nosso caminho, as situações podem frustrar-nos e nos fazer reagir de maneira não-cristã. Assim, devemos pedir a Deus para nos dar a coragem de pedir perdão àqueles que ofendemos. Segundo Jesus, a nossa adoração depende disso (Mateus 5:23-24).

Quando a reconciliação se torna uma prioridade, honramos a Deus. Após nos reconciliarmos uns com os outros, podemos desfrutar da comunhão com o nosso Pai celestial. –JDB

O perdão floresce no solo da confissão do pecado.

17 de maio

O BRAÇO FORTE DE DEUS

LEITURA:
Êxodo 6:1-8

...vos resgatarei com braço estendido... —Êxodo 6:6

A BÍBLIA EM UM ANO:
☐ 1 Crônicas 1–3
☐ João 5:25-47

Minha amiga Joana queria muito se tornar pianista clássica, viajar e apresentar-se como solista ou pianista de outra pessoa. Durante o curso superior de piano, ela teve tendinite no braço direito e ficou debilitada demais para participar do recital solo obrigatório. Acabou colando grau em história e literatura da música.

Ela conhecia Jesus como seu Salvador, mas tinha se rebelado contra Ele durante vários anos. Depois, por meio de outras circunstâncias difíceis, percebeu o Senhor estendendo-lhe a mão e voltou-se para Ele. Finalmente, seu braço se fortaleceu e seu sonho de viajar e tocar se realizou. Diz ela: "Agora, posso tocar para a glória de Deus, não para a minha própria. Seu braço estendido restaurou a minha vida espiritual e a força em meu braço, para capacitar-me a servi-lo com o dom que Ele me concedeu."

O Senhor prometeu a Moisés que o Seu braço estendido resgataria os israelitas do cativeiro no Egito (Êxodo 6:6). Ele cumpriu aquela promessa, embora Seu povo frequentemente rebelde duvidasse (14:30-31). O poderoso braço de Deus está estendido também para nós. Independentemente do resultado de nossa situação, podemos confiar que Ele realizará Sua vontade para cada um de Seus filhos. Podemos depender do braço forte de Deus. —AMC

Com o poder de Deus na retaguarda e amparado em Seus braços, você pode enfrentar o futuro.

18 de maio

VERDADEIRA HOSPITALIDADE

LEITURA:
Apocalipse 22:16-21

...Aquele que tem sede venha, e quem quiser receba de graça a água da vida.
—Apocalipse 22:17

A BÍBLIA EM UM ANO:
☐ 1 Crônicas 4–6
☐ João 6:1-21

Nossa família se mudou para a Califórnia em 1987, para assumir o pastoreio de uma igreja numa região litorânea. No dia em que chegamos, meu secretário nos buscou no aeroporto e nos levou para nossa casa. No trânsito, a primeira coisa que vi foi um adesivo de para-choque, que dizia: "Bem-vindo à Califórnia... Agora, vá para casa!" Não era exatamente uma acolhida calorosa e alegre ao ensolarado sul da Califórnia!

Fico imaginando se há, em nossas vidas, ocasiões em que enviamos sinais semelhantes às pessoas ao nosso redor. Quer estejamos na igreja, no bairro ou em encontros sociais, existem momentos em que não fazemos os outros se sentirem bem-aceitos em nosso mundo?

No livro de Romanos 12:13, Paulo instruiu os seus leitores a "praticarem a hospitalidade". O livro de Hebreus vai além, dizendo: "Não negligencieis a hospitalidade, pois alguns, praticando-a, sem o saber acolheram anjos" (13:2). Demonstrando bondade e misericórdia àqueles que vêm até nós, tornamos audível o convite do Salvador para a salvação, que declara: "...Aquele que ouve, diga: Vem! Aquele que tem sede venha, e quem quiser receba de graça a água da vida" (Apocalipse 22:17).

Demonstrar boa hospitalidade a alguém pode ser o primeiro passo para mostrar a essa mesma pessoa o caminho do céu.
—WEC

Viva de maneira tal, que quando as pessoas o conhecerem, desejarão conhecer Cristo.

19 de maio

CONTINUA

LEITURA:
Atos 1:1-11

...sereis minhas testemunhas tanto em Jerusalém como em toda a Judeia e Samaria e até aos confins da terra.
—Atos 1:8

A BÍBLIA EM UM ANO:
☐ 1 Crônicas 7–9
☐ João 6:22-44

O quinto livro do Novo Testamento, os Atos dos Apóstolos, registra o começo da igreja cristã sob a liderança das pessoas que Jesus designara. Alguns estudiosos sugeriram que esse livro também poderia chamar-se Atos do Espírito Santo, porque o poder do Espírito supriu os apóstolos com coragem diante de todas as dificuldades.

Pouco antes de ser elevado ao céu, Jesus disse aos Seus escolhidos: "...recebereis poder, ao descer sobre vós o Espírito Santo, e sereis minhas testemunhas tanto em Jerusalém como em toda a Judeia e Samaria e até aos confins da terra" (Atos 1:8). Com essas palavras terminou um capítulo da história da obra de Deus na terra e começou um novo. Somos parte dessa história ainda sendo escrita.

O livro de Atos descreve o fiel testemunho de Pedro, João, Barnabé, Paulo, Dorcas, Lídia e muitos outros dos primeiros tempos da igreja. Estas pessoas comuns dependiam de Deus para lhes dar força ao pregarem a Sua Palavra e demonstrarem o Seu amor.

Essa história continua por meio de nós. Ao confiarmos em Deus e obedecermos Sua direção para proclamar Jesus e torná-lo conhecido, Ele escreve, por meio de nós, novas páginas em Sua história de redenção. –DCM

As pessoas reconhecem histórias verdadeiras de fé quando as veem.

20 de maio

Certeza de Salvação

Leitura:
Romanos 10:8-15

Se, com a tua boca, confessares Jesus como Senhor e, em teu coração, creres que Deus o ressuscitou dentre os mortos, serás salvo. —Romanos 10:9

A Bíblia em um ano:
☐ 1 Crônicas 10–12
☐ João 6:45-71

Conta-se que a rainha Vitória, do Reino Unido, foi profundamente tocada durante um culto na igreja. Ao final, ela perguntou ao seu capelão: "É possível nesta vida alguém ter absoluta certeza da segurança eterna?" Ele não soube responder. Mas, um evangelista chamado John Townsend ouviu falar a respeito da pergunta da rainha e, depois de muito orar, enviou-lhe um bilhete: "Com mãos trêmulas, mas, sincero amor, e por saber que podemos estar absolutamente certos, agora, de nossa vida eterna na Morada que Jesus foi preparar, rogo a Vossa Benevolente Majestade ler as seguintes passagens das Escrituras: João 3:16; Romanos 10:9-10."

Duas semanas depois, o evangelista recebeu a seguinte carta: "...em meio a orações, li cuidadosamente as partes referidas das Escrituras. Creio na obra acabada de Cristo por mim e confio em que, pela graça de Deus, encontrarei você naquela Morada a respeito da qual Ele disse: 'Vou preparar-vos lugar' —Vitória Guelph".

Townsend acreditava firmemente que, nesta vida, podemos ter a certeza da salvação eterna (v.9) e ele também se preocupava com os outros. Considere o significado de João 3:16 e Romanos 10:9-10 para o seu destino eterno. Deus quer dar a você a certeza de que seu pecado está perdoado e, que após a morte, você estará com Ele para sempre. —BH, diretor de RBC Canadá.

As vidas enraizadas na imutável graça de Deus jamais poderão ser desenraizadas.

21 de maio

NÃO ABANDONADOS

LEITURA:
Isaías 49:13-16

...não me esquecerei de ti. Eis que nas palmas das minhas mãos te gravei...
—Isaías 49:15-16

A BÍBLIA EM UM ANO:
☐ 1 Crônicas 13–15
☐ João 7:1-27

Anos atrás, quando meu marido e eu visitávamos o Museu Aeroespacial Smithsonian em Washington, DC, EUA, percebemos um carrinho de bebê vazio sem alguém por perto. Presumimos que os pais o deixaram ali por ser volumoso demais e, agora, carregavam seu filho. Mas, chegando perto, vimos um bebê dormindo dentro dele. Onde estava um dos pais... um irmão... uma babá? Ficamos por ali por um bom tempo antes de chamarmos um funcionário do museu. Ninguém aparecera para reclamar aquela preciosa criança! Na última vez em que o vimos, o carrinho estava sendo empurrado para um lugar seguro.

Aquela experiência me fez pensar a respeito de como é ser abandonado. É uma sensação opressiva de que ninguém liga a mínima para você. Uma sensação real e insuportavelmente dolorosa. Mas, embora as pessoas possam nos abandonar, o amor e a presença de Deus estão garantidos. O Senhor promete que nunca nos deixará (Deuteronômio 31:8). Ele estará conosco onde formos, "...todos os dias até à consumação do século" (Mateus 28:20).

O Senhor nunca falhará em Seu compromisso com os Seus filhos. Mesmo que sejamos abandonados pelos outros, podemos confiar em Sua promessa de que nada "...poderá separar-nos do amor de Deus" (Romanos 8:35-39). —CHK

O nosso conforto é confiarmos na presença de Deus.

22 de maio

ALMOÇO PERDIDO

LEITURA:
João 4:27-38

Disse-lhes Jesus: A minha comida consiste em fazer a vontade daquele que me enviou e realizar a sua obra. —João 4:34

A BÍBLIA EM UM ANO:
☐ 1 Crônicas 16–18
☐ João 7:28-53

Para mim, o alimento é mais do que uma necessidade — é uma parte maravilhosamente agradável da vida! Gosto de sentar-me para degustar uma refeição bem preparada, especialmente quando estou com fome. Imagino que os discípulos estivessem com vontade de almoçar quando voltaram ao poço em que Jesus interagia com a mulher samaritana. Eles lhe rogavam: "...Mestre, come!" (João 4:31). Sua resposta? "...Uma comida tenho para comer, que vós não conheceis" (v.32), o que os fez imaginar se alguém já lhe trouxera algo para comer (v.33).

Fico questionando se os discípulos estavam tão ocupados pensando a respeito de alimento, que não conseguiam enxergar além de sua refeição. Eles não compreenderam a importância do que se passava no poço. O mais importante para Jesus era "...fazer a vontade daquele que me enviou e realizar a sua obra" (v.34). Ele estava atento às necessidades espirituais daquela mulher, que precisava desesperadamente daquilo que só Ele podia dar.

É fácil preocupar-se com as necessidades do momento. Mas, Jesus nos convida a irmos além de nossos próprios interesses — nossas necessidades imediatas — para abrirmos os nossos olhos às almas em busca de respostas às suas mais profundas necessidades.

Então, junte-se a Jesus no poço e permita que Ele o use para contar aos outros a respeito do alimento espiritual que só Ele pode dar. –JMS

Torne-se disponível e apto para satisfazer as necessidades daqueles que o cercam.

23 de maio

PASTOR DE ESTRELAS

LEITURA:
Ezequiel 34:11-16

Por que, pois, dizes [...] O meu caminho está encoberto ao SENHOR...? —Isaías 40:27

A BÍBLIA EM UM ANO:
☐ 1 Crônicas 19–21
☐ João 8:1-27

Na primavera, os pastores de ovelhas levam os seus rebanhos das planícies para as montanhas. Milhares de ovelhas sobem às partes altas, para pastarem no verão.

Semana passada, minha mulher e eu cruzamos com um rebanho numa montanha. As ovelhas estavam descansando num prado junto a um ribeiro tranquilo — uma cena pitoresca que evocava recordações do Salmo 23.

Mas, onde estava o pastor? As ovelhas pareciam estar sós — até que algumas se separaram do rebanho e começaram a vaguear em direção a uma ravina distante. Ouvimos então um apito agudo vindo de cima. Levantando os olhos, vimos o pastor sentado no alto de uma colina, acima das ovelhas, montando guarda ao seu rebanho. Um cão montanhês e dois cães *border collies* estavam ao seu lado. Em resposta ao sinal do pastor, os cães correram colina abaixo e trouxeram as ovelhas desviadas de volta ao rebanho, que era o seu lugar.

Da mesma maneira, o Bom Pastor está guardando você. Embora você não possa vê-lo, Ele o vê! Ele o conhece pelo nome e sabe tudo a seu respeito. Você é a ovelha do Seu pasto (Ezequiel 34:31). Deus promete que buscará Suas ovelhas, apascentá-las-á de bons pastos e ligará as que se quebraram (vv.12,14,16).

Você pode confiar no atento cuidado de Deus. —DHR

O Cordeiro que morreu para nos salvar é o Pastor que vive para nos cuidar.

24 de maio

PÁTRIA CELESTIAL

LEITURA:
Hebreus 11:8-16

...nossa pátria está nos céus... —Filipenses 3:20

A BÍBLIA EM UM ANO:
☐ 1 Crônicas 22–24
☐ João 8:28-59

Certa tarde, durante o Ensino Médio, minha melhor amiga e eu pegamos dois cavalos para passearmos. Lentamente, atravessamos campos de flores silvestres e bosques. Mas, quando direcionamos os cavalos para o estábulo, eles dispararam para casa como dois foguetes. Nossos amigos equinos sabiam que era hora de jantar e de uma boa escovada, e estavam ansiosos por isso.

Como cristãos, nossa verdadeira casa é o céu (Filipenses 3:20). Mesmo assim, às vezes, nossos desejos nos amarram ao aqui e agora. Desfrutamos os bons presentes de Deus — casamento, filhos, netos, viagens, carreiras, amigos. Ao mesmo tempo, a Bíblia nos desafia a focarmos "...nas coisas lá do alto..." (Colossenses 3:1-2). As coisas lá do alto podem incluir os benefícios invisíveis do céu: presença permanente de Deus (Apocalipse 22:3-5), repouso eterno (Hebreus 4:9) e herança incorruptível (1 Pedro 1:4).

Recentemente, li: "Os cristãos desejam a herança celestial; e, quanto maior é a fé, mais fervoroso [é o desejo]." Vários fiéis do Antigo Testamento mencionados em Hebreus 11 tinham grande fé em Deus, que os capacitou a aceitar Suas promessas antes de recebê-las (v.13). Uma dessas promessas era o céu. Se depositarmos a nossa fé em Deus, Ele nos fará desejar aquela "pátria celestial" (v.16) e nos fará ter desapego por este mundo. –JBS

Para o cristão, a palavra céu se escreve L-A-R.

25 de maio

NAVEGANDO NA TEMPESTADE

LEITURA:
Salmo 107:23-32

Pois ele falou e fez levantar o vento tempestuoso [...] e [...] os livrou das suas tribulações. —Salmo 107:25,28

A BÍBLIA EM UM ANO:
- ☐ 1 Crônicas 25–27
- ☐ João 9:1-23

O antigo povo da nação de Axum, localizada junto ao Mar Vermelho, na atual Etiópia, descobriu que os ventos tempestuosos da estação das monções podiam ser aproveitados, por meio de velas, para uma navegação veloz. Em vez de recear os fortes ventos e chuvas, o povo aprendeu como navegar em meio às tempestades.

O Salmo 107 proporciona uma maravilhosa descrição sobre como Deus permite que as tempestades venham a nós e, em seguida, nos ajuda a navegar através delas. "Pois ele falou e fez levantar o vento tempestuoso [...] e [...] os livrou das suas tribulações" (Salmo 107:25,28).

Confiar na orientação de Deus em tempos de tribulação é um dos assuntos encontrados na Bíblia. O livro de Hebreus 11 apresenta um elenco de muitos que usaram seus problemas como uma oportunidade para exercitar a fé e experimentar graça, provisão e livramento de Deus: "...os quais, por meio da fé, subjugaram reinos, praticaram a justiça, obtiveram promessas, fecharam a boca de leões, extinguiram a violência do fogo, escaparam ao fio da espada, da fraqueza tiraram força..." (vv.33-34).

As circunstâncias tempestuosas são inevitáveis. Embora nossa primeira reação possa ser fugir do problema, podemos, em vez disso, pedir a Deus para ensinar-nos como confiar nele para conduzir-nos em meio às tempestades. —HDF

Melhor é atravessar as tempestades com Cristo do que navegar tranquilamente sem Ele.

26 de maio

DEVEDOR

LEITURA:
2 Coríntios 5:12-17

Pois o amor de Cristo nos constrange...
—2 Coríntios 5:14

A BÍBLIA EM UM ANO:
☐ 1 Crônicas 28–29
☐ João 9:24-41

Dizem as histórias que, quando jovem, Robert Robinson (1735–90) gostava de envolver-se em confusão com os seus amigos. Aos 17 anos, porém, ouviu uma pregação de George Whitefield baseada no evangelho de Mateus 3:7 e reconheceu a sua necessidade de salvação em Cristo. O Senhor transformou a vida de Robinson e ele se tornou um pregador. Ele também compôs vários hinos, incluindo o mais conhecido, "*Fonte és Tu de toda bênção*" (HCC 17).

Ultimamente, tenho ponderado sobre a maravilhosa graça de Deus para nós e a última estrofe desse hino: "Devedor à Tua graça, cada dia e hora sou!" O hino traz à mente as palavras do apóstolo Paulo: "O amor de Cristo nos constrange [...] para que os que vivem não vivam mais para si mesmos, mas para aquele que por eles morreu e ressuscitou" (2 Coríntios 5:14-15).

Não podemos conquistar o amor e a graça de Deus. Mas, porque Ele a deu liberalmente a nós, só podemos amá-lo, em retribuição, vivendo por Ele! Não tenho bem certeza de como é isso, mas, deve incluir o aproximar-se dele, ouvir a Sua Palavra, servir e obedecê-lo por gratidão e amor.

Como devedores, somos chamados a viver cada dia para Jesus, que se entregou por nós. —AMC

Quem conhece a graça de Deus, a demonstra.

27 de maio

VERDADEIRO SACRIFÍCIO

LEITURA:
Romanos 5:1-11

Ninguém tem maior amor do que este: de dar alguém a própria vida em favor dos seus amigos. —João 15:13

A BÍBLIA EM UM ANO:
☐ 2 Crônicas 1–3
☐ João 10:1-23

Érico estava entre os bons sujeitos. Como policial, ele via o seu trabalho como um serviço à sua comunidade e se dedicava a servir bem a todo custo. Uma prova desse desejo estava na porta do vestiário de Érico no posto policial, onde ele afixou o versículo de João 15:13.

Nesse versículo, nosso Senhor disse: "Ninguém tem maior amor do que este: de dar alguém a própria vida em favor dos seus amigos." Essas palavras, porém, não significavam apenas ideais nobres, mas, o comprometimento de Érico com seu dever como policial — um comprometimento que lhe exigiu o preço supremo ao ser morto em serviço. Foi uma demonstração verdadeira sobre o valor do verdadeiro sacrifício.

Jesus Cristo viveu as poderosas palavras do livro de João 15:13 poucas horas após dizê-las. No cenáculo, onde Jesus falou a respeito de tal sacrifício, seguiu-se por comunhão com o Pai no Getsêmani, uma série de julgamentos ilegais e, depois, a crucificação perante uma multidão de escarnecedores.

Como Filho de Deus, Jesus poderia ter evitado o sofrimento, a tortura e a crueldade. Ele era totalmente isento de pecado e não merecia morrer. Mas o amor, o combustível do verdadeiro sacrifício, o conduziu à cruz. Como resultado, podemos ser perdoados se aceitarmos, pela fé, o Seu sacrifício e a Sua ressurreição. Você já confia naquele que entregou Sua vida por você? —WEC

Somente Jesus, o sacrifício perfeito, pode declarar que as pessoas culpadas são perfeitas.

28 de maio

A GLÓRIA DE DEUS

LEITURA:
Romanos 8:1-10

...os que se inclinam para o Espírito, [cogitam] das coisas do Espírito.
—Romanos 8:5

A BÍBLIA EM UM ANO:
☐ 2 Crônicas 4–6
☐ João 10:24-42

Amo beisebol e sou fã desse esporte desde que era garotinho. Gosto, especialmente, de acompanhar o meu time. Mas, recentemente, o jogo fraco e as várias derrotas logo no início da temporada me frustraram tremendamente. Então, para meu próprio bem-estar, dei um tempo. Passei quatro dias evitando tudo que se relacionasse ao meu time favorito.

Durante esses quatro dias sem *envolver-me com meu time*, comecei a perceber como é difícil abrir mão das coisas às quais nos acostumamos. No entanto, há momentos em que Deus quer que façamos isso.

Por exemplo, podemos estar envolvidos numa atividade que se tornou absolutamente envolvente — e sabemos que seria melhor limitá-la (1 Coríntios 6:12). Ou podemos ter um hábito ou uma prática que sabemos que não agrada a Deus e percebemos que precisa ser abandonado porque o amamos e queremos que Ele seja glorificado por nosso intermédio (15:34).

Com a ajuda do Senhor, conseguimos parar o que interfere em nosso relacionamento com Ele. Deus nos deu a provisão do livramento (1 Coríntios 10:13) e o Espírito fornece o poder (Romanos 8:5).

Peçamos a Ele para nos ajudar a não permitir que algo impeça Sua glória de brilhar por nosso intermédio. –JDB

Ao nos aproximarmos de Cristo, nos assemelhamos cada vez mais a Ele.

29 de maio

Acalma-te, emudece

Leitura:
Marcos 4:35-41

E ele, despertando, repreendeu o vento e disse ao mar: Acalma-te, emudece!... —Marcos 4:39

A Bíblia em um ano:
☐ 2 Crônicas 7–9
☐ João 11:1-29

Minha amiga Eloísa tem um jeito maravilhoso de ver a vida por perspectivas inteligentes. Certa vez, quando lhe perguntei: "Como você se sente hoje?", esperava a resposta habitual "Bem". Em vez disso, ela disse: "Tenho de acordá-lo!" Quando lhe perguntei o significado daquilo, ela, brincando, exclamou: "Você não conhece a sua Bíblia?!" — e então, explicou: "Quando os discípulos enfrentaram perigo, correram para acordar Jesus. Vou fazer o mesmo!"

O que fazemos quando estamos presos a uma situação preocupante sem termos para onde correr? Talvez, como os discípulos que enfrentavam uma tempestade que ameaçava as suas vidas, corremos para Jesus (Marcos 4:35-41). Às vezes, porém, podemos tentar nos livrar do problema procurando vingança, caluniando quem nos causou o problema, ou apenas encolhendo-nos medrosamente num canto enquanto afundamos em desespero.

Precisamos aprender com os discípulos que correram para Jesus como sua única esperança. Ele pode não nos livrar imediatamente, mas lembrar-se de que Ele está em nosso barco faz a diferença! Felizmente, Ele sempre está conosco nas tempestades da vida, dizendo coisas como "...Acalma-te, emudece..." (v.39). Então, procure-o em sua tempestade, deixe Jesus preenchê-lo com a paz que vem do reconhecimento de que Ele está perto. —JMS

Quando as tempestades da vida o ameaçarem, permita que Jesus seja a sua primeira opção.

30 de maio

A FALHA TRÁGICA

LEITURA:
2 Crônicas 26:3-15

...divulgou-se a sua fama até muito longe, porque foi maravilhosamente ajudado, até que se tornou forte.
—2 Crônicas 26:15

A BÍBLIA EM UM ANO:
☐ 2 Crônicas 10–12
☐ João 11:30-57

Em literatura, uma falha trágica é um traço de caráter que causa a queda do herói de uma história. Foi o caso de Uzias, coroado rei de Judá aos 16 anos. Durante muitos anos, ele buscou o Senhor; e, enquanto o fez, Deus lhe deu grande sucesso (2 Crônicas 26:4-5). Mas, as coisas mudaram quando "...divulgou-se a sua fama até muito longe, porque foi maravilhosamente ajudado, até que se tornou forte. Mas, havendo-se já fortificado, exaltou-se o seu coração para a sua própria ruína" (vv.15-16).

Uzias entrou no templo do Senhor para queimar incenso no altar (v.16), desafiando abertamente o mandamento de Deus. Talvez a soberba o tenha convencido de que as regras de Deus se aplicavam a todos, exceto a ele. Quando Uzias se enfureceu com os sacerdotes que lhe disseram ter errado, o Senhor o feriu com lepra (vv.18-20).

Na literatura e na vida, com frequência vemos uma pessoa de boa reputação decair da honra em desgraça e sofrimento. "Assim, ficou leproso o rei Uzias até ao dia da sua morte; e morou, por ser leproso, numa casa separada, porque foi excluído da Casa do SENHOR..." (v.21).

A única maneira de evitarmos que o néctar do louvor se torne o veneno da soberba é seguirmos o Senhor com um coração humilde. —DCM

Como o crisol prova [...], assim, o homem é provado pelos louvores que recebe. —Provérbios 27:21

31 de maio

SEGUIDORES VOLÚVEIS

LEITURA:
João 12:12-19; 19:14-16

...eis que o teu Rei aí vem, montado em um filho de jumenta. —João 12:15

A BÍBLIA EM UM ANO:
☐ 2 Crônicas 13–14
☐ João 12:1-26

Como a opinião pública pode mudar rápido! Quando Jesus entrou em Jerusalém para a festa da Páscoa, Ele foi aclamado por multidões que desejavam coroá-lo rei (João 12:13). Mas, ao fim da semana, as multidões exigiam que Ele fosse crucificado (19:15).

Reconheço pertencer a essas multidões volúveis. Amo aplaudir um time que está vencendo, mas o meu interesse esfria quando ele começa a perder. Amo fazer parte de um movimento local, novo e empolgante, mas quando essa energia se desloca para outra parte da cidade, estou pronta para deslocar--me. Amo seguir Jesus quando Ele está fazendo o impossível, mas saio de *fininho* quando Ele espera que eu faça algo difícil. É empolgante seguir Jesus quando o faço como parte da multidão "da onda". É fácil confiar nele quando Ele derrota os espertos e os poderosos (Mateus 12:10; 22:15-46). Mas quando Ele começa a falar a respeito de sofrimento, sacrifício e morte, eu hesito.

Gosto de pensar que teria seguido Jesus até a cruz — mas, tenho minhas dúvidas. Afinal, se não me posiciono em favor dele em lugares onde isso é seguro, o que me faz pensar que o faria cercada por uma multidão dos Seus opositores?

Sou muito grata por Jesus ter morrido por seguidores inconstantes, assim podemos nos tornar seguidores fiéis. —JAL

Cristo merece seguidores em tempo integral.

1 de junho

ENTEDIADO

LEITURA:
João 10:7-14

...eu vim para que tenham vida e a tenham em abundância.
—João 10:10

A BÍBLIA EM UM ANO:
- ☐ 2 Crônicas 15–16
- ☐ João 12:27-50

Quando nossos filhos eram adolescentes, repetidas vezes tínhamos a seguinte discussão após o encontro de jovens da igreja; eu perguntava: "Como foi o grupo de jovens hoje?" E eles respondiam: "Entediante." Após várias semanas com a mesma resposta, decidi descobrir o que estava acontecendo. Entrei furtivamente no ginásio onde a reunião acontecia e assisti. Vi os jovens participando, rindo, ouvindo — divertindo-se muito. Naquela noite, no caminho para casa, perguntei sobre a reunião e mais uma vez eles disseram: "Entediante." Respondi: "Eu estava lá e assisti tudo. Vocês se divertiram muito!" Eles responderam, "Talvez não tenha sido tão ruim como de costume."

Percebi que por trás da relutância em admitir que estavam gostando do grupo de jovens, havia aspectos como pressão do grupo e medo de não parecerem "legais". Mas então imaginei, *eu não teria um medo semelhante de me empolgar demais com as coisas espirituais?*

Certamente, não há nada neste universo que seja mais digno de nosso entusiasmo do que quem Cristo é o que Ele fez por nós. Jesus disse: "...eu vim para que tenham vida e a tenham em abundância" (João 10:10). Isso é o oposto do tédio! Independentemente da idade, temos um dom concedido pelo Salvador o qual é digno de ser celebrado. Nossa salvação é algo pelo qual podemos nos empolgar! —WEC

Se você conhece Cristo,
terá sempre um motivo para celebrar.

2 de junho

MOSTRAR E CONTAR

LEITURA:
João 13:5-17

Porque eu vos dei o exemplo, para que, como eu vos fiz, façais vós também. —João 13:15

A BÍBLIA EM UM ANO:
☐ 2 Crônicas 17–18
☐ João 13:1-20

Se você fizesse um curso de redação ou fosse a uma conferência de escritores, provavelmente ouviria: "Não conte, mostre." Em outras palavras, "mostre" aos seus leitores o que está acontecendo, não apenas lhes conte. Não conte aos leitores o que você fez; descreva enquanto o faz.

Uma das razões por nossa tendência ser contar ao invés de mostrar é por ser mais rápido e fácil. Mostrar como se faz algo exige tempo e esforço. Ao ensinar, é mais fácil dizer aos estudantes o que está errado do que mostrar-lhes como fazer da maneira correta. Este último, no entanto, é mais eficaz.

Por milhares de anos, o povo judeu teve apenas a lei dizendo-lhes o que fazer e não fazer. Mas Jesus Cristo veio e lhes mostrou como viver a vida sobre a qual Deus lhes falara o tempo todo. Jesus não disse simplesmente: "Sejam humildes"; Ele "...a si mesmo se humilhou..." (Filipenses 2:8). Ele não disse simplesmente: "Perdoe os outros"; Ele nos perdoou (Colossenses 3:13). Ele não disse apenas: "Ame a Deus e o seu próximo"; Ele demonstrou amor por Suas ações (João 15:12).

O exemplo perfeito do amor de Cristo demonstra o imenso o amor de Deus por nós e como devemos demonstrar Seu amor aos outros. —JAL

O amor é a vontade de Deus em ação.

3 de junho

PALAVRAS SÁBIAS

LEITURA:
Eclesiastes 12:6-14

As palavras dos sábios são como aguilhões, e como pregos bem fixados as sentenças coligidas, dadas pelo único Pastor.
—Eclesiastes 12:11

A BÍBLIA EM UM ANO:
☐ 2 Crônicas 19–20
☐ João 13:21-38

Agora em meus 60 anos, relembro dos sábios líderes espirituais que me impactaram positivamente. No seminário, Deus usou meu professor de Antigo Testamento para dar vida à Palavra. Meu professor de grego era implacável em aplicar critérios elevados para encorajar meu estudo do Novo Testamento. Em meu primeiro ministério pastoral, o pastor sênior me ajudou a criar ministérios necessários para ajudar outros a crescerem em sua vida espiritual. Cada um destes professores me encorajou de maneiras diferentes.

O rei Salomão observou sabiamente algumas maneiras que os líderes espirituais podem nos ajudar a crescer: "As palavras dos sábios são como aguilhões, e como pregos bem fixados as sentenças coligidas, dadas pelo único Pastor" (Eclesiastes 12:11). Alguns professores nos estimulam, outros edificam sólidas estruturas espirituais em nossas vidas. E outros ainda, como pastores cuidadosos, estão próximos com um ouvido atento quando sofremos.

O Bom Pastor concedeu uma variedade de dons aos líderes: exortação, crescimento e pastoreio. Sejamos líderes ou aprendizes, Ele deseja que mantenhamos corações humildes e o amor pelos outros. Que privilégio sermos guiados e usados por nosso Pastor para encorajar outros em sua caminhada com Ele.

—HDF

Que as nossas palavras reflitam o coração e a sabedoria de Deus.

4 de junho

Perseverando

Leitura:
Filipenses 1:12-18; 3:8-11

...para o conhecer, e o poder da sua ressurreição, e a comunhão dos seus sofrimentos... —Filipenses 3:10

A Bíblia em um ano:
☐ 2 Crônicas 21–22
☐ João 14

Em uma conferência cristã para homens, conversei por muito tempo com um amigo que me encorajou e mentoriou por muitos anos. Com ele, estavam dois jovens chineses, novos na fé e profundamente gratos pela amizade fiel e ajuda espiritual deste homem. Meu amigo Clóvis, chegando aos 80 anos, irradiava entusiasmo ao dizer: "Nunca estive tão empolgado por conhecer e amar a Cristo como agora."

A carta de Paulo aos filipenses revela um coração e um propósito que nunca diminuiu com o tempo: "...para o conhecer, e o poder da sua ressurreição, e a comunhão dos seus sofrimentos, conformando-me com ele na sua morte" (Filipenses 3:10). Da raiz do relacionamento de Paulo com Jesus veio o fruto de seu fervor constante para que outros fossem guiados à fé em Cristo. Paulo se alegrava em compartilhar o evangelho e se encorajava ao ver outros se tornarem mais ousados por causa da vida dele (Filipenses 1:12-14).

Se o nosso objetivo é simplesmente servir ao Senhor, podemos acabar fatigados em algum ponto da caminhada. Mas se o nosso propósito, como o de Paulo, Clóvis e muitos outros, é conhecer a Cristo e amá-lo, descobriremos que Ele nos dará força para torná-lo conhecido aos outros. Perseveremos com alegria na força que Deus dá! —DCM

Aprenda com Cristo e em seguida torne-o conhecido.

5 de junho

MAIS QUE INFORMAÇÃO

LEITURA:
João 15:1-13

...permanecei em mim, e eu permanecerei em vós...
—João 15:4

A BÍBLIA EM UM ANO:
☐ 2 Crônicas 23–24
☐ João 15

Como o comportamento é modificado? David Brooks, em seu livro *O Animal Social* observa que alguns especialistas afirmaram que as pessoas só precisam aprender quais são os riscos, em longo prazo, de um comportamento ruim. Ele escreve, por exemplo: "Fumar pode causar câncer. O adultério destrói a família, e a mentira acaba com a confiança." Supunha-se que uma vez que as pessoas fossem lembradas da tolice de seu comportamento, seriam motivadas a parar. Razão e vontade são obviamente importantes ao se tomar decisões morais e no exercício do autocontrole. Mas nenhum destes modelos de caráter é comprovadamente eficaz. Em outras palavras, a informação por si só não é poderosa o suficiente para transformar o comportamento.

Como seguidores de Jesus, queremos crescer e mudar espiritualmente. Há mais de dois milênios, Jesus disse aos Seus discípulos como isso pode acontecer. Ele afirmou: "...permanecei em mim, e eu permanecerei em vós. Como não pode o ramo produzir fruto de si mesmo, se não permanecer na videira, assim, nem vós o podeis dar, se não permanecerdes em mim" (João 15:4). Jesus é a vinha e nós, Seus seguidores, somos os galhos. Se formos honestos, saberemos que somos completamente inúteis e espiritualmente ineficazes quando separados dele.

Jesus nos transforma espiritualmente e reproduz Sua vida em nós — à medida que habitamos nele. —MLW

Uma mudança no comportamento começa com Jesus transformando os nossos corações.

6 de junho

Linha de Frente

Leitura:
Salmo 23

...Leva-me para junto das águas de descanso; refrigera-me a alma. Guia-me pelas veredas da justiça por amor do seu nome.
—Salmo 23:2-3

A Bíblia em um ano:
☐ 2 Crônicas 25–27
☐ João 16

O livro de Stephen Ambrose *Band of Brothers* (Irmãos de Armas) relata a história da *Easy Company* (Companhia E) do exército dos Estados Unidos desde o treinamento na Geórgia, a invasão da Normandia no Dia D (6 de Junho de 1944) e até o fim da Segunda Guerra Mundial na Europa. Richard liderou na maior parte daquele momento a *Companhia E.* Winters era um oficial especialmente bom porque liderava na linha de frente. As palavras de Winters mais ouvidas em combate eram: "Sigam-me!". Outros oficiais podem ter procurado pelas áreas mais seguras na retaguarda, mas se os homens de Winter estivessem em combate, ele estaria lá para liderá-los.

Jesus é o único e verdadeiro líder de Seus filhos. Ele sabe o que precisamos e os nossos pontos mais vulneráveis. Sua liderança é parte do que faz do Salmo 23 a canção mais amada no hinário da Bíblia. No versículo 2, Davi diz que o Pastor "...Leva-me para junto das águas de descanso..." e acrescenta: "...Guia-me pelas veredas da justiça por amor do seu nome" (v.3). Estas ideias conjuntas revelam porque o cuidado dele é tão completo. Quer sejam momentos de restauração ou fortalecimento ("águas de descanso") ou épocas de fazer aquilo que o agrada ("veredas da justiça"), podemos segui-lo.

Como diz uma antiga canção, "Meu Senhor conhece o caminho pelo deserto, tudo o que preciso fazer é seguir." –WEC

Jesus conhece o caminho — siga-o!

7 de junho

Guardando corações

Leitura:
2 Timóteo 2:10-18

Procura apresentar-te a Deus aprovado, como obreiro que não tem de que se envergonhar, que maneja bem a palavra da verdade. —2 Timóteo 2:15

A Bíblia em um ano:
☐ 2 Crônicas 28–29
☐ João 17

Por anos, ministrei aulas bíblicas em uma igreja local e foi necessário muito esforço para ponderar as Escrituras cuidadosamente antes de responder perguntas durante as aulas. Mais tarde, em meus 40 anos, numa palestra no meu primeiro semestre do seminário, descobri que dera a uma mulher, que tinha assistido uma de minhas aulas, uma resposta terrível à sua sincera pergunta. Eu tinha certeza de que minha resposta vinha causando-lhe angústia nos dois anos seguintes desde que a tinha visto, e eu ansiava por corrigir meu erro pelo bem daquela mulher.

Correndo para casa, liguei para ela e instantaneamente comecei a me desculpar. Seguiu-se uma longa pausa até ela responder em tom perplexo: "Desculpe-me, mas estou com dificuldade de reconhecê-lo." Eu não era tão inesquecível ou prejudicial como acreditava! Foi então que percebi que Deus está agindo protegendo a Sua verdade mesmo enquanto crescemos em nossa compreensão de Sua Palavra. Sou grato por Ele ter protegido o coração desta mulher.

Somos humanos e algumas vezes cometeremos erros ao compartilharmos a Palavra de Deus. Mas temos a obrigação de buscar a Sua verdade e exercitar o cuidado ao falarmos sobre ela (2 Timóteo 2:15). Poderemos proclamá-la com ousadia, orando para que Seu Espírito guarde os nossos corações, mas também os corações e daqueles a quem buscamos servir. Deus e Sua Palavra são dignos do maior cuidado. –RKK

Permita que a Palavra de Deus preencha sua memória, governe o coração e guie suas palavras.

8 de junho

De onde eu vim?

Leitura:
Atos 17:22-31

...[Deus] de um só fez toda a raça humana para habitar sobre toda a face da terra... —Atos 17:26

A Bíblia em um ano:
☐ 2 Crônicas 30–31
☐ João 18:1-18

Tobias, meu amigo afro-americano de sete anos me fez uma pergunta instigante: "Já que Adão e Eva eram brancos, de onde as pessoas negras vieram?" Quando eu lhe disse que não sabemos de que "cor" eles eram e perguntei por que a ideia de que eles fossem brancos, ele me disse que foi isso que sempre viu nos livros de histórias bíblicas na igreja e na biblioteca. Meu coração ficou apertado. Questionei-me se isso o teria feito pensar que era inferior ou possivelmente que nem mesmo fora criado pelo Senhor.

Todos os povos têm suas raízes no Deus Criador e são, portanto, iguais. Foi isso que o apóstolo Paulo disse aos atenienses: "...[Deus] de um só fez toda a raça humana para habitar sobre toda a face da terra..." (Atos 17:26). Somos todos descendentes "de um só." Darrell Bock, em seu comentário do livro de Atos, diz: "Esta afirmação seria difícil para os atenienses, que se orgulhavam por serem um povo superior, chamando o restante de bárbaros." No entanto, pelo fato de descendermos de nossos primeiros pais, Adão e Eva, nenhuma raça ou etnicidade é superior ou inferior a outra.

Maravilhamo-nos diante de nosso Criador, que nos fez e a todos deu "...vida, respiração e tudo mais" (v.25). Semelhantes aos olhos de Deus, todos juntos o louvamos e honramos. –AMC

Deus ama a cada um de nós como se fôssemos os únicos.

9 de junho

OBEDIÊNCIA É ADORAÇÃO

LEITURA:
1 Samuel 15:13-23

**...o obedecer é melhor do que o sacrificar...
—1 Samuel 15:22**

A BÍBLIA EM UM ANO:
☐ 2 Crônicas 32–33
☐ João 18:19-40

Ao viajar com um coral de uma escola cristã, foi ótimo ver os estudantes louvarem a Deus ao liderarem o louvor nas igrejas que visitamos. O que aconteceu fora da igreja foi ainda melhor de ver. Certo dia, o grupo descobriu que uma mulher não tinha dinheiro para gasolina — e eles espontaneamente sentiram-se direcionados por Deus para fazer uma arrecadação, e conseguiram dinheiro suficiente para vários tanques de gasolina.

Uma coisa é adorar a Deus na igreja; mas é outra bem diferente é ir ao mundo real e adorar a Deus por meio da obediência diária.

O exemplo dos estudantes nos faz pensar sobre nossas vidas. Será que confinamos nossa adoração aos limites da igreja? Ou continuamos a adorá-lo pela obediência em nossa vida diária, procurando oportunidades para servir?

No livro de 1 Samuel 15 vemos que o Senhor pediu a Saul que executasse uma tarefa; mas quando revemos o que ele fez (vv.20-21), descobrimos que Saul usou a adoração (sacrifício) como uma desculpa por seu fracasso na obediência a Deus. A resposta de Deus foi: "...o obedecer é melhor que o sacrificar..." (v.22).

É bom estar envolvido em adoração na igreja. Mas peçamos também a Deus que nos mostre maneiras de continuar dando-lhe o louvor que merece por meio de nossa obediência.
—JDB

Nossa adoração não deve se limitar a momentos e lugares, deveria ser o espírito de nossas vidas.

10 de junho

Carta de C. S. Lewis

Leitura:
1 João 2:9-17

**Filhinhos, eu vos escrevo, porque os vossos pecados são perdoados, por causa do seu nome.
—1 João 2:12**

A Bíblia em um ano:
☐ 2 Crônicas 34–36
☐ João 19:1-22

Em setembro de 1961, um estudante americano do Ensino Médio escreveu para C.S. Lewis, na Inglaterra. Ele tinha lido o livro deste autor *Cartas de um diabo a seu aprendiz* e perguntou-lhe: "Quando você escreveu este livro, Satanás causou-lhe algum problema? Se causou, o que você fez?"

Três semanas mais tarde, Lewis redigiu uma resposta em que afirmou que ele ainda tinha muitas tentações. Ele disse que ao enfrentá-las, "Talvez… o mais importante seja *continuar*; não se desencorajar ainda que frequentemente nos rendamos à tentação, mas sempre nos reerguermos e pedir perdão."

As cartas de João no Novo Testamento são repletas de encorajamento para perseverar diante da tentação. "Filhinhos, eu vos escrevo, porque os vossos pecados são perdoados, por causa do seu nome. Pais, eu vos escrevo, porque conheceis aquele que existe desde o princípio. Jovens, eu vos escrevo, porque tendes vencido o Maligno" (1 João 2:12-13).

Seja qual for a nossa idade ou experiência, estamos juntos numa batalha espiritual. "Ora, o mundo passa, bem como a sua concupiscência; aquele, porém, que faz a vontade de Deus permanece eternamente" (v.17).

Apeguemo-nos a Deus e prossigamos! —DCM

Para dominar a tentação, permita que Cristo domine você.

11 de junho

SABOREIE CADA PEDAÇO

LEITURA:
Salmo 119:97-104

Quão doces são as tuas palavras ao meu paladar! Mais que o mel à minha boca. —Salmo 119:103

A BÍBLIA EM UM ANO:
☐ Esdras 1–2
☐ João 19:23-42

Minha esposa Martie frequentemente me diz: "Você come rápido demais! Vá com calma e aprecie sua refeição." Geralmente termino de comer muito antes dela, porque ela saboreia cada pedaço lentamente.

Fico imaginando quantos de nós se apressam na leitura da Palavra de Deus sem realmente saboreá-la. O salmista disse, "Quão doces são as tuas palavras ao meu paladar! Mais que o mel à minha boca." (Salmo 119:103). Isso me parece bom!

Quais são os benefícios de nos deliciarmos com o rico alimento das Escrituras? Uma refeição diária composta da Palavra de Deus nos ajuda a impedir que a ansiedade, o orgulho, o medo e a tentação infestem nossos corações subnutridos, e nos fortalece para uma jornada vitoriosa. A Palavra nos dá sabedoria e entendimento (vv.98-100). Ela nos ajuda a refrear nossos pés do mal (v.101). Assim como nosso sistema digestivo distribui nutrientes para os nossos corpos, a Palavra de Deus, quando digerida, nutre nossas mentes, emoções e vontades.

Ao invés de agarrar a Palavra com pressa logo antes de sair, é importante lê-la em um momento e em um lugar onde podemos realmente ter comunhão com Deus.

Invista tempo e delicie-se saboreando a riqueza da Palavra de Deus. –JMS

A Palavra de Deus provê os ingredientes de que precisamos para prosperar espiritualmente.

12 de junho

NEGÓCIOS INACABADOS

LEITURA:
Lucas 23:32-43

...Jesus, lembra-te de mim quando vieres no teu reino.
—Lucas 23:42

A BÍBLIA EM UM ANO:
☐ Esdras 3–5
☐ João 20

Aos 99 anos, Leo Plass recebeu seu diploma universitário. Ele tinha deixado sua formação em magistério durante a década de 1930 quando abandou a universidade para ganhar a vida no ramo de corte e transporte de árvores. Setenta e nove anos depois, ele completou os três créditos necessários para se formar e resolver esse importante negócio inacabado em sua vida.

Muitos de nós podemos nos identificar com Leo. Nossos negócios inacabados podem incluir pedidos de desculpas não ditos ou, ainda mais importante, decisões espirituais inacabadas. Um dos criminosos que foi crucificado ao lado de Jesus precisava tomar tal decisão urgentemente. Com apenas alguns suspiros separando-o da eternidade, ele percebeu quem Jesus era e queria estar com Ele no céu. O ladrão reconheceu o seu pecado e a inocência de Jesus e disse: "...Jesus, lembra-te de mim quando vieres no teu reino" (Lucas 23:42). Jesus respondeu, "...Em verdade te digo que hoje estarás comigo no paraíso" (v.43).

Deus não quer que ninguém pereça (2 Pedro 3:9). Sua oferta de salvação está disponível a todos, independentemente de idade, saúde ou fase de vida. Sua oferta está disponível a você. Não demore para receber Jesus como Salvador (2 Coríntios 6:2). Resolva este importante negócio inacabado e você aguardará pela eternidade com Ele. —JBS

Ser salvo aqui significa ser salvo no futuro.

13 de junho

Permaneça Conectado

Leitura:
Salmo 119:33-40

Lâmpada para os meus pés é a tua palavra e, luz para os meus caminhos. —Salmo 119:105

A Bíblia em um ano:
☐ Esdras 6–8
☐ João 21

Acordei certa manhã e descobri que minha conexão de internet não estava funcionando. Meu provedor fez alguns testes e concluiu que meu modem precisava ser substituído, mas o mais cedo que conseguiriam fazê-lo seria no dia seguinte. Entrei em pânico quando pensei em ficar sem internet por 24 horas! Pensei: Como vou sobreviver?

E então me fiz a seguinte pergunta: Será que também entraria em pânico se minha conexão com Deus fosse interrompida por um dia? Nós mantemos nossa conexão com Deus viva ao investirmos tempo em Sua Palavra e em oração. E então seremos praticantes da Palavra (Tiago 1:22-24).

O escritor do Salmo 119 reconheceu a importância da conexão com Deus. Ele pediu que Deus lhe ensinasse Seus decretos e desse entendimento de Sua lei (vv.33-34). Orou então para que a cumprisse de todo coração (v.34), para que caminhasse pela vereda dos mandamentos de Deus (v.35) e para que desviasse de seus olhos da vaidade (v.37). Ao meditar na Palavra de Deus e depois colocá-la em prática, o salmista permaneceu conectado a Deus.

Deus nos deu Sua Palavra como lâmpada para nossos pés e luz para nossos caminhos para nos guiar até Ele. —CPH

Para recarregar sua bateria espiritual, conecte-se à Fonte.

14 de junho

AMIGO IMAGINÁRIO?

LEITURA:
Romanos 1:18-25

...Abraão creu em Deus, e [...] Foi chamado amigo de Deus.
—Tiago 2:23

A BÍBLIA EM UM ANO:
☐ Esdras 9–10
☐ Atos 1

Há pouco tempo, ouvi falar sobre certo *outdoor* na estrada que dizia: "Deus é um amigo imaginário — escolha a realidade. Será melhor para todos nós".

Obviamente, a ousada afirmação compara os cristãos a crianças cuja imaginação vívida inventa companheiros imaginários. Mas é isso que Deus é? Um amigo imaginário?

Na verdade, a evidência favorece a existência de Deus. Considere estas ideias: A criação do mundo mostra que há um designer por trás do universo (Romanos 1:18-20). A consciência indica que há um Legislador por trás do senso de certo e errado que cada ser humano tem (Romanos 2:14-15). A criatividade que expressamos na música e na arte reflete o mesmo atributo que o Criador tem (Êxodo 35:31-32). Cristo revela como Deus é em forma humana (Hebreus 1:1-4). E a comunhão do Espírito Santo no coração cristão manifesta a veracidade de Deus (Gálatas 5:22-23).

A Bíblia nos diz que haverá aqueles que negam a existência de Deus (2 Pedro 3:4-6). Mas Tiago nos lembra da Sua realidade e de como um cristão do antigo Testamento tornou-se amigo de Deus: "...Abraão creu em Deus, e isso lhe foi imputado para justiça; e: Foi chamado amigo de Deus" (Tiago 2:23). Você conhece o Deus redentor? Ele lhe deu Seu Filho para que se tornasse seu Amigo verdadeiro e eterno (João 15:15). —HDF

O amigo mais querido aqui na terra não passa de uma sombra quando comparado a Jesus. —Chambers

15 de junho

A Deus Demos Glória

Leitura:
1 Crônicas 25:1-8

Quenanias, chefe dos levitas músicos, tinha o encargo de dirigir o canto, porque era perito nisso. —1 Crônicas 15:22

A Bíblia em um ano:
☐ Neemias 1–3
☐ Atos 2:1-21

Jason ficou contente quando lhe pediram para cantar na igreja que estava visitando, mesmo que o convite tenha sido alguns minutos antes do culto começar. Ele escolheu um hino conhecido, *A Deus Demos Glória* (CC 15), pois era uma canção significativa para ele. Ele ensaiou algumas vezes no porão da igreja e cantou-a no culto sem acompanhamento.

Semanas depois, Jason soube que algumas pessoas da igreja não gostaram de sua apresentação, achando que ele estava se exibindo. Por não o conhecerem, presumiram erroneamente que ele estava cantando para impressioná-los e não para honrar o Senhor.

No Antigo Testamento aprendemos que Deus designou pessoas com habilidades para estarem envolvidas na adoração no templo. De trabalhadores para a construção a líderes para a adoração — as pessoas foram escolhidas com base em suas habilidades (1 Crônicas 15:22; 25:1,7).

O Senhor deu a cada um de nós talentos diferentes e dons espirituais para serem usados para Sua glória (Colossenses 3:23-24). Quando servimos com este propósito, e não para nos exaltar, não precisamos nos preocupar com o que os outros pensam. Deus nos deu Seu melhor — Seu Filho Jesus — e nós o honramos ao dar-lhe o nosso melhor. —JAL

Fazemos o nosso melhor quando servimos a Deus de coração.

16 de junho

"EU... HÃ... SINTO MUITO"

LEITURA:
Salmo 51:1-17

...apaga as minhas transgressões. Lava--me completamente da minha iniquidade e purifica-me do meu pecado. —Salmo 51:1-2

A BÍBLIA EM UM ANO:
- ☐ Neemias 4–6
- ☐ Atos 2:22-47

A mídia é rápida em descrever os detalhes dos erros das pessoas famosas e suas confissões subsequentes. Talvez seja um atleta preso por dirigir bêbado, ou um político pego numa indiscrição. Apenas Deus conhece o coração, mas quando nós ouvimos o gaguejar "Eu... hã... sinto muito", podemos questionar se eles estão verdadeiramente arrependidos ou apenas tristes por terem sido pegos.

Ao lermos as confissões do famoso rei Davi, percebemos como é a verdadeira contrição. Ao debater publicamente seus pecados, este monarca desonrado — que tinha uma lista constrangedora dos pecados incontestáveis que ele mantivera ocultos (2 Samuel 12:1-13; Salmo 32:3-5), clamou por misericórdia.

Ele reconheceu que o seu pecado era uma afronta a Deus — não apenas às pessoas, e que somente Deus poderia julgá-lo (Salmo 51:1-6). Ele percebeu que deveria ser purificado pelo Senhor (vv.7-10), e celebrou sua restauração por meio da adoração e louvor (vv.11-17).

Todos nós pecamos e precisamos da glória de Deus. Quando sentimos o pesado fardo do pecado nos derrubar, temos a bênção da confissão e perdão para nos reerguer (1 João 1:9). Da mesma maneira, o nosso grande Deus torna até mesmo os nossos pecados em oportunidades para crescermos em Sua graça, poder e amor! –JDB

Pela confissão, concordamos com Deus a respeito do nosso pecado.

17 de junho

SEM RISCOS

LEITURA:
Efésios 2:1-10

Porque pela graça sois salvos, mediante a fé; e isto não vem de vós; é dom de Deus.
—Efésios 2:8

A BÍBLIA EM UM ANO:
☐ Neemias 7–9
☐ Atos 3

Recentemente, um colega compartilhou uma experiência pela qual eu pessoalmente não pretendo passar: o *bungee-jump* (salto com corda elástica). Achei que sua descrição foi fascinante e aterrorizante. Pensar em pular de cabeça de uma ponte a dezenas de metros do chão preso apenas por uma tira de borracha gigante não é minha concepção de divertimento. Mas o seu salto não foi desassistido. Ele descreveu não um, mas dois equipamentos muito resistentes que o garantiram a sua segurança. O cuidadoso projeto e os testes feitos nesses equipamentos deram-lhe enorme confiança para que pulasse no vazio.

Enquanto ouvia, ocorreu-me que para o cristão, viver em um mundo pecaminoso não é um "salto de fé" às escuras. Nós também temos um par de proteções que podem nos guardar mesmo nos momentos mais obscuros da vida. Em Efésios 2:8-9, Paulo escreveu estas palavras: "Porque pela graça sois salvos, mediante a fé; e isto não vem de vós; é dom de Deus; não de obras, para que ninguém se glorie."

É nesta dupla de equipamentos — a graça de Deus e a fé na obra consumada de Jesus — que nosso relacionamento com Deus repousa seguro. Na força destas provisões, a salvação não é um salto arriscado no vazio. É um exercício de confiança na palavra de Deus e em Seu amor e proteção infalível.
—WEC

Podemos esperar pela paz de Deus quando aceitamos a Sua graça.

18 de junho

AS PALAVRAS IMPORTAM

LEITURA:
Deuteronômio 4:1-10

Nada acrescentareis à palavra que vos mando, nem diminuireis dela, para que guardeis os mandamentos do SENHOR...
—Deuteronômio 4:2

A BÍBLIA EM UM ANO:
- ☐ Neemias 10–11
- ☐ Atos 4:1-22

Kim Peek era um erudito (alguém com memória extraordinária) que memorizou todas as peças de Shakespeare. Durante uma execução de *Noite de Reis*, Peek percebeu que o ator havia pulado uma palavra de uma das falas. Peek levantou-se repentinamente e gritou: "Pare!". O ator pediu desculpas e disse que não achou que alguém fosse se importar. Peek respondeu: "Shakespeare se importaria."

Palavras importam. Mas, principalmente quando são as palavras do próprio Deus. Moisés alertou Israel: "Nada acrescentareis à palavra que vos mando, nem diminuireis dela, para que guardeis os mandamentos do SENHOR..." (Deuteronômio 4:2). Moisés frequentemente lembrava Israel da misericórdia e da fidelidade de Deus a eles no passado. Mas ele também enfatizava a importância da obediência aos mandamentos de Deus conforme o povo se preparava para entrar na Terra Prometida. Ele lhes disse que a obediência resultaria em bênçãos de vida e uma rica herança (vv.39-40). Cada mandamento e regra tinham importância para Deus. O valor que Seu povo colocava na Palavra de Deus demonstrava o modo como o viam.

Hoje, valorizando a Palavra de Deus, manejando-a com cuidado e obedecendo aquilo que ali está dito, reverenciamos a Deus como Ele realmente merece. —MLW

A Palavra de Deus não precisa de acréscimos ou subtrações.

19 de junho

JOGAR COM DOR

LEITURA:
Lamentações 3:1-3; 25-33

...pois, ainda que entristeça a alguém, usará de compaixão... —Lamentações 3:32

A BÍBLIA EM UM ANO:
☐ Neemias 12–13
☐ Atos 4:23-37

O jogador do *Hall* da Fama de beisebol Gary Carter era cristão. Durante sua carreira de 19 anos, teve força e perseverança para competir dia após dia graças à sua fé em Deus. O escritor Andrew Klavan contou num artigo de um famoso jornal, logo após a morte do jogador aos 57 anos, por um câncer no cérebro, como Carter havia influenciado sua vida.

No fim da década de 1980, Klavan havia chegado ao fundo do poço. Pensava constantemente em suicídio. Foi quando ouviu uma entrevista que Carter concedeu após um jogo. Seu time tinha vencido e Carter colaborou, correndo o máximo que pôde num momento crítico do jogo. Perguntaram-lhe como conseguiu correr daquela maneira com os joelhos doloridos, e Klavan o ouviu dizer algo do tipo: "Às vezes você precisa jogar com dor." Essa afirmação simples retirou Klavan de sua depressão. "Eu consigo fazer isso!", ele declarou. Encorajado, encontrou esperança — e mais tarde passou a crer em Cristo.

A verdade consoladora por trás da afirmação de Carter vem do livro de Lamentações. Podemos enfrentar tristeza, dor e dificuldade, mas não temos que afundar em autopiedade. O mesmo Deus que permite nosso sofrimento também nos rega com Sua compaixão (Lamentações 3:32). Com o amor de Deus nos erguendo, podemos — se for necessário — "jogar com dor".

—DCE

Ou Deus lhe privará do sofrimento ou lhe dará graça para suportá-lo.

20 de junho

ROCHEDO QUE ABRIGA

LEITURA:
Salmo 94:3-23

Mas o SENHOR é o meu baluarte e o meu Deus, o rochedo em que me abrigo.
—Salmo 94:22

A BÍBLIA EM UM ANO:
☐ Ester 1–2
☐ Atos 5:1-21

Certa vez, durante minhas férias, andei por todo o contorno da margem de um grande lago. Conforme me aproximava de uma pilha de cascalhos, percebi um pequeno refúgio entre as rochas e observei que uma pequena planta havia criado raízes ali. A planta parecia estar absorvendo a quantidade certa de luz solar e água e estava recebendo também algo mais: proteção. Nenhum aguaceiro ou tempestade de vento prejudicaria suas delicadas folhas.

O *habitat* seguro da planta me fez lembrar estes versos de um hino: “Rocha eterna, fendida por mim, quero me esconder em Ti.” Estas palavras expressam o que muitos de nós queremos quando nos deparamos com pessoas mal-intencionadas — pessoas definidas por orgulho, crueldade e uma falta de consideração com Deus (Salmo 94:4-7). Quando somos alvo do mau procedimento de alguém, podemos nos lembrar do testemunho do salmista: “Mas o SENHOR é o meu baluarte e o meu Deus, o rochedo em que me abrigo” (v.22).

Como nossa rocha, Deus é fidedigno e forte. Como nosso baluarte, Ele pode prover segurança até que os problemas passem. O salmista lembra que: “…sob suas asas, estarás seguro…” (91:4). Tendo Deus como nosso defensor, não precisamos temer o que os outros farão. Podemos confiar que Deus nos dará auxílio quando a provação surgir. —JBS

Podemos encontrar refúgio na Rocha Eterna.

21 de junho

PÁSSAROS GANANCIOSOS

LEITURA:
2 Coríntios 9:6-15

Deus pode fazer-vos abundar em toda graça, a fim de que [...] superabundeis em toda boa obra.
—2 Coríntios 9:8

A BÍBLIA EM UM ANO:
☐ Ester 3–5
☐ Atos 5:22-42

Todos os anos quando penduro o bebedor para os beija-flores, os passarinhos começam a disputar um lugar. Apesar de haver quatro espaços disponíveis "à mesa", os pássaros lutam por qualquer lugar que um de seus vizinhos esteja ocupando. A fonte de alimento em cada um dos lugares é a mesma — um reservatório de melado no fundo do bebedouro. Por saber que todos os bebedouros são iguais, balanço a cabeça ao ver a ganância dos passarinhos.

Mas então me pergunto, *por que é tão mais fácil ver a ganância dos passarinhos e não a minha?* Eu geralmente quero o lugar na "mesa de Deus" que pertence à outra pessoa, mesmo sabendo que todas as coisas boas vêm da mesma fonte — Deus — e que Seu estoque nunca se acabará. Já que Deus pode preparar uma mesa para nós na presença de nossos inimigos (Salmo 23:5), por que ficarmos preocupados com a ideia de que outra pessoa possa vivenciar aquilo que nós desejamos?

O Senhor é capaz de dar "...sempre, em tudo, ampla suficiência..." para que "...superabundeis em toda boa obra" (2 Coríntios 9:8). Quando reconhecermos a importância de nosso trabalho como ministros da graça de Deus (1 Pedro 4:10), deixaremos de lutar para tomar a posição de outra pessoa e seremos gratos pelo lugar que Ele nos deu para servir outros em Seu nome. —JAL

O ressentimento vem ao olharmos para outros; o contentamento vem ao olharmos para Deus.

22 de junho

PAIRANDO SOBRE O NADA

LEITURA:
Jó 26:5-14

Ele estende o norte sobre o vazio e faz pairar a terra sobre o nada.
—Jó 26:7

A BÍBLIA EM UM ANO:
☐ Ester 6–8
☐ Atos 6

Um mapa-múndi publicado pela sociedade *National Geographic* tem a seguinte notação: "A massa da terra é 6.6 sextilhões de toneladas." E o que sustenta todo esse peso? Nada. O planeta em que habitamos gira em torno de seu eixo a 1600 km por hora conforme se move rápida e violentamente em sua órbita ao redor do sol. Mas é fácil um dado como esse não ser notado em meio a nossas preocupações diárias como saúde, relacionamentos e contas a pagar.

Jó, uma personagem do Antigo Testamento, ponderou repetidamente a criação de Deus em sua luta para compreender a estarrecedora perda de sua saúde, sua riqueza e seus filhos. "[Deus] estende o norte sobre o vazio..." Jó disse. "...faz pairar a terra sobre o nada" (Jó 26:7). Jó se maravilhava com as nuvens que não se partiam com o peso da água que carregavam (v.8) e o horizonte "...até aos confins da luz e das trevas" (v.10), mas a tudo isso referiu-se como "...apenas as orlas dos seus caminhos..." (v.14).

A criação em si não respondeu às perguntas de Jó, mas os céus e a terra indicaram-lhe o Deus Criador, o único que poderia responder com ajuda e esperança.

O Senhor que sustenta o universo "...pela palavra do seu poder..." (Hebreus 1:3; Colossenses 1:17) está no controle do nosso dia a dia. Experiências que parecem ser "lugares vazios" são sustentadas e cingidas pelo amor e poder do nosso Pai celestial. —DCM

Quando refletimos sobre o poder da criação de Deus, vemos o poder do Seu cuidado por nós.

23 de junho

PROBLEMAS COM ÁGUA

LEITURA:
Romanos 13:1-7

...não há autoridade que não proceda de Deus; e as autoridades que existem foram por ele instituídas. —Romanos 13:1

A BÍBLIA EM UM ANO:
- ☐ Ester 9–10
- ☐ Atos 7:1-21

A nossa família da igreja estava empolgada para ver o trabalho em nosso novo santuário começar. A cada domingo olhávamos ansiosos para o grande buraco no chão. Mas o progresso parecia lento.

Tudo se resumiu à água: excesso em um lugar e menos do que o necessário em outro. O problema era uma fonte subterrânea. A construção não podia continuar até que os inspetores estivessem satisfeitos com a água sendo direcionada para longe do terreno. Ao mesmo tempo, oficiais municipais disseram que não tínhamos água suficiente chegando até o edifício para abastecer um sistema de irrigação — então novos cursos de água precisaram ser acrescentados. Nenhum de nós queria que o projeto fosse atrasado por estas decisões judiciais, mas percebemos que se as normas não fossem seguidas, enfrentaríamos sérios problemas no futuro.

Algumas vezes, reclamamos do governo e outros oficiais. Mas o devido respeito às autoridades honra a Deus. Paulo, que tinha seus problemas com aqueles que estavam no comando, escreveu: "Todo homem esteja sujeito às autoridades superiores..." (Romanos 13:1). E mais adiante: "...Faze o bem e terás louvor dela [autoridade]" (v.3).

Conforme permitimos que o Espírito de Deus nos ensine, podemos ter uma atitude saudável em relação ao governo. É para o nosso bem, para o testemunho de nossa fé e, mais do que qualquer outra coisa, para a honra de Deus. —JDB

O respeito por autoridade traz glória a Deus.

24 de junho

SIMULADOR DE VOO

LEITURA:
João 16:25-33

Estas coisas vos tenho dito para que tenhais paz em mim...
—João 16:33

A BÍBLIA EM UM ANO:
☐ Jó 1–2
☐ Atos 7:22-43

Quando pilotos de avião estão em treinamento, gastam muitas horas em simuladores de voo. Estes simuladores dão aos estudantes a chance de experienciar os desafios e perigos do voo em uma aeronave — mas sem o risco. Os pilotos não precisam sair do chão e caso colidam durante a simulação, podem calmamente sair andando.

Simuladores são ferramentas de ensino fantásticas — úteis no preparo de um piloto aspirante para assumir o comando de uma aeronave verdadeira. Os dispositivos, no entanto, têm uma deficiência: criam uma experiência artificial em que a pressão de controlar uma cabine verdadeira não pode ser totalmente reproduzida.

A vida real é assim, não é? Não pode ser simulada. Não há um ambiente seguro, livre de risco em que possamos experimentar os altos e baixos da vida e sairmos ilesos. Não se pode escapar dos riscos e perigos de se viver num mundo conturbado. É por isso que as palavras de Jesus são tão tranquilizantes. Ele disse: "Estas coisas vos tenho dito para que tenhais paz em mim. No mundo, passais por aflições; mas tende bom ânimo; eu venci o mundo" (João 16:33).

Embora não possamos evitar os perigos da vida em um mundo decaído, podemos ter paz por meio de um relacionamento com Jesus. Ele garantiu a nossa vitória final. —WEC

Não há vida mais segura do que uma vida entregue a Deus.

25 de junho

MÉDICO DE ZONA RURAL

LEITURA:
Filipenses 2:1-11

Nada façais por [...] vanglória, mas por humildade, considerando [...] os outros superiores a si mesmo.
—Filipenses 2:3

A BÍBLIA EM UM ANO:
☐ **Jó 3–4**
☐ **Atos 7:44-60**

O romance *Rua Principal* de Sinclair Lewis conta a história de Carol, uma mulher urbana sofisticada que se casa com médico da zona rural. Ela se sente superior aos outros em seu novo ambiente da cidade pequena. Mas a reação de seu marido a uma crise médica desafia o seu esnobismo. Um fazendeiro imigrante feriu terrivelmente o seu braço, que precisou ser amputado. Carol assiste com admiração conforme seu marido declara palavras consoladoras ao homem ferido e sua esposa desolada. A atitude de servo e carinho do médico desafiam a mentalidade arrogante de Carol.

Em todos os nossos relacionamentos como seguidores de Jesus, podemos escolher pensar que somos superiores ou podemos servir humildemente aos interesses de outros. Paulo, o apóstolo, nos diz: "Nada façais por partidarismo ou vanglória, mas por humildade, considerando cada um os outros superiores a si mesmo. Não tenha cada um em vista o que é propriamente seu, senão também cada qual o que é dos outros" (Filipenses 2:3-4).

Podemos aprender a considerar as necessidades dos outros como mais importantes do que as nossas conforme nos focamos no exemplo de Jesus. Ele assumiu "...a forma de servo..." e abriu mão de si mesmo por nós (vv.5-8). Quando falhamos em valorizar outras pessoas, o Seu sacrifício por nós nos demonstra o caminho melhor e mais humilde. —HDF

A alegria vem ao colocarmos o bem-estar dos outros à frente do nosso.

26 de junho

O PIOR DIA DE SUA VIDA

LEITURA:
Jó 7:11-21

...falarei na angústia do meu espírito, queixar-me-ei na amargura da minha alma. —Jó 7:11

A BÍBLIA EM UM ANO:
- ☐ Jó 5–7
- ☐ Atos 8:1-25

Em maio de 2011, uma jovem americana abrigou-se numa banheira durante um furacão que devastou sua cidade. Seu marido cobriu o corpo da moça com o dele e recebeu as pancadas dos escombros atirados pelo vento. Ele morreu e ela sobreviveu graças ao seu heroísmo. Ela, naturalmente, luta com a pergunta "Por quê?" Mas um ano após o tornado, ela diz que encontra consolo porque mesmo no pior dia de sua vida, foi amada.

Quando penso em "piores dias", imediatamente penso em Jó. Um homem que amava Deus, perdeu seus animais, seus servos e dez filhos num único dia! (Jó 1:13-19). Jó lamentou profundamente e também perguntou "por quê?". Ele clamou: "Se pequei, que mal te fiz a ti [...]? Por que fizeste de mim um alvo para ti...?" (7:20). Os amigos de Jó o acusaram de ter pecado e acharam que ele merecia suas dificuldades, mas Deus disse sobre esses amigos: "...não dissestes de mim o que era reto, como o meu servo Jó" (42:7). Deus não lhe disse quais eram as razões para o sofrimento por qual passara, mas ouviu Jó e não o culpou pelas perguntas que fez. Deus garantiu-lhe que tinha controle sobre tudo e Jó confiou nele (42:1-6).

O Senhor pode não nos dar razões para as nossas provações. Mas, felizmente, mesmo nos piores dias de nossas vidas, temos a certeza de que somos amados por Ele (Romanos 8:35-39). —AMC

O amor de Deus não impede as nossas provações, mas nos ampara em meio a elas.

27 de junho

PERMANEÇAMOS JUNTOS

LEITURA:
1 Coríntios 12:12-27

Porque também o corpo não é um só membro, mas muitos.
—1 Coríntios 12:14

A BÍBLIA EM UM ANO:
☐ Jó 8–10
☐ Atos 8:26-40

Para a maioria das regiões do mundo o incrível fenômeno da neve é algo familiar. Flocos de neve são lindos cristais de gelo trabalhados. Cada floco é frágil e derrete rapidamente se cair em sua mão. No entanto, em grande quantidade criam uma força considerável. Podem bloquear grandes cidades e ao mesmo tempo criam belas paisagens de árvores carregadas de neve, cujas imagens decoram calendários e tornam-se tema de ilustrações. Proporcionam divertimento nas rampas de esqui e alegria para crianças que fazem bonecos de neve e têm munição para guerras de bola de neve. Tudo isso porque os flocos permanecem juntos, grudados.

O mesmo é verdade para aqueles que seguem a Cristo. Cada um de nós foi exclusivamente dotado de capacidade para contribuir com a obra de Cristo. O plano para nós nunca foi de uma vida em isolamento, mas de trabalho em união para nos tornarmos uma grande força para Deus e para o avanço de Sua causa. Como Paulo nos lembra, o corpo de Cristo "...não é um só membro, mas muitos" (1 Coríntios 12:14). Todos nós devemos usar os nossos dons para servir uns aos outros de modo que juntos façamos grande diferença em nosso mundo.

Coloque seu talento para funcionar, coopere alegremente com o talento daqueles ao seu redor e permita ao vento do Espírito usar você para a Sua glória! –JMS

Conquistamos mais juntos do que sozinhos.

28 de junho

SUCESSO MISERÁVEL

LEITURA:
Lucas 9:18-27

...Se alguém quer vir após mim, a si mesmo se negue, dia a dia tome a sua cruz e siga-me. —Lucas 9:23

A BÍBLIA EM UM ANO:
- ☐ Jó 11–13
- ☐ Atos 9:1-21

"Em qualquer coisa que um homem faça sem Deus, ele deverá falhar miseravelmente — ou ser miseravelmente bem-sucedido", escreveu George MacDonald (1824–1905), um romancista escocês, poeta e ministro cristão. Essa afirmação intrigante é frequentemente citada por palestrantes e escritores modernos e aparece no livro de MacDonald chamado *Sermões Não Pronunciados*.

Ele estava lidando com o difícil assunto da autonegação de um cristão e com a ideia de como devemos aplicar o seguinte ensinamento de Jesus: "...Se alguém quer vir após mim, a si mesmo se negue, dia a dia tome a sua cruz e siga-me. Pois quem quiser salvar a sua vida perdê-la-á; quem perder a vida por minha causa, esse a salvará" (Lucas 9:23-24).

Ao invés de simplesmente tentar suprimir os nossos desejos naturais, MacDonald disse que a verdadeira autonegação significa que "devemos ver as coisas como [Cristo] as viu, considerá-las como Ele as considerou; precisamos tomar a vontade de Deus como a própria vida de nosso ser... não devemos mais pensar 'O que eu gostaria de fazer?', mas sim 'O que o Deus vivo tem para eu fazer?'"

Ter apenas o que *nós* queremos é ser miseravelmente bem-sucedidos. O verdadeiro sucesso está em perder nossas vidas por amor a Jesus e reencontrá-las plenas e livres em Sua vontade. —DCM

O espírito de humildade e autonegação precede uma caminhada profunda e próxima de Deus.

29 de junho

AMOR E ORAÇÃO

LEITURA:
Salmo 92

Na velhice darão ainda frutos, serão cheios de seiva e de verdor.
—Salmo 92:14

A BÍBLIA EM UM ANO:
- ☐ Jó 14–16
- ☐ Atos 9:22-43

Em um livro infantil popular, o ursinho Pooh assiste Kanga ir embora saltando. *Eu gostaria de poder pular da mesma forma,* ele pensa. *Alguns conseguem, outros não. É assim que as coisas são.*

Vemos homens e mulheres mais jovens ou mais capazes fazendo coisas extraordinárias que não podemos fazer. Eles podem, nós não. É assim que as coisas são. É fácil nos sentirmos inúteis quando não conseguimos fazer coisas que um dia fomos capazes de fazer.

É verdade que talvez não sejamos capazes de "saltar" como no passado, mas podemos amar e orar. Estas são as obras que o tempo e a experiência nos prepararam para executar bem.

O amor é o melhor presente que temos para dar a Deus e aos outros. Não é algo pequeno, pois o amor é o meio pelo qual cumprimos todo o nosso dever com Deus e com o nosso próximo. Nosso amor por uma pessoa pode parecer ser uma pequena ação, mas é o maior dom de todos (1 Coríntios 13:13).

E nós podemos orar. Paulo encorajou os colossenses: "Perseverai na oração, vigiando com ações de graças" (Colossenses 4:2). As nossas orações são uma força poderosa no universo!

Amor e oração são de fato obras poderosas, as obras mais poderosas para qualquer um de nós. Por quê? Porque nosso Deus, que quer nos usar, é um Deus completamente amoroso e poderoso. —DHR

Deus derrama o Seu amor em nossos corações para que flua de nós para os outros.

30 de junho

Boas-vindas tardias

LEITURA:
Mateus 20:1-16

**...quero dar a este último tanto quanto a ti.
—Mateus 20:14**

A BÍBLIA EM UM ANO:
☐ Jó 17–19
☐ Atos 10:1-23

Certa noite quando visitei um asilo, um residente chamado Tomé saiu em silêncio de seu quarto, esperando me alcançar para conversarmos. Após conversarmos um pouco, ele perguntou: "Deus não se ofenderá se eu me tornar cristão em idade tão avançada?" A pergunta de Tomé não foi uma surpresa. Como capelão, eu geralmente ouço a mesma coisa de anciãos, daqueles que lutam com vícios, de ex-detentos; mas em formas variadas. Eles pensam ter uma razão legítima para acreditar que é tarde demais para conhecerem a Deus ou para serem usados por Ele.

Tomé e eu investimos tempo estudando pessoas nas Escrituras que, por seu passado, poderiam ter pensado que era tarde demais para conhecerem a Deus. Mas Raabe, uma prostituta (Josué 2:12-14; Hebreus 11:31), e Zaqueu, um coletor de impostor (Lucas 19:1-8), escolheram a fé em Deus apesar de seus passados.

Nós também olhamos a parábola de Jesus sobre os trabalhadores na vinha (Mateus 20:1-16). Quanto antes fossem contratados, mais trabalho poderiam fornecer ao dono da vinha (vv.2-7), mas aqueles que foram contratados mais tarde descobriram que tinham o mesmo valor aos olhos do dono e seriam recompensados igualmente (vv.8-16). O dono da vinha escolheu ser gracioso com todos.

Não importa o nosso passado ou presente, Deus anseia por nos demonstrar Sua graça e nos levar a um relacionamento com Ele. —RKK

Entregar sua vida a Cristo agora significa tê-la para sempre.

1 de julho

RECUPERANDO-SE

LEITURA:
1 João 1:5–2:2

Se confessarmos os nossos pecados, ele é fiel e justo para nos perdoar os pecados e nos purificar de toda injustiça. —1 João 1:9

A BÍBLIA EM UM ANO:
☐ **Jó 20–21**
☐ **Atos 10:24-48**

Em 18 de janeiro de 2012, a mais longa série de vitórias da história do esporte universitário dos EUA — 252 vitórias consecutivas — terminou quando a equipe do *Trinity College* perdeu uma partida de *squash* para a Universidade de *Yale*. Na manhã seguinte à primeira derrota do time em 14 anos, Paul Assaiante, o técnico do *Trinity* recebeu um *e-mail* de um renomado técnico de futebol profissional: "Agora você precisa se recuperar." Dez dias depois, o time desse técnico de futebol perdeu num dos eventos esportivos mais assistidos — o *NFL Super Bowl*. Todos nós precisamos lidar com a derrota.

A sensação de fracasso após a derrota esportiva assemelha-se ao sentimento de autocondenação após uma queda espiritual. Como nos recuperar por ter magoado a Deus e aos outros, quando estamos tristes com nós mesmos? O apóstolo João escreveu: "Se dissermos que não temos pecado nenhum, a nós mesmos nos enganamos, e a verdade não está em nós. Se confessarmos os nossos pecados, ele é fiel e justo para nos perdoar os pecados e nos purificar de toda injustiça" (1 João 1:8-9). Deus nos perdoa porque Jesus pagou o preço por nossos pecados (2:2).

O perdão de Deus nos liberta para recomeçar e para nos concentrarmos na oportunidade de hoje, ao invés de na derrota de ontem. Sua purificação fiel nos permite recomeçar com um coração puro. Hoje, Deus nos convida e capacita para voltarmos ao jogo. —DCM

**Em vez de viver nas sombras de ontem,
caminhe na luz de hoje e na esperança do amanhã.**

2 de julho

UM MILAGRE VOADOR

LEITURA:
Salmo 104:10-24

Que variedade, SENHOR, nas tuas obras! Todas com sabedoria as fizeste; cheia está a terra das tuas riquezas. —Salmo 104:24

A BÍBLIA EM UM ANO:
☐ Jó 22–24
☐ Atos 11

Dentre as criaturas de Deus, a borboleta é uma das mais incrivelmente lindas! Seu voo suave, asas coloridas e seus surpreendentes padrões migratórios são características que as tornam uma obra-prima do mundo natural.

Esse inseto voador, ao mesmo tempo em que nos surpreende com prazer visual, também nos fornece exemplos surpreendentes das maravilhas da criação de Deus.

Por exemplo, a majestosa borboleta-monarca pode viajar 4.800 quilômetros em sua migração para a América Central, apenas para acabar na mesma árvore em que seus pais ou até seus avós pousaram uma ou duas gerações antes. Ela faz isso guiada por um cérebro do tamanho de uma cabeça de alfinete.

Ou considere a metamorfose da monarca. Após a lagarta construir um casulo em torno de si mesma, libera uma substância química que transforma o seu interior em um massa pastosa, sem partes perceptíveis. De alguma forma, a partir disto emergem o cérebro, as partes internas, cabeça, patas e asas de uma borboleta.

Um especialista em borboletas disse: "A transformação do corpo de uma lagarta no corpo e nas asas de uma borboleta é, sem dúvida, uma das maravilhas da vida na terra." Outro especialista acredita que esta metamorfose é "vista como um milagre."

"Que variedade, SENHOR, nas tuas obras!..." (Salmo 104:24) — e a borboleta é apenas uma delas. –JDB

O projeto da criação revela o Artífice-mestre.

3 de julho

Serviço e Testemunho

Leitura:
2 Coríntios 4:1-12

...não nos pregamos a nós mesmos, mas [...]a nós mesmos como vossos servos, por amor de Jesus. —2 Coríntios 4:5

A Bíblia em um ano:
☐ Jó 25–27
☐ Atos 12

Gladys Aylward tinha outros sonhos enquanto servia como empregada doméstica em Londres, Inglaterra, no início do século 20. Seu objetivo era ser uma missionária na China. Por ter sido rejeitada como "não qualificada" por uma organização missionária cristã, Gladys decidiu ir por conta própria. Com 28 anos, ela usou suas economias para comprar um bilhete só de ida para Yangcheng, uma remota aldeia na China. Naquele lugar, ela montou uma pousada para caravanas de comércio onde ela compartilhava histórias da Bíblia. Gladys também serviu em outras aldeias e ficou conhecida como *Ai-weh-deh*, em chinês "a virtuosa".

O apóstolo Paulo também levou o evangelho às distantes regiões do mundo. Ele se colocou como servo para atender às necessidades de outros (2 Coríntios 11:16-29). Sobre servir, ele escreveu o seguinte: "Porque não nos pregamos a nós mesmos, mas a Cristo Jesus como Senhor e a nós mesmos como vossos servos, por amor de Jesus" (4:5).

Nem todos nós somos chamados para enfrentar dificuldades e levar o evangelho em terras distantes. Mas cada um de nós é responsável, como servo de Deus, por compartilhar Cristo com as pessoas de nosso convívio. É nosso o privilégio de ajudar os nossos vizinhos, amigos e parentes. Peça a Deus por oportunidades para servir e falar sobre Jesus, que se entregou por nós. – HDF

Servimos a Deus ao compartilharmos a Sua Palavra.

4 de julho

VISÃO ETERNA

LEITURA:
2 Coríntios 4:16–5:8

...não atentando nós nas coisas que se veem, mas nas que se não veem...
—2 Coríntios 4:18

A BÍBLIA EM UM ANO:
☐ Jó 28–29
☐ Atos 13:1-25

No mês passado, recebi uma boa notícia no meu exame de vista — a minha visão à distância melhorou. Bem, pensei que era uma boa notícia até que um amigo me informou: "A visão à distância pode melhorar à medida que envelhecemos, a visão de perto pode diminuir."

O relatório me fez pensar em outro tipo de melhor visão à distância, a qual observo em alguns cristãos. Aqueles que conhecem ao Senhor por um longo tempo ou que já passaram por grandes provações parecem ter uma melhor visão celestial do que o restante de nós. A visão à distância "eterna" deles ficou melhor e a visão de perto "terrena" está diminuindo.

Como o apóstolo Paulo teve esse tipo de visão eterna, ele encorajou a igreja em Corinto: "Porque a nossa leve e momentânea tribulação produz para nós eterno peso de glória, acima de toda comparação [...] porque as que se veem são temporais, e as que se não veem são eternas" (2 Coríntios 4:17-18).

Por enquanto, nós lutamos com a nossa "visão". Há uma tensão entre desfrutar tudo o que Deus nos tem dado nesta vida, mas ainda acreditar no que o teólogo Jonathan Edwards disse sobre o nosso futuro: "Ir para o céu, para apreciar a Deus totalmente, é infinitamente melhor do que as acomodações mais agradáveis aqui." Vê-lo trará a visão perfeita. – AMC

Mantenha os seus olhos fixos no prêmio.

5 de julho

LUTANDO CONTRA O EGO

LEITURA:
Tiago 4:6-17

...Deus resiste aos soberbos, mas dá graça aos humildes.
—Tiago 4:6

A BÍBLIA EM UM ANO:
☐ Jó 30–31
☐ Atos 13:26-52

Quando um general retornava de uma batalha vitoriosa, a Roma antiga fazia um desfile de boas-vindas ao conquistador. O desfile incluiria as tropas do general e os prisioneiros; considerados troféus que eram trazidos como prova da vitória. Enquanto o desfile percorria a cidade, as multidões aplaudiam o sucesso do seu herói.

Para evitar que o ego do general se tornasse excessivamente inchado, um escravo andava com ele em seu carro. Por quê? Para que, enquanto as multidões romanas estivessem louvando o general, o escravo poderia continuamente sussurrar em seu ouvido: "Você também é mortal."

Quando somos bem-sucedidos, também podemos perder de vista a nossa própria fragilidade e permitir que os nossos corações se encham de orgulho destrutivo. Tiago nos afastou do perigo do orgulho, direcionando-nos para a humildade e para Deus. Ele escreveu: "...Deus resiste aos soberbos, mas dá graça aos humildes" (Tiago 4:6). A chave para essa afirmação é a graça. Nada é mais maravilhoso! Só o Senhor merece agradecimentos e louvor, especialmente pela graça que Ele derramou sobre nós.

Nossas conquistas, sucessos ou grandeza não estão enraizados em nós mesmos. São o produto da incomparável graça de Deus, da qual somos eternamente dependentes. —WEC

A graça de Deus é o amor infinito expressando-se por meio de infinita bondade.

6 de julho

EVITE A DESIDRATAÇÃO

LEITURA:
João 7:37-39

...Se alguém tem sede, venha a mim e beba. —João 7:37

A BÍBLIA EM UM ANO:
☐ Jó 32–33
☐ Atos 14

Nos últimos anos, tive desidratação algumas vezes e, acredite em mim, não é algo que eu queira repetir. Ela aconteceu uma vez após sofrer uma distensão na coxa enquanto esquiava e outra vez sob o calor de 45 graus de um deserto israelense. As duas vezes eu senti tontura, desorientação, visão embaçada e uma série de outros sintomas. Aprendi da maneira mais difícil que a água é vital para manter o meu bem-estar.

Minha experiência com a desidratação me faz apreciar melhor o convite de Jesus: "...Se alguém tem sede, venha a mim e beba" (João 7:37). Seu aviso foi dramático, particularmente em termos de tempo. João observa que este foi o último dia da "grande festa" — o festival anual que comemora a peregrinação dos judeus no deserto, e que culminou com um derramamento cerimonial de água descendo os degraus do templo para lembrar a provisão divina de água para os peregrinos sedentos. Naquele momento, Jesus levantou-se e proclamou que Ele é a água que todos nós desesperadamente precisamos.

Viver com a convicção de que precisamos de Jesus — falando com Ele e dependendo da Sua sabedoria — é vital para o nosso bem-estar espiritual. Então, permaneça unido a Jesus, pois só Ele pode satisfazer a sua alma sedenta! –JMS

Aproxime-se de Jesus pelo poder refrescante de Sua água viva.

7 de julho

BOAS-VINDAS A TODOS!

LEITURA:
Isaías 55:1-9

...O homem vê o exterior, porém o SENHOR, o coração. —1 Samuel 16:7

A BÍBLIA EM UM ANO:
☐ Jó 34–35
☐ Atos 15:1-21

Um projeto de embelezamento na estrada principal da minha cidade levou à demolição de uma igreja construída em 1930. Embora as janelas da igreja vazia tivessem sido removidas, as portas permaneceram no local durante vários dias, mesmo quando as escavadeiras começaram a derrubar as paredes. Cada jogo de portas ao redor da igreja tinha uma mensagem escrita em letras de forma gigantes, laranja-fluorescente: AFASTE-SE!

Infelizmente, algumas igrejas cujas portas estão abertas transmitem a mesma mensagem aos visitantes, cuja aparência não corresponde aos seus padrões. Não são necessárias letras gigantes fluorescentes. Com um único olhar de desaprovação, algumas pessoas comunicam: "Você não é bem-vindo aqui!".

É óbvio que a aparência exterior das pessoas não é um indicador do que está em seus corações. A atenção de Deus direciona-se para a vida interior das pessoas. Ele olha o coração sob a aparência de alguém (1 Samuel 16:7) e é isso que Ele deseja que também façamos. Deus também conhece os corações daqueles que parecem ser "justos", mas são "cheios de hipocrisia" em seu interior (Mateus 23:28).

A mensagem de boas-vindas de Deus, que devemos mostrar aos outros, é clara. Ele diz a todos que o buscam: "...Todos vós, os que tendes sede, vinde às águas..." (Isaías 55:1). — CHK

Ninguém saberá o significado de "Deus é amor", a menos que você o demonstre.

8 de julho

JESUS ME AMA

LEITURA:
Romanos 8:31-39

...guardai-vos no amor de Deus... —Judas 1:21

A BÍBLIA EM UM ANO:
☐ Jó 36–37
☐ Atos 15:22-41

Em dias frios, nosso velho cão se movimenta ao redor do quintal, encontrando um local ensolarado para se esticar na grama e manter-se sob o calor do sol.

Isto me lembra de que precisamos nos "guardar" no amor de Deus (Judas 1:21). Não significa que devemos agir de alguma maneira especial para que Deus nos ame (embora nosso desejo seja agradá-lo). Por sermos Seus filhos, somos amados, não importa o que façamos ou falhemos em fazer. Isso significa que, em vez disso, devemos pensar em Seu amor e nos aquecermos em Seu brilho e calor o dia inteiro.

Nada, "...nem qualquer outra criatura poderá separar-nos do amor de Deus..." (Romanos 8:39). Ele nos amou antes de nascermos e nos ama agora. Esta é a nossa identidade em Cristo, é o que somos — filhos amados de Deus. Isso é algo para se pensar durante todo o dia.

No evangelho de João, o apóstolo se descreveu cinco vezes, como o discípulo que Jesus amava (13:23; 19:26; 20:2; 21:7,20). Jesus amou os Seus outros discípulos também, mas João se deleitou no fato de que Jesus o amava! Podemos adotar as palavras de João — "Eu sou o discípulo que Jesus ama!", e repeti-la a nós mesmos durante o dia todo. Ou podemos cantar aquela canção infantil e familiar aos nossos corações, "Jesus me ama [...] a Bíblia assim me diz." Ao levarmos essa verdade conosco durante o dia todo, aqueceremos sob o calor do Seu amor! —DHR

Deus nos ama não por causa de quem somos, mas por causa de quem Ele é.

9 de julho

MÚSICA ESPACIAL

LEITURA:
Jó 38:1-7

...quem lhe assentou a pedra angular, quando[...] cantavam, e rejubilavam todos os filhos de Deus?
—Jó 38:6-7

A BÍBLIA EM UM ANO:
☐ Jó 38–40
☐ Atos 16:1-21

Um dos observatórios da NASA descobriu um buraco negro gigante que cantarola. Localizado no aglomerado de galáxias *Perseus* cerca de 250 milhões de anos-luz da Terra, o buraco negro vibra na frequência de um **Si Bemol**. Mas é uma frequência baixa demais para ser captado pelo ouvido humano. Os instrumentos científicos situaram a nota 57 oitavas abaixo da nota **Dó** central de um piano.

A ideia da música e corpos celestes não é nova. Na verdade, quando Deus se revelou a Jó, Ele perguntou: "Onde estavas tu, quando eu lançava os fundamentos da terra? [...] quando as estrelas da alva, juntas, alegremente cantavam, e rejubilavam todos os filhos de Deus?" (Jó 38:4,7). Disseram-nos que na criação de nosso universo maravilhoso, os cânticos de louvor e gritos de alegria ecoaram para a glória de Deus.

Um hino maravilhoso de São Francisco de Assis capta a admiração e a adoração que sentimos ao contemplarmos o sol radiante de dia ou o céu cheio de estrelas à noite.

Todas as criaturas do nosso Deus e Rei,
Levantem sua voz e conosco cantem Aleluia, Aleluia!
Tu sol ardente com feixe de ouro,
Tu lua de prata com brilho suave:
Louvai-o, Louvai-o!
Aleluia! Aleluia! Aleluia! (tradução livre)

"Os céus proclamam a glória de Deus, e o firmamento anuncia as obras das suas mãos" (Salmo 19:1). Louvemos ao Único que fez tal beleza para apreciarmos! —HDF

A beleza da criação nos dá razões para cantar louvores a Deus.

10 de julho

SEDE FIRMES

LEITURA:
Colossenses 1:19-27

...sede firmes, inabaláveis e sempre abundantes na obra do Senhor, sabendo que, no Senhor, o vosso trabalho não é vão. —1 Coríntios 15:58

A BÍBLIA EM UM ANO:
☐ Jó 41–42
☐ Atos 16:22-40

Como nosso projeto final para aula de ciências naturais do Ensino Médio, eu e um amigo construímos uma mesa de fluxo. Com uma grande ajuda do meu pai, construímos uma caixa de madeira comprida com uma dobradiça no meio. Em seguida, nós a forramos com plástico e a enchemos com areia. Em uma extremidade, anexamos uma mangueira. Na outra extremidade tinha um buraco de drenagem. Depois de montar tudo isso, levantamos uma das extremidade da mesa de fluxo, ligamos a água e vimos como ela criou um caminho diretamente para o buraco na outra extremidade. A próxima parte do experimento foi colocar uma pedra para interromper o fluxo do líquido e observar a mudança no curso da água.

Este projeto me ensinou muito sobre a vida e a ciência. Aprendi que não posso mudar a direção das coisas se eu estiver à margem do rio. Tenho que entrar no fluxo da vida e permanecer lá para desviá-lo. Isso é o que Jesus fez. A Bíblia se refere à salvação como uma rocha (2 Samuel 22:47; Salmo 62:2,6-7) e o apóstolo Paulo esclarece que Cristo é essa Rocha (1 Coríntios 10:4). Deus colocou Jesus na corrente da história para mudar o curso desta.

Quando permanecemos firmes em Cristo, abundantes na obra do Senhor, Deus nos usa para mudar o curso da história por meio de atos de obediência que levam outros a Ele. —JAL

Certifique-se de colocar os seus pés no lugar certo, e firme-se. —Abraham Lincoln

11 de julho

A ESTRADA SINUOSA

LEITURA:
Salmo 121

Ele não permitirá que os teus pés vacilem; não dormitará aquele que te guarda.
—Salmo 121:3

A BÍBLIA EM UM ANO:
- ☐ Salmos 1–3
- ☐ Atos 17:1-15

Em seu livro *Uma Providência Doce e Amarga*, (Hagnos 2012) John Piper oferece estes pensamentos sobre providência e orientação de Deus: "A vida não é uma linha reta que leva de uma bênção à outra e finalmente para o céu. A vida é uma estrada sinuosa e conturbada [...]. Deus não aparece apenas após o problema e faz a limpeza. Ele está traçando o rumo e administrando os problemas com propósitos de grande alcance para o nosso bem e para a glória de Jesus Cristo."

Os judeus que viajavam até Jerusalém para as festas anuais (Deuteronômio 16:16) tinham a certeza de saber que o Senhor estava traçando o caminho deles e orientando-os pelas estradas sinuosas e conturbadas. Eles expressaram essa certeza no Salmo 121, uma canção de peregrino. A pergunta "...de onde me virá o socorro?" não expressou dúvida, mas a confirmação no Senhor de que governa supremo (vv.1-2). Ao contrário de um guarda que às vezes dormia ou do deus Baal que precisava ser despertado do seu estupor (1 Reis 18:27), o Senhor está totalmente alerta e protegeu a viagem de Seu povo com cuidado providencial (vv.3-4). O Senhor, que salvou Israel, continuaria a ajudar, preservar e caminhar com Seu povo.

A vida é uma estrada sinuosa com perigos e problemas desconhecidos, mas podemos ter a certeza da providência, segurança e cuidado de Deus. – MLW

Os problemas são desconhecidos;
a providência de Deus é garantida.

12 de julho

ESSE É JESUS!

LEITURA:
Isaías 53:4-12

...ele foi traspassado pelas nossas transgressões e moído pelas nossas iniquidades... —Isaías 53:5

A BÍBLIA EM UM ANO:
☐ Salmos 4–6
☐ Atos 17:16-34

Como um garoto judeu crescendo em Nova Iorque, Michael Brown não tinha interesse em coisas espirituais. Sua vida se resumia em ser o baterista de uma banda, e ele acabou envolvido com drogas. Mas então, alguns amigos o convidaram para ir à igreja, onde ele achou que o amor e as orações daquelas pessoas eram irresistíveis. Após breve luta espiritual, Michael confiou em Jesus como Salvador.

Para um adolescente judeu e rebelde esta mudança foi monumental. Certo dia, ele disse ao seu pai que tinha ouvido falar de textos do Antigo Testamento que descreviam Jesus. Seu pai, incrédulo, perguntou: "Onde?" Quando Michael abriu a Bíblia, caiu em Isaías 53. Eles leram e Michael exclamou: "É Ele! Esse é Jesus!"

Verdadeiramente, é Jesus. Com a ajuda dos cristãos e da orientação do Espírito Santo, Brown (hoje um estudioso da Bíblia e escritor) veio a reconhecer o Messias do livro de Isaías 53. Ele experimentou a salvação que transforma as vidas, perdoa os pecados e dá vida abundante a todos os que confiam no "...homem de dores..." (v.3). Jesus é aquele que foi "...traspassado pelas nossas transgressões..." e que morreu por nós na cruz (v.5).

A Bíblia revela Jesus, o único que tem o poder para transformar vidas. —JDB

O Espírito de Deus usa a Sua Palavra para transformar os corações.

13 de julho

A VIDA QUE GOSTARÍAMOS

LEITURA:
Lucas 6:27-36

Como quereis que os homens vos façam, assim fazei-o vós também a eles.
—Lucas 6:31

A BÍBLIA EM UM ANO:
☐ Salmos 7–9
☐ Atos 18

O Festival anual do Livro do Texas, nos EUA, atrai milhares de pessoas que gostam de folhear os livros, assistir oficinas lideradas por autores consagrados e captar conselhos de escritores profissionais. Em um desses festivais, um autor de ficção para jovens adultos disse aos escritores aspirantes: "Escreva o livro que você deseja encontrar na prateleira." Essa é uma recomendação poderosa para ser escrita e vivida. O que aconteceria se nós decidíssemos viver da maneira que queremos que todos vivam?

No livro de Lucas 6:27-36, Jesus exortou os Seus seguidores a buscarem um estilo de vida que demonstre a misericórdia de Deus a todos: "...amai os vossos inimigos, fazei o bem aos que vos odeiam; bendizei aos que vos maldizem, orai pelos que vos caluniam" (vv.27-28). Ele também disse que a generosidade e a falta de retaliação devem caracterizar a nossa reação ao tratamento irracional (vv.29-30). Jesus concluiu: "Como quereis que os homens vos façam, assim fazei-o vós também a eles" (v.31).

Impossível? Sim, se contamos apenas com a nossa própria força e determinação. A força vem do Espírito. E a determinação da nossa lembrança de como Deus nos tratou: "...Pois ele é benigno até para com os ingratos e maus. Sede misericordiosos, como também é misericordioso vosso Pai" (vv.35-36). Essa é a vida que todos nós queremos ver. – DCM

Cristianismo não significa apenas Cristo em seu interior, mas Ele vivendo a Sua vida em você.

14 de julho

Sinal de Alerta

Leitura:
Hebreus 3:1-13

**Tende cuidado, irmãos, jamais aconteça haver em qualquer de vós perverso coração de incredulidade que vos afaste do Deus vivo.
—Hebreus 3:12**

A Bíblia em um ano:
☐ Salmos 10–12
☐ Atos 19:1-20

Em uma praia no Uruguai, dedos gigantes de concreto submergiam parcialmente na areia e se projetavam em direção ao céu. Eles são chamados de *Monumento ao Afogado*. Os moradores o chamam de apenas *La Mano*, (A Mão). Foi criado pelo artista chileno Mario Irarrázabal como um aviso aos nadadores sobre o perigo de afogamento. "A Mão" tornou-se uma atração turística, mas seu verdadeiro propósito permanece para lembrar os nadadores sobre os perigos do mar.

A Palavra de Deus contém o seu próprio tipo de sinais de alerta. Especialmente o livro de Hebreus contém alertas sobre os perigos para a alma. "Tende cuidado, irmãos, jamais aconteça haver em qualquer de vós perverso coração de incredulidade que vos afaste do Deus vivo; pelo contrário, exortai-vos mutuamente cada dia, durante o tempo que se chama Hoje, a fim de que nenhum de vós seja endurecido pelo engano do pecado" (Hebreus 3:12-13).

O contexto do versículo é uma revisão da incredulidade e rebelião de Israel no deserto. Embora isto tenha acontecido séculos antes de o livro de Hebreus ser escrito, o princípio espiritual se aplica hoje. Devemos exortar uns aos outros para resistir ao endurecimento do coração que acompanha o pecado.

Os sinais de alerta nos são dados para a nossa segurança. Louve a Deus, pois Ele nos deu alertas de proteção em Sua Palavra por causa de Seu grande amor por nós. —HDF

Deus nos dá avisos amorosos em Sua Palavra para nos proteger e preservar.

15 de julho

LEITURA INVERTIDA

LEITURA:
Apocalipse 21:1-7

**O vencedor herdará estas coisas, e eu lhe serei Deus, e ele me será filho.
—Apocalipse 21:7**

A BÍBLIA EM UM ANO:
☐ Salmos 13–15
☐ Atos 19:21-41

Confesso que muitas vezes leio o final do livro antes de ler o início. Isso me permite saber quais os personagens que vivem e quais não. Quando sei como vai acabar, sou capaz de relaxar e apreciar e desfrutar totalmente a história e os personagens.

De maneira semelhante, lendo o livro final da Bíblia, o livro do Apocalipse pode ser um incentivo e conforto para os seguidores de Jesus. Vez e outra, os cristãos são convocados para serem vencedores (1 João 4:4; 5:4; Apocalipse 2:7,11,17,26; 3:5,12,21). Nós podemos ser vencedores agora e o seremos por toda a eternidade

Conforme o apóstolo João fala sobre a revelação do novo céu e da nova terra em Apocalipse (21:1), ele descreve como parecerá a vitória final àqueles que receberam Jesus como Salvador. Nessa ocasião, veremos o fim da morte, das lágrimas, da tristeza e dor (v. 4). O Senhor declara: "O vencedor herdará estas coisas, e eu lhe serei Deus, e ele me será filho" (v.7). Deus habitará conosco (v.3), e Ele fará "...novas todas as coisas..." (v.5).

Quando as provações de hoje parecem mais assustadoras do que a sua força, permita que o Senhor lhe mostre o fim da história, quando você estará em Sua presença para sempre!
—RKK

Para ter esperança hoje, lembre-se do final da história — eternidade com Deus.

16 de julho

CAMINHO DIFÍCIL

LEITURA:
2 Coríntios 12:1-10

...o poder se aperfeiçoa na fraqueza... —2 Coríntios 12:9

A BÍBLIA EM UM ANO:
☐ Salmos 16–17
☐ Atos 20:1-16

Os diamantes são pedras preciosas belas e valiosas, mas o seu início é carvão comum — preto, sujo e combustível. Através de anos de intenso calor e pressão alta, eles se tornam puros e fortes. Isto os torna uma boa metáfora para a força espiritual, Deus usa forças externas intensas para nos livrar das impurezas e para aperfeiçoar a Sua força em nós.

A força de Deus se aperfeiçoa em nossa fraqueza, diz o apóstolo Paulo (2 Coríntios 12:9). Gostaria que isto não fosse verdade, porque odeio ser fraca. Os tratamentos de quimioterapia e radiação me ensinaram mais do que eu sempre quis saber sobre a fraqueza física. Em seguida, um acontecimento menor me fez mergulhar num estado de fraqueza emocional que me pegou desprevenida. Depois de perder quase 90 cm de cabelo e ficar sem eles por quase um ano, um corte de cabelo malfeito não devia ter sido grande coisa. Mas foi, e eu me senti boba por ser tão fraca. Alguns de nós somos capazes de criar uma ilusão de força e autossuficiência. Mas a perda repentina de saúde, emprego ou um relacionamento valioso é um lembrete surpreendente de nossa total dependência de Deus.

Quando experimentamos a fornalha ardente do sofrimento, seja este físico ou emocional, perseguição externa ou humilhação interior — o propósito amoroso de Deus é nos tornar puros e fortes. —JAL

O sofrimento é o fogo que Deus usa para nos purificar e fortalecer.

17 de julho

SOBRE O QUE FALAMOS

LEITURA:
Salmo 19

As palavras dos meus lábios e o meditar do meu coração sejam agradáveis na tua presença, SENHOR... —Salmo 19:14

A BÍBLIA EM UM ANO:
- ☐ Salmos 18–19
- ☐ Atos 20:17-38

Talvez você esteja familiarizado com o ditado, "Grandes mentes discutem ideias; mentes medianas discutem acontecimentos; mentes pequenas discutem pessoas." Com certeza, há maneiras de falar das pessoas de maneiras honrosas. Mas este ditado destaca as nossas experiências mais sombrias. Em um mundo onde a presença da mídia é constante —, social e profissional, somos continuamente confrontados com a vida das pessoas num patamar de intimidade que pode ser inadequado.

Pior, esse maremoto de informações pessoais sobre os outros pode se tornar combustível para as nossas conversas ao ponto de o ato de fofocar se tornar a norma — e não apenas as fofocas sobre os ricos e famosos. As pessoas em nossos locais de trabalho, igrejas, bairros e famílias também podem ser alvos de línguas afiadas e sentir a dor das discussões que nunca deveriam ter ocorrido.

De que maneira podemos fugir da nossa propensão em usar palavras para ferir os outros? Pelo reconhecimento de que o Ouvinte final de nossas palavras é Deus, que deseja que sejamos melhores do que isso. Com o salmista, podemos orar: "As palavras dos meus lábios e o meditar do meu coração sejam agradáveis na tua presença, SENHOR" (Salmo 19:14). Quando procuramos agradar a Deus com as nossas conversas sobre os outros, nós o honramos. Com a Sua ajuda, podemos glorificá-lo por meio daquilo que falamos. —WEC

É melhor morder a língua do que fazer uma observação ferina.

18 de julho

CRIANDO SUA VIDA

LEITURA:
Marcos 10:35-45

...e quem quiser ser o primeiro entre vós será servo de todos. —Marcos 10:44

A BÍBLIA EM UM ANO:
- ☐ Salmos 20–22
- ☐ Atos 21:1-17

Parecia bom o conselho que li num livro de autoajuda: Faça somente aquilo em que você for bom, pois assim você se sentirá mais realizado. O autor estava tentando ajudar os leitores a criar o tipo de vida que eles queriam. Não sei sobre você, mas se eu fizesse somente aquilo em que eu fosse bom, não faria muito!

No livro de Marcos 10, lemos a respeito de dois discípulos, Tiago e João, que tinham alguns planos para o tipo de vida que desejavam para si um dia. Eles pediram para estar à direita e à esquerda de Jesus em Seu reino (v.37). Os outros 10 discípulos estavam "muito descontentes" com eles por tal pedido (v.41). (Possivelmente porque queriam essas posições para si mesmos!)

Mas Jesus aproveitou a oportunidade para ensinar aos Seus seguidores sobre outro tipo de vida; de serviço aos outros. Ele disse: "...quem quiser tornar-se grande entre vós, será esse o que vos sirva; e quem quiser ser o primeiro entre vós será servo de todos" (vv.43-44). Parece que o projeto de Deus para nós é que sirvamos aos outros.

Mesmo Jesus, o Filho de Deus, "...não veio para ser servido, mas para servir..." (v.45). Ao olharmos para o exemplo de Cristo e dependermos da ajuda do Espírito Santo, também podemos ser servos e viveremos uma vida plena. – AMC

As grandes ocasiões para servir a Deus são raras, mas as pequenas ocorrem diariamente.

19 de julho

Não se esqueça

LEITURA:
Deuteronômio 8:7-18

Guarda-te não te esqueças do SENHOR, teu Deus...
—Deuteronômio 8:11

A BÍBLIA EM UM ANO:
☐ Salmos 23–25
☐ Atos 21:18-40

Não concordo com aqueles que protestam contra os bens materiais e dizem que possuí-los é inerentemente mau. E preciso admitir que sou um consumidor, muitas vezes, tentado a preencher minha pilha de tesouros com itens que acho que preciso.

Mas reconheço que um dos perigos de possuir um monte de coisas é que isso pode levar à perda espiritual. Quanto mais temos e mais nos sentimos como se tivéssemos tudo o que precisamos, mais somos propensos a esquecer a nossa necessidade de Deus e até mesmo o nosso desejo por Ele. Mas, ironicamente, tudo o que temos vem essencialmente de Deus "...que tudo nos proporciona ricamente para nosso aprazimento" (1 Timóteo 6:17).

Infelizmente, nosso prazer pelas provisões de Deus pode apenas significar que acabamos amando os bens e nos esquecendo do Doador. Por esta razão, quando Deus estava pronto a dar ao Seu povo uma vida cheia de graça na Terra Prometida de bens e abundância, Ele alertou: "Guarda-te não te esqueças do SENHOR, teu Deus..." (Deuteronômio 8:11).

Se Deus lhe permitiu desfrutar de abundância material, lembre-se de onde veio tal fartura. Na verdade, todos nós, sejamos ricos em bens deste mundo ou não, temos muito a agradecer. Prestemos atenção à advertência de que não devemos esquecer do Senhor e louvemos ao Senhor por Sua rica bondade.

—JMS

Ame mais o Doador do que as Suas dádivas!

20 de julho

Efeito chiclete

Leitura:
Filipenses 4:4-9

...se alguma virtude há e se algum louvor existe, seja isso o que ocupe o vosso pensamento.
—Filipenses 4:8

A Bíblia em um ano:
☐ Salmos 26–28
☐ Atos 22

Elas se infiltram. Elas grudam dentro da sua cabeça. Canções como "Hoje à noite quem dorme é o leão", a canção do "Barney" ou o meu pesadelo pessoal: "Há um mundo bem melhor."

Dizem que a única maneira de se livrar dessas melodias que grudam na memória é substituí-las por outra música — uma canção mais "limpa". Novas palavras e uma melodia diferente podem expulsar a antiga.

Talvez pudéssemos ter mais limpeza também em nossos pensamentos. Quando os pensamentos lascivos ou vingativos fluem em nossas mentes, a leitura e a meditação na Palavra de Deus podem ajudar a limpar os nossos pensamentos.

As Escrituras nos dizem para amar o Senhor "...de todo o teu coração, de toda a tua alma e de todo o teu entendimento" (Mateus 22:37) e para não nos conformarmos "...com este século", mas transformar-nos pela renovação da nossa mente, para que possamos experimentar "...a boa, agradável e perfeita vontade de Deus" (Romanos 12:2). A Bíblia nos instrui a pensar sobre coisas que são verdadeiras, nobres, puras, amáveis, admiráveis, excelentes e dignas de louvor (Filipenses 4:8).

Quando nossas mentes devaneiam em direção ao mal, a melhor "limpeza" é permitir que a sabedoria da Bíblia permeie os nossos pensamentos e corações (2 Timóteo 3:16). –CHK

Caráter é a soma total de todos os nossos pensamentos, palavras e ações.

21 de julho

ARROGÂNCIA E SOBERBA

LEITURA:
Provérbios 8:12-21

...a soberba, a arrogância, o mau caminho e a boca perversa, eu os aborreço.
—Provérbios 8:13

A BÍBLIA EM UM ANO:
☐ Salmos 29–30
☐ Atos 23:1-15

Em *Cartas de um diabo ao seu aprendiz*, livro escrito por C. S. Lewis, um demônio veterano incita o seu jovem protegido a desviar os pensamentos de um cristão para longe de Deus e concentrar-se nas falhas das pessoas ao seu redor na igreja.

Durante um culto de domingo, me distraí e me irritei com uma pessoa perto de mim que cantava alto, desafinado e estava fora de sincronia durante as leituras em uníssono. Mas quando inclinamos a cabeça para um momento de oração silenciosa, veio-me à mente a ideia de que certamente o Senhor devia estar mais satisfeito com o coração da outra pessoa do que com os sentimentos de julgamento que Ele viu no meu.

Poucos dias depois, eu li o capítulo de Provérbios 8 e fui impactado pelo versículo 13: "...a soberba, a arrogância, o mau caminho e a boca perversa, eu os aborreço". Por todo este capítulo, a sabedoria nos convoca a termos um coração compreensivo (v.5) e a encontrar vida e obter o favor do Senhor (v.35). A alternativa é passar pela vida com uma atitude superior, morrendo por dentro durante o processo (v.36).

O orgulho é uma espada que fere a pessoa que o utiliza, e fere também aqueles contra os quais o orgulho é utilizado. A arrogância nos rouba tudo o que Deus deseja nos dar, mas a "...humildade e o temor do SENHOR são riquezas, e honra, e vida" (22:4) —DCM

O orgulho traz vergonha.
A humildade traz sabedoria.

22 de julho

MAIS, MAIS, MAIS

LEITURA:
Lucas 12:13-21

...guardai-vos de toda e qualquer avareza; porque a vida de um homem não consiste na abundância dos bens que ele possui. —Lucas 12:15

A BÍBLIA EM UM ANO:
☐ Salmos 31–32
☐ Atos 23:16-35

Algumas pessoas gostam de fazer compras. Elas têm um desejo eterno de comprar, comprar, comprar. A mania de encontrar a última oferta é mundial. Há enormes *shopping centers* ao redor do mundo. O aumento nas compras em lojas e *on-line* revelam que comprar é um fenômeno global.

Comprar pode ser divertido. Certamente, não há nada de errado em tentar encontrar um bom negócio e desfrutar das coisas que Deus nos deu. Mas quando ficamos preocupados em adquirir bens materiais, perdemos o foco.

Jesus desafiou Seus ouvintes com estas palavras: "...Tende cuidado e guardai-vos de toda e qualquer avareza; porque a vida de um homem não consiste na abundância dos bens que ele possui" (Lucas 12:15). Ele continuou contando uma parábola sobre um homem "Assim é o que entesoura para si mesmo...", mas não está preocupado com o seu relacionamento com Deus (v.21).

Como podemos aprender a nos contentar com o que temos e não sermos consumidos pela vontade de acumular mais? Aqui estão algumas maneiras: Considere os bens materiais como dádivas de Deus para serem utilizados sabiamente (Mateus 25:14-30). Trabalhe com afinco para ganhar e economizar dinheiro (Provérbios 6:6-11). Doe para a obra do Senhor e aos necessitados (2 Coríntios 9:7; Provérbios 19:17). E lembre-se sempre de ser agradecido e de apreciar o que Deus lhe dá (1 Timóteo 6:17). —HDF

Ser rico em Deus é muito melhor do que ser rico em bens materiais.

23 de julho

CONSTRUÇÃO DE ESTRADA

LEITURA:
Jeremias 31:31-34

...libertados da lei [...] de modo que servimos em novidade de espírito... —Romanos 7:6

A BÍBLIA EM UM ANO:
☐ Salmos 33–34
☐ Atos 24

Onde moramos, nós brincamos que temos duas estações: inverno e construção de estradas. Os invernos rigorosos danificam as superfícies das estradas, e as equipes de reparos começam o seu trabalho logo que o gelo derrete e o solo degela. Embora chamemos este trabalho de "construção", o que eles fazem parece "destruição". Às vezes, remendar os buracos não é opção. É preciso reconstruir a antiga estrada.

Sentimos isso quando Deus age em nossas vidas. Por todo o Antigo Testamento, Deus disse ao Seu povo para esperarem por uma grande renovação no caminho entre Ele e o povo (Isaías 62:10-11; Jeremias 31:31). Quando Deus enviou Jesus, para os judeus pareceu como se o caminho deles para chegar a Deus estivesse sendo destruído. Mas Jesus não estava destruindo nada. Ele estava completando (Mateus 5:17). O antigo caminho, pavimentado com leis tornou-se um caminho novo pavimentado com o amor sacrificial de Jesus.

Deus ainda está agindo, substituindo os antigos caminhos do pecado e legalismo pelo caminho de amor que Jesus completou. Quando Ele remove nossa antiga maneira de pensar e agir, pode nos parecer como se tudo o que nos fosse familiar estivesse sendo destruído. Mas Deus não está destruindo nada, Ele está construindo um caminho melhor. E podemos confiar que o resultado final será de relacionamentos mais tranquilos com os outros e um relacionamento mais íntimo com Ele. —JAL

Com frequência, a perturbação precede o progresso espiritual.

24 de julho

MUITO ABENÇOADO

LEITURA:
Salmo 107:1-8

Rendam graças ao SENHOR por sua bondade e por suas maravilhas para com os filhos dos homens!
—Salmo 107:8

A BÍBLIA EM UM ANO:
☐ Salmos 35–36
☐ Atos 25

No meu trajeto diário de ida e volta do escritório, tenho tempo de sobra para ler — isto é; adesivos em carros. Alguns são grosseiros, outros inteligentes e outros ainda absolutamente de mau gosto. Um adesivo que vi recentemente, no entanto, desafiou gentilmente o meu coração sobre a maneira que muitas vezes vejo a vida. O adesivo simplesmente dizia: "Abençoado demais para reclamar."

Preciso confessar que me senti culpado à medida que ponderava nessas palavras. Muitas vezes me pego lamentando os momentos na vida que não acontecem do meu jeito, ao invés de concentrar-me nos presentes maravilhosos que meu Pai celestial me deu. Ler essa simples mensagem naquele dia renovou o meu compromisso para ser mais ativo e intencionalmente agradecido, pois o meu Deus tem sido bom para mim em mais maneiras do que eu jamais poderia imaginar.

O Salmo 107 é uma canção que procura corrigir o pensamento ingrato. O salmista (que muitos pensam ser o rei Davi) faz um apelo aos corações que se esfriaram com ingratidão, repetindo quatro vezes: "Rendam graças ao SENHOR por sua bondade e por suas maravilhas para com os filhos dos homens!" (vv.8,15,21,31). Mesmo nos piores momentos, temos muito a agradecer. Que possamos aprender a agradecer a Deus por Sua bondade conosco! – WEC

Não precisamos de mais para ser gratos, precisamos apenas ser mais gratos.

25 de julho

ONDE ACHAR SABEDORIA?

LEITURA:
Tiago 3:13-17

Se, porém, algum de vós necessita de sabedoria, peça-a a Deus... —Tiago 1:5

A BÍBLIA EM UM ANO:
☐ Salmos 37–39
☐ Atos 26

Sabedoria é a beleza da santidade. Tiago diz que a sabedoria é razoável; flexível; misericordiosa; pacífica; tratável; dada a visitas amigáveis, pequenos atos de cortesia e palavras gentis. É totalmente humilde, transparente, simples, gentil e graciosa (Tiago 3:17).

Onde a sabedoria pode ser encontrada? Ela vem do céu (1:5). Charles Spurgeon escreveu, "Sabedoria é uma beleza de vida que só pode ser produzida pela obra de Deus em nós."

De vez em quando é bom perguntar: "Estou crescendo em sabedoria?" Afinal de contas, a vida é implacavelmente dinâmica. Estamos nos tornando mais doces e mais sábios à medida que os dias passam, ou tolos e rabugentos mal-humorados. Estamos nos tornando o quê?

Nunca é tarde demais para começar a crescer em sabedoria. Deus nos ama com uma afeição zelosa e intensa que pode nos libertar de nossa insensatez, se nos entregarmos a Ele. Seu amor pode transformar a natureza mais difícil em um milagre de beleza estonteante. Pode doer um pouco e pode demorar um pouco, mas Deus procura incansavelmente por nossa transformação. Quando pedirmos, a Sua sabedoria começará a crescer em nós e a derramar-se para outros.

Nós temos esta promessa: "Se, porém, algum de vós necessita de sabedoria, peça-a a Deus, que a todos dá liberalmente e nada lhes impropera; e ser-lhe-á concedida" (1:5). —DHR

A verdadeira sabedoria começa e termina com Deus.

26 de julho

AS REGRAS DO DESVENCILHAR

LEITURA:
Mateus 13:1-9

Outra parte caiu em solo rochoso, onde a terra era pouca, e logo nasceu... —Mateus 13:5

A BÍBLIA EM UM ANO:
- ☐ Salmos 40–42
- ☐ Atos 27:1-26

Uma pequena área do meu jardim parecia simplesmente não funcionar. A grama sempre parecia escassa nesse ponto, indiferente do quanto eu regasse.

Portanto, certo dia finquei uma pá neste pedaço problemático do meu jardim e descobri o problema: Logo abaixo da superfície havia uma camada de pedras de cerca de sete centímetros de profundidade. Substitui as pedras por um solo rico no qual as novas sementes poderiam se enraizar.

Jesus falou sobre sementes e solos. Em uma parábola no livro de Mateus 13 sobre o que acontece quando a semente do evangelho é semeada em vários tipos de terreno, Ele afirmou que as sementes que caem em pedras e não há "terra bastante" crescem rapidamente, mas, em seguida, queimam com o sol (vv.5-6). Ele se referia a alguém que ouvira e recebera o evangelho, mas em cuja vida a mensagem não se enraizara. Quando as dificuldades chegam, esta pessoa — que não é um verdadeiro cristão — cai.

Podemos ser bem agradecidos pelas palavras de Jesus que concluem esta parábola: "...o que foi semeado em boa terra é o que ouve a palavra e a compreende; este frutifica..." (v.23). Que lembrete útil — o privilégio e a responsabilidade acompanham a nossa salvação.

Louve a Deus pela semente do evangelho e pelo solo de crescimento espiritual. – JDB

Um coração aberto a Deus é o solo no qual a semente da Sua Palavra pode florescer.

27 de julho

REGRAS DO DESAPEGO

LEITURA:
Gênesis 50:15-21
João 8:31-36

Se, pois, o Filho vos libertar, verdadeiramente sereis livres. —João 8:36

A BÍBLIA EM UM ANO:
☐ Salmos 43–45
☐ Atos 27:27-44

Em seu livro *Jogue fora 50 coisas*, (Ediouro, 2010), a autora Gail Blanke destaca quatro "Regras do Desapego" para ajudar as pessoas a eliminarem a desordem de suas vidas. A primeira regra declara: "Se isso... lhe traz peso, entulha ou simplesmente faz você se sentir mal consigo mesmo, jogue fora, dê, venda, deixe-o ir, siga em frente."

Acho que esta regra de desapego tem uma aplicação espiritual também: Não devemos permanecer ligados ao pecado do passado. Os irmãos de José lutaram com isto. Anos depois de terem vendido José como escravo, recordaram-se de sua crueldade e temiam vingança (Gênesis 50:15). Assim, enviaram uma mensagem a José, implorando por perdão (vv.16-17). Eles fizeram isto apesar das ações misericordiosas e garantias demonstradas anteriormente pelo irmão deles (45:4-15).

Muitos de nós permanecemos ligados às antigas ofensas apesar da misericórdia e do perdão daqueles a quem podemos ter ferido. No entanto, a verdadeira liberdade surge quando confessamos a nossa transgressão a Deus. Ele a perdoa (1 João 1:9) e nos afasta dela (Salmo 103:12). Como o versículo de Miqueias 7:19 afirma, Ele lança nossos pecados nas profundezas do mar! Por causa disto, podemos nos lembrar de que o Filho nos libertou e nós somos verdadeiramente livres (João 8:36). —JBS

O preço da nossa liberdade do pecado foi pago pelo sangue de Jesus.

28 de julho

SABEDORIA

LEITURA:
1 Coríntios 1:18-25

Não havendo sábia direção, cai o povo, mas na multidão de conselheiros há segurança. —Provérbios 11:14

A BÍBLIA EM UM ANO:
☐ Salmos 46–48
☐ Atos 28

A descrição *on-line* do livro *Sabedoria das Multidões* (Record, 2006) relata que: "Neste livro fascinante, o colunista de negócios nova-iorquino James Surowiecki explora uma ideia aparentemente simples: Grandes grupos de pessoas são mais inteligentes do que uma pequena elite, não importa o quão brilhante — são melhores na resolução de problemas, promovendo inovação, tomando decisões sábias e até prevendo o futuro."

O autor usa uma variedade de coisas, que vão desde a cultura *pop* à política, para apresentar um pensamento básico: na maioria das vezes, a multidão acerta. É uma teoria interessante, mas que provavelmente só entraria em debate durante anos eleitorais ou quando o concorrente favorito de alguém fosse eliminado de um *reality show*.

Embora a Bíblia esclareça que a sabedoria das multidões pode não ser confiável e pode ser perigosa (Mateus 7:13-14), há outra maneira em que a sabedoria coletiva pode ser útil. No livro de Provérbios 11:14, lemos: "Não havendo sábia direção, cai o povo, mas na multidão de conselheiros há segurança." Um dos benefícios do corpo de Cristo é o fato de podermos ajudar uns aos outros — em parte ao trabalharmos juntos para buscar a sabedoria divina. Quando nos unimos para buscar os propósitos de Deus, encontramos a segurança em Sua provisão para cada um e recebemos a Sua sabedoria para os desafios da vida. —WEC

Buscamos melhor a sabedoria de Deus quando a buscamos unidos.

29 de julho

O QUE É AMOR?

LEITURA:
Salmo 103:1-14

**Nisto consiste o amor: não em que nós tenhamos amado a Deus, mas em que ele nos amou e enviou o seu Filho...
—1 João 4:10**

A BÍBLIA EM UM ANO:
☐ Salmos 49–50
☐ Romanos 1

Se perguntarmos: "O que é o amor?", as crianças têm algumas grandes respostas. Noeli, de 7 anos, disse: "Amor é quando você diz a um garoto que você gosta da sua camisa, e ele a usa todos os dias." Rebeca, de 8, respondeu: "Desde que a vovó ficou com artrite, ela não consegue mais se curvar e lixar as unhas dos pés. Então, o vovô sempre faz isso por ela o tempo todo, mesmo depois de suas mãos também terem artrite. Isso é amor." Jéssica, também de 8 anos, concluiu: "Você realmente não deve dizer "eu te amo", a não ser que você realmente queira dizer isso. Mas se você quer realmente dizer isso, deve dizer muitas vezes. As pessoas se esquecem."

Às vezes, precisamos lembrar que Deus nos ama. Nós nos concentramos nas dificuldades da vida e questionamos: "Onde está o amor?" Mas se paramos e consideramos tudo o que Deus tem feito por nós, nos lembramos o quanto somos amados por Ele, que é amor (1 João 4:8-10).

O Salmo 103 enumera os "benefícios" que Deus derrama sobre nós em amor: Ele perdoa os nossos pecados (v.3), nos farta de bens (v.5), faz justiça e julga (v.6). Ele é lento para irar-se e rico em misericórdia (v.8). Ele não nos trata segundo os nossos pecados (v.10) e removeu o nosso pecado, desde o Oriente até o Ocidente (v.12). Ele não se esqueceu de nós!

O que é amor? Deus é amor e Ele está derramando esse amor em você e sobre mim. –AMC

A morte de Cristo é a medida do amor de Deus por você

30 de julho

UMA PESSOA INFLUENTE

LEITURA:
2 Reis 5:1-15

"Disse ela à sua senhora: Tomara o meu senhor estivesse diante do profeta que está em Samaria; ele o restauraria da sua lepra." —2 Reis 5:3

A BÍBLIA EM UM ANO:
☐ Salmos 51–53
☐ Romanos 2

Se você buscar no *Google* "pessoa de influência", a pesquisa mostrará várias listas "de pessoas mais influentes do mundo". Elas habitualmente incluem líderes políticos; empreendedores de negócios e atletas, junto a pessoas na ciência, artes e entretenimento. Você não encontrará os nomes dos cozinheiros e funcionários de limpeza que trabalham para eles. No entanto, aqueles que servem nos assim chamados cargos humildes, muitas vezes influenciam aqueles a quem servem.

A história de Naamã, um comandante de alto escalão militar, inclui dois reis e um profeta de Deus (2 Reis 5:1-15). No entanto, foram as palavras de servos sem destaque que possibilitaram a cura da lepra de Naamã, uma doença que encerrava a carreira e transformava a vida. Uma jovem criada capturada em Israel disse à esposa de Naamã que um profeta em Samaria poderia curá-lo (vv.2-3). Quando Naamã se irritou com as instruções de Eliseu para se banhar no rio Jordão, seus servos o incentivaram a seguir as ordens do profeta. O resultado foi a restauração da saúde do comandante e a sua declaração: "...agora, reconheço que em toda a terra não há Deus, senão em Israel..." (v.15).

Que bela imagem do nosso papel como seguidores de Jesus Cristo! Somos convocados para sermos pessoas de influência — servos do Senhor que direcionam os outros Àquele cujo toque pode transformar suas vidas. —DCM

Cristo nos envia para trazermos outros para o reino.

31 de julho

Voo CONFIRMADO

LEITURA:
Romanos 3:21-26

...assim como, em Adão, todos morrem, assim também todos serão vivificados em Cristo.
—1 Coríntios 15:22

A BÍBLIA EM UM ANO:
☐ Salmos 54–56
☐ Romanos 3

Uma forte tempestade de trovões atrasou o nosso voo para Alemanha, e perdemos o voo de conexão. Avisaram-nos que o novo voo tinha sido confirmado para a noite seguinte. Mas quando chegamos ao portão, nos informaram de que estávamos na lista de espera. O voo estava cheio.

Quando soube disto, questionei se isto era uma simples falha de comunicação ou se era assim que lidavam com os voos perdidos. Se os passageiros tivessem sido avisados de antemão que estavam em lista de espera, ficariam descontentes. Daí talvez tivessem deixado para contar a verdade mais tarde.

Felizmente, Deus não age assim. Ele nos diz claramente tudo o que precisamos saber para chegar ao céu. A Bíblia declara que "...pois todos pecaram e carecem da glória de Deus" (Romanos 3:23). Deus nos revelou a nossa natureza pecaminosa desde o livro de Gênesis 3 para nos dar a Sua total e completa solução.

A solução de Deus no livro de Romanos 3:24 é que nós somos "...justificados gratuitamente, por sua graça, mediante a redenção que há em Cristo Jesus." Deus enviou o Seu próprio Filho sem pecado para morrer por nossos pecados. O sacrifício de Jesus na cruz nos concedeu o perdão. Tudo o que precisamos fazer é receber esse dom gratuito por meio da fé. Estou muito feliz por Deus ter nos contado a verdade de antemão! Ele não nos deixou para que encontrássemos o nosso próprio caminho. – CPH

A Palavra de Deus nos garante que a obra de Cristo nos salva.

1 de agosto

PENSAMENTOS MORDAZES

LEITURA:
Salmo 59

...tu me tens sido alto refúgio e proteção no dia da minha angústia. —Salmo 59:16

A BÍBLIA EM UM ANO:
☐ Salmos 57–59
☐ Romanos 4

Há muitos anos, meu pai e eu fizemos uma longa caminhada pela região de *Big Bend* no Texas, EUA. Atualmente, a região é um parque nacional, mas naquela época era um lugar hostil.

Certa noite estávamos abrindo nossos sacos de dormir quando um casal, acompanhado de seu cachorro, nos perguntou se poderiam acampar por perto. Nós os saudamos e fomos nos deitar. O casal amarrou o seu cachorro a uma estaca ao lado de sua barraca.

Algumas horas depois, meu pai cutucou-me até eu acordar e apontou sua lanterna para a escuridão. Nós vimos pares de olhos amarelos surgindo das sombras, iluminados pela luz. Uma alcateia de coiotes mordazes e rosnadores estava cercando o cachorro. Embora os tivéssemos afugentado e os nossos vizinhos tivessem colocado o cachorro dentro da barraca, não dormimos direito.

Penso nessa noite quando leio o Salmo 59 e vejo a imagem que Davi utilizou por duas vezes: "Ao anoitecer, uivam como cães..." (vv.6,14). Davi estava pensando no exército de Saul que lhe fechava o cerco. Medito nos pensamentos que retornam para nos ameaçar, ao anoitecer; mordazes e rosnando: "Você é um imbecil, um fracasso, inútil. Quem precisa de você?"

Quando temos tais pensamentos, podemos nos deleitar no amor de Deus que é incondicional e eterno. Sua dedicação resoluta é o nosso refúgio na noite escura repleta de dúvida pessoal e medo (v.16). – DHR

Saber que Deus nos ama pode dissipar a dúvida.

2 de agosto

PASSE ADIANTE

LEITURA:
2 Coríntios 1:3-7

...sois participantes dos sofrimentos, assim o sereis da consolação. —2 Coríntios 1:7

A BÍBLIA EM UM ANO
☐ Salmos 60–62
☐ Romanos 5

Ao longo dos anos percebi que aqueles que sofreram são rápidos em consolar outros que estão sofrendo. Quando um jovem casal sofre com a perda de um filho, outro casal que também perdeu um filho no passado oferece a sua ajuda. Se um casal perde sua maior fonte de renda, quase que imediatamente outro casal dá um passo para oferecer socorro, lembrando-se de sua própria jornada pelos anos de pagamento de hipoteca. Vez após outra vemos o corpo de Cristo apoiando e encorajando uns aos outros. Estes cristãos aprenderam que podem usar as provações pelas quais passaram para alcançar outros que passam por dificuldades semelhantes.

Você está doente? Perdeu algum ente querido? Está preso? É tratado com injustiça? Em todas as nossas provações, Deus promete trazer algo bom mesmo de nossos momentos mais obscuros (Tiago 1:2-4). Uma maneira-chave de exemplificar isso é quando compartilhamos o consolo que Ele nos ofereceu com aqueles que agora enfrentam provações.

Como o apóstolo Paulo ressalta no livro de 2 Coríntios 1:3-7, somos consolados por um Salvador que conhece o nosso sofrimento e nós o honramos quando passamos Seu consolo adiante para tranquilizar outros.

Que nunca deixemos alguém sofrer sozinho. Se soubermos que os outros estão passando por dificuldades, Deus nos ajudará a guiá-los à Sua presença — o consolo mais seguro de todos. —RKK

Deus nos consola para que possamos consolar os outros.

3 de agosto

Corine

Leitura:
1 Pedro 4:7-11

Sede, mutuamente, hospitaleiros, sem murmuração.
—1 Pedro 4:9

A Bíblia em um ano:
☐ Salmos 63–65
☐ Romanos 6

Alguns de nós estávamos ajudando a montar pacotes de material em nosso evento do *Pão Diário* no inverno passado em Orlando, EUA, quando a Corine nos cumprimentou. Era o meio da manhã e ela tinha certeza de que estaríamos com fome e sede. Eu disse a ela que estávamos "bem", e ela respondeu: "Eu sei que vocês estão bem, mas precisam comer algo." Alguns minutos depois ela voltou com água gelada e petiscos.

Durante os dois anos em que estivemos lá, Corine vinha para verificar como estávamos, e trazia comida ou água e levava nosso lixo. Em certa ocasião, eu a agradeci e disse: "Você tem o dom da hospitalidade, não tem Corine?!" Ela olhou para baixo e respondeu, "Não sei. Mas você escreve as mensagens devocionais e eu farei a limpeza; e assim Deus será glorificado."

O desejo de Corine é glorificar a Deus ao ajudar as pessoas. Definitivamente, ela tem o dom da hospitalidade e o pratica bem. Deus agraciou cada um de Seus filhos com habilidades e competências para que Ele possa ministrar aos outros por nosso intermédio. Você encontra esses dons listados nos livros de Romanos 12:4-13; 1 Coríntios 12:27-31; Efésios 4:7-12 e 1 Pedro 4:9-11.

O Senhor nos dotou "...para que, em todas as coisas, seja Deus glorificado, por meio de Jesus Cristo, a quem pertence a glória e o domínio pelos séculos dos séculos..." (1 Pedro 4:11).
— AMC

Você é singular — criado para glorificar a Deus como ninguém mais poderia.

4 de agosto

TEMPO PARA PONDERAR

LEITURA:
Lucas 2:8-19

Maria, porém, guardava todas estas palavras, meditando-as no coração. —Lucas 2:19

A BÍBLIA EM UM ANO:
- ☐ Salmos 66–67
- ☐ Romanos 7

Os pais adoram se lembrar das fases de desenvolvimento dos seus filhos. Eles registram em algo como um "diário do bebê" quando os seus pequeninos rolam pela primeira vez, depois quando engatinham e dão os primeiros passos. Frequentemente tiram fotos e guardam roupinhas do bebê para lhes trazer à memória aquelas preciosas experiências.

De acordo com o livro de Lucas 2:19, Maria, a mãe de Jesus, tinha um tipo de diário do bebê — em seu coração. Ela guardou as promessas que haviam sido feitas sobre seu Filho e "as ponderava". A palavra grega para ponderar significa "colocar junto para comparação." Maria tinha ouvido anjos e pastores anunciarem grandes coisas sobre o seu Filho (1:32; 2:17-18). Conforme os acontecimentos de Sua vida desdobravam-se, ela comparava estas promessas com a maneira de seu Filho agir para cumpri-las.

A nossa fé será fortalecida e nós seremos encorajados ao meditarmos no que as Escrituras dizem sobre Deus e comparar com a maneira como Ele trabalha em nossas vidas (João 14:21). Ele é um Deus que responde orações (1 João 5:14-15), nos consola em nosso sofrimento (2 Coríntios 1:3-4) e provê o que precisamos (Filipenses 4:19).

Quando investirmos tempo em ponderar, veremos a fidelidade de nosso grande Deus. – HDF

Deus dá por meio de Suas promessas aquilo que podemos receber por fé.

5 de agosto

Os outros 80%

LEITURA:
Salmo 69:29-36

Louvem-no os céus e a terra, os mares e tudo quanto neles se move.
—Salmo 69:34

A BÍBLIA EM UM ANO:
☐ **Salmos 68–69**
☐ **Romanos 8:1-21**

Recentemente vi um *outdoor* que afirmava que 80% de toda a vida na Terra concentra-se nos mares. Este número surpreendente é difícil de imaginar, em grande parte porque a maioria desses seres vivos está fora do alcance de nossas vistas.

Ao pensar sobre isto, lembrei-me de como a criação de Deus é muito maior do que aquilo que normalmente apreciamos. Enquanto podemos facilmente perder o fôlego pela extensão de uma montanha majestosa ou um pôr do sol panorâmico, algumas vezes falhamos ao não ver o Seu trabalho extraordinário nos detalhes que exigem estudo e exame mais cuidadosos. Não apenas a maioria da criação de Deus está escondida nos oceanos, como outras partes são pequenas demais para que nossos olhos as observem. Do microscopicamente pequeno às insondáveis riquezas do universo, tudo é obra de nosso Criador. Nessas estruturas magnificentes — vistas e não vistas — a glória criativa de Deus é revelada (Romanos 1:20).

Conforme passamos a compreender a maravilha da criação, esse entendimento deve sempre nos direcionar ao próprio Criador — e nos convocar para adorá-lo. Como o salmista disse: "Louvem-no os céus e a terra, os mares e tudo quanto neles se move" (Salmo 69:34). Se a própria criação rende louvor ao Criador, nós podemos e devemos nos juntar ao coro. Que Deus poderoso nós servimos! –WEC

A maravilha da criação nos leva a exclamar, "Que Deus maravilhoso!"

6 de agosto

O IMPASSE

LEITURA:
1 João 4:1-6

...maior é aquele que está em vós do que aquele que está no mundo. —1 João 4:4

A BÍBLIA EM UM ANO:
☐ Salmos 70–71
☐ Romanos 8:22-39

Quando uma livraria local reorganizou suas prateleiras, percebi um aumento no número de títulos relacionados à feitiçaria e bruxaria. Na verdade, a seção de religião havia se tornado um "impasse" virtual entre a luz e as trevas. Os títulos cristãos ladeavam um lado do corredor enquanto que aproximadamente o mesmo número de livros sobre ocultismo alinhava-se do outro lado.

Às vezes podemos pensar em Deus e Satanás da mesma forma como eu pensei sobre os livros na livraria. Vemos ambos como oponentes, mas iguais em força e com o mesmo poder ilimitado. No entanto, Deus é Deus e Satanás não o é. Deus é mais forte que qualquer força das trevas. Ele faz o que lhe agrada (Salmo 135:6), enquanto o poder de Satanás é limitado àquilo que Deus permite. Quando Satanás presumiu que o infortúnio faria Jó amaldiçoar Deus, o Senhor disse a Satanás, "...Eis que tudo quanto ele tem está em teu poder; somente contra ele não estendas a mão...." (Jó 1:12). Satanás teve que jogar conforme as regras de Deus.

Pelo fato de Deus estar no controle de tudo, nós como cristãos não precisamos nos paralisar por medo do poder de Satanás sobre nossas vidas ou sobre as vidas dos cristãos ao nosso redor. Ele nos prova e tenta nos influenciar, mas a Bíblia nos garante, "...maior é aquele que está em vós do que aquele que está no mundo" (1 João 4:4). –JBS

Os poderes do mal ao seu redor não são páreo para o poder de Jesus dentro de você.

7 de agosto

COMEÇOS DE INFÂNCIA

LEITURA:
2 Timóteo 3:14-17

Pois o próprio Filho do Homem não veio para ser servido, mas para servir... —Marcos 10:45

A BÍBLIA EM UM ANO:
☐ Salmos 72–73
☐ Romanos 9:1-15

No verão passado, nossa igreja convidou um jovem para fazer parte da equipe. Ao compartilhar sobre seus anos de crescimento na Costa Rica enquanto sua família servia a Cristo naquele mesmo país, Calebe refletiu nas palavras do livro de 2 Timóteo 3:14-17. Desde sua infância, relembrou, ele conhecia a Bíblia. Seus pais o haviam ensinado as verdades das Escrituras que "...podem tornar-te sábio para a salvação pela fé em Cristo Jesus" (v.15). Ele reconheceu que sua preparação para ser pastor havia começado quando ainda era criança.

Nossa congregação teve a oportunidade de "conhecer" sua família na Costa Rica em uma videoconferência. O pai de Calebe desafiou seu filho usando as palavras de Jesus sobre si mesmo no evangelho de Marcos 10:45. Ele disse: "Calebe, lembre-se do lema de nossa família, 'Estamos aqui para servir, não para sermos servidos.'" Foi fácil entender como este jovem tinha desenvolvido sua maturidade na fé.

Os filhos que Deus confiou a nós são dádivas preciosas. Um bom alicerce os ajudará a desenvolverem-se até se tornarem cristãos maduros que sejam perfeitos e perfeitamente habilitados para toda boa obra (2 Timóteo 3:17). Com a ajuda de Deus podemos passar adiante o bastão da fé para as gerações futuras. Que grande privilégio sermos servos como Jesus.
—CHK

Filhos são joias preciosas de Deus — ajude-os a reluzirem para Cristo.

8 de agosto

REFLEXOS EM JANELAS

LEITURA:
Salmo 34:1-10

Desvenda os meus olhos, para que eu contemple as maravilhas da tua lei.
—Salmo 119:18

BÍBLIA EM UM ANO:
☐ **Salmos 74–76**
☐ **Romanos 9:16-33**

Muito da paisagem que vi durante nossas férias no Alasca, EUA, foi pelas janelas de veículos em movimento. Fiquei grata pelo vidro que me permitia ver a beleza e permanecer aquecida e seca. Mas as janelas também apresentavam um desafio. Quando chovia, as gotas de água do lado de fora turvavam a visão. Quando a temperatura mudava, a condensação criava a neblina no lado de dentro.

Estes desafios me ajudam a entender porque é impossível vermos a vida da maneira que Deus planejou que a vissemos. O pecado turva a beleza da vida que Deus quer que desfrutemos. Algumas vezes o pecado está do lado de dentro — nosso egoísmo cria uma neblina que nos faz ver como mais importantes do que somos e nos faz esquecer os interesses de outros. Algumas vezes o pecado está do lado de fora. A injustiça de outros faz nossas lágrimas rolarem como chuva, nos impedindo de ver a bondade de Deus. Qualquer tipo de pecado nos impede de ver a maravilha e a glória da vida da forma como foi planejada por Deus.

Por enquanto, mesmo que vejamos "...como em espelho, obscuramente..." (1 Coríntios 13:12), ainda assim vemos o suficiente para saber que Deus é bom (Salmo 34:8). As muitas coisas maravilhosas que Deus revelou nos ajudarão a abandonar o pecado e a trabalhar para minimizar suas consequências no mundo. –JAL

A única maneira de ver a vida claramente é focar em Cristo.

9 de agosto

Força de um homem

Leitura:
1 Coríntios 16:9-13

Sede vigilantes, permanecei firmes na fé, portai-vos varonilmente, fortalecei-vos.
—1 Coríntios 16:13

A Bíblia em um ano:
☐ Salmos 77–78
☐ Romanos 10

Há alguns anos, eu estava num elevador com dois homens; era tarde da noite e todos nós aparentávamos estar esgotados. O elevador parou e um caubói maior que tudo nessa vida entrou lentamente, usando um chapéu gasto, um velho e manchado casaco de couro de carneiro e botas desgastadas. Ele nos olhou de cima a baixo, e quando chegou aos nossos olhos resmungou: "Boa noite, *homens.*" Todos nós endireitamos a postura e erguemos os ombros. Estávamos tentando honrar o nome pelo qual fôramos chamados.

Neste dia que honramos os pais, falemos sobre honrar o nome *homem.* Tentamos ser fortes e viris, mas frequentemente é apenas uma fachada. Com todo o nosso esforço, acabamos percebendo que não estamos à altura. Debaixo da presunção abrigamos inúmeros medos, inseguranças e falhas. Grande parte da nossa masculinidade é puro blefe.

Paulo era homem o suficiente para admitir isso: "...nós também somos fracos...", ele disse (2 Coríntios 13:4). Isso não é palavrório religioso; é um fato que traz humildade. No entanto, no que parece ser uma contradição, Paulo insistiu no fato de que devemos ser homens de coragem (1 Coríntios 16:13).

Como podemos ser a pessoa forte que Deus deseja que sejamos? Apenas nos colocando em Suas mãos e pedindo a Ele que nos transforme por meio de Seu poder e capacitação. — DHR

O poder de Deus na alma é a verdadeira força.

10 de agosto

O PODER DA COMPAIXÃO

LEITURA:
Isaías 42:1-9

Não esmagará a cana quebrada, nem apagará a torcida que fumega... —Isaías 42:3

A BÍBLIA EM UM ANO:
☐ Salmos 79–80
☐ Romanos 11:1-18

Francis Schaeffer, autor e defensor da fé cristã, lutava com a dificuldade de soletrar palavras corretamente em decorrência da dislexia. Na universidade que frequentou, os erros de ortografia diminuíam as notas em todas as tarefas escritas. Durante seu primeiro ano, um professor lhe disse: "Este é o melhor ensaio sobre filosofia que li, mas com a pior ortografia. O que eu faço? Não posso aprovar você."

Francis respondeu: "Senhor, eu nunca fui bom em ortografia. Você poderia, por favor, simplesmente ler o que eu estou afirmando e não se preocupar com a ortografia?"

Após uma longa pausa, o professor respondeu, "Sabe de uma coisa Sr. Schaeffer, acho que farei isso." Sua resposta sábia e cheia de bondade encorajou o jovem talentoso que mais tarde ajudaria muitos da geração perscrutadora durante os anos de 1960–70 a encontrar o caminho para a fé em Cristo.

Sobre o Messias prometido, o profeta Isaías disse: "Não esmagará a cana quebrada, nem apagará a torcida que fumega; em verdade, promulgará o direito" (Isaías 42:3). A imagem é de uma Pessoa gentil, ainda que poderosa, que liberta prisioneiros e encoraja aqueles que têm medo e são tentados a desesperar-se.

Jesus veio para nos libertar de nosso pecado, não para nos condenar por nossa condição. Hoje, Ele oferece salvação e encorajamento a todos que se voltam para Ele. —DCM

Quando vamos a Cristo, quebrantados, Ele nos torna íntegros.

11 de agosto

PERTENCIMENTO

LEITURA:
João 14:1-11

Na casa de meu Pai há muitas moradas [...] vou preparar-vos lugar. —João 14:2

A BÍBLIA EM UM ANO:
- ☐ Salmos 81–83
- ☐ Romanos 11:19-36

Meu pai tinha muitas histórias sobre sua cidade natal. Então você pode imaginar como eu me empolgava todos os verões quando ele levava nossa família até lá. Nós pescávamos no rio juntos e visitávamos a sua fazenda da época da infância onde todas as suas histórias ganhavam vida. Apesar daquele lugar nunca ter sido realmente o meu lar, sempre que visito aquela cidade — agora com meus filhos adultos e meus netos — encho-me de um senso nostálgico de pertencimento.

Jesus conversou com Seus discípulos sobre Sua casa no céu, que Ele havia deixado para viver entre nós. Que alegria deve ter sido para Ele contar aos Seus discípulos, "Na casa de meu Pai há muitas moradas [...] vou preparar-vos lugar [...] para que, onde eu estou, estejais vós também" (João 14:2-3). Sem dúvida, Jesus que "...em troca da alegria que lhe estava proposta, suportou a cruz..." (Hebreus 12:2), estava esperando pelo retorno à Sua casa celestial e por poder levar os filhos e filhas de Seu Pai para lá com Ele.

A ideia de Jesus levando-nos à casa de Seu Pai nos enche de grande expectativa e nos compele a contar aos outros as boas-novas sobre o Filho que veio para nos resgatar deste lugar decaído. –JMS

Apenas Jesus pode nos encher com um senso de pertencimento que jamais conhecêramos.

12 de agosto

A BENDITA ESPERANÇA

LEITURA:
2 Pedro 3:10-18

...aguardando a bendita esperança e a manifestação da glória do nosso grande Deus e Salvador Cristo Jesus. —Tito 2:13

A BÍBLIA EM UM ANO:
☐ Salmos 84–86
☐ Romanos 12

Muitas previsões sobre o fim do mundo vieram e se foram. Esses prenúncios são perturbadores e frequentemente amedrontam as pessoas. No entanto, a Bíblia refere-se a uma época chamada de "o Dia do Senhor" quando Ele retornará. Vai acontecer, mas apenas Deus sabe o momento.

É um dia pelo qual os seguidores de Jesus podem aguardar ansiosamente. À luz deste tempo porvir, o apóstolo Pedro nos diz como o cristão pode viver com um propósito jubiloso (2 Pedro 3:10-18). Podemos olhar para o alto vivendo vidas que honrem a Cristo (v.11). Podemos olhar para o interior, esforçando-nos para estar em paz com Deus (v.14). E podemos olhar para fora, estando alertas para não sermos levados pela influência errada de outros (v.17).

Como fazemos isto? Crescendo "...na graça e no conhecimento de nosso Senhor e Salvador Jesus Cristo..." (v.18). Quando crescemos em caráter por meio de Sua Palavra escrita, começamos a nos relacionar mais de perto com Jesus, a Palavra Viva. O Espírito Santo toma a Palavra de Deus e guia-nos na maneira de viver.

O Dia do Senhor não deveria ser um dia de pavor para os seguidores de Jesus. Nosso Rei voltará para acertar todas as coisas e para governar eternamente. Esperamos por este momento com grande expectativa. Esta é nossa "bendita esperança" (Tito 2:13). —CPH

Jesus retornará um dia para governar e reinar!

13 de agosto

Olhando para baixo

Leitura:
Lucas 18:9-14

...digo a cada um dentre vós que não pense de si mesmo além do que convém; antes, pense com moderação...
—Romanos 12:3

A Bíblia em um ano:
☐ Salmos 87–88
☐ Romanos 13

Após me submeter a uma pequena cirurgia ocular, a enfermeira me disse: "Não olhe para baixo nas próximas duas semanas. Nada de cozinhar ou fazer limpeza." A última parte dessas instruções foi um pouco mais fácil de cumprir do que a primeira! As incisões precisavam cicatrizar, e ela não queria que eu colocasse nenhum tipo de pressão desnecessária sobre elas ao olhar para baixo.

C. S. Lewis escreveu sobre outro tipo de olhar para baixo com o qual podemos ter um problema: "Em Deus, você se depara com algo que é, em todos os aspectos, infinitamente superior a você mesmo [...] Enquanto você for orgulhoso, não poderá conhecer a Deus. O homem orgulhoso sempre olha de cima para baixo para as outras pessoas e coisas: e claro, enquanto você olha para baixo, não pode enxergar o que está acima de si" *Cristianismo Puro e Simples*, (Martins Fontes, 2006).

Jesus contou uma parábola sobre um fariseu que se sentia superior aos outros. Em uma oração cheia de orgulho, ele agradeceu a Deus por não ser como os outros homens (Lucas 18:11). Ele olhou de cima para baixo para os ladrões, os injustos, adúlteros e para o coletor de impostos que também estava orando no templo. Em contraste, o coletor de impostos sabia que era pecador diante de Deus e pediu por Sua misericórdia (v.13).

O orgulho pode ser um problema para todos nós. Que não olhemos de cima para outros, mas em vez disso, vejamos o Deus que está muito acima de nós. —AMC

Orgulho espiritual é o mais arrogante de todos os tipos de orgulho.

14 de agosto

A ALEGRIA DA FRUSTRAÇÃO

LEITURA:
Provérbios 3:1-12

Confia no SENHOR de todo o teu coração e não te estribes no teu próprio entendimento. —Provérbios 3:5

A BÍBLIA EM UM ANO:
☐ **Salmos 89–90**
☐ **Romanos 14**

Enquanto eu estava no Seminário Teológico fiz um teste para um dos grupos musicais itinerantes da escola. Estava empolgado com a ideia de poder me envolver neste ministério, mas fiquei arrasado quando não consegui entrar no grupo. Em meu desapontamento, poderia simplesmente confiar que os propósitos de Deus eram maiores do que os meus.

Meses depois, tive a oportunidade de participar de um grupo musical diferente, mas como professor de ensino bíblico. Os resultados foram maiores do que eu poderia imaginar. Não apenas minha futura esposa fazia parte do grupo, o que nos permitiu servir juntos a Cristo, mas também tive muitas oportunidades de ensinar nos três anos seguintes, o que foi uma preparação inestimável para uma vida de ministério na Palavra de Deus.

Muitas vezes lutamos com a realidade de que nosso Pai sabe o que é melhor. Presumimos que a nossa maneira é correta. Mas, à medida que descansamos nele, Seus propósitos sempre provam ser para o nosso bem e para o Seu louvor. Para ser sincero, é fácil ver isso quando o resultado é melhor do que esperávamos, mas é difícil quando não conseguimos ver o bom neste momento ou talvez até chegarmos ao céu.

Como o sábio rei Salomão disse: "Confia no SENHOR de todo o teu coração e não te estribes no teu próprio entendimento. Reconhece-o em todos os teus caminhos, e ele endireitará as tuas veredas" (Provérbios 3:5-6). —WEC

O propósito de Deus para os acontecimentos de hoje podem não ser vistos até o dia de amanhã.

15 de agosto

A ÂNCORA DA ESPERANÇA

LEITURA:
Hebreus 6:13-20

...a qual temos por âncora da alma, segura e firme e que penetra além do véu.
— Hebreus 6:19

A BÍBLIA EM UM ANO:
☐ Salmos 91–93
☐ Romanos 15:1-13

Eu e dois amigos estávamos pescando peixes-lua em um lago em Ontário, Canadá. Estávamos num barco com um dispositivo flutuante, e os peixes realmente estavam mordendo a isca. Ocupados lançando as iscas e fisgando, demoramos para notar que o motor tinha reduzido a velocidade. E percebemos o por quê: o barco não estava mais parado onde nós o havíamos colocado. Um forte vento o tinha empurrado pela água. A âncora não pode nos segurar e estava deslizando pelo fundo do lago. Puxamos âncora, retornamos ao local inicial e reancoramos. Fomos arrastados novamente. Após uma terceira tentativa, voltamos para a margem. Não conseguimos fazer nossa âncora se fixar.

Quando se trata de nossa salvação, nossa esperança está ancorada na promessa de Deus e na obra de Jesus Cristo. Os ventos e as ondas de dúvida, desencorajamento e ataque espiritual do maligno podem fazer-nos pensar que estamos à deriva, nos afastando da salvação e que a salvação de Deus não está garantida. De modo algum! Deus deu Sua promessa de que a nossa salvação está garantida e Ele não pode mentir (Hebreus 6:18-19). Nossa esperança está firmada seguramente em Jesus Cristo que nos redimiu de uma vez por todas quando morreu, ressuscitou e ascendeu ao céu.

Nossa âncora é a Rocha inabalável — Jesus Cristo. O Seu amor ilimitado nos mantém firmes e confiantes. –DCE

Nossa âncora é Jesus Cristo, a Rocha.

16 de agosto

CONTIDO MAS NÃO EXTINTO

LEITURA:
Hebreus 10:19-39

Porque, ainda dentro de pouco tempo, aquele que vem virá e não tardará —Hebreus 10:37

A BÍBLIA EM UM ANO:
☐ Salmos 94–96
☐ Romanos 15:14-33

Em junho de 2012, o incêndio do *Canyon Waldo* destruiu 346 casas no Colorado, EUA, e queimou mais de 70km² (18 mil acres) das matas da montanha. O incêndio foi declarado como 100% contido quando todo o perímetro da área do fogo foi cercado. O fogo fora confinado a uma área definida até que pudesse ser completamente extinto. Um oficial-bombeiro alertou os residentes que eles poderiam continuar a ver fumaça na área de queimada porque ainda que o incêndio tivesse sido totalmente contido, "não estava controlado e não havia acabado."

Quando o nosso mundo é abalado por acontecimentos trágicos e atos malignos, ansiamos pelo dia em que o mal finalmente será destruído e Deus colocará um fim à história e estabelecerá por completo o Seu Reino. Até esse momento chegar, o Senhor nos dá a Sua graça para que vivamos com fé e propósitos enquanto aguardamos a Sua vinda. No livro de Hebreus 10, somos instigados a nos aproximar de Deus com corações sinceros (v.22); guardarmos firme a confissão da esperança (v.23); estimularmos uns aos outros ao amor e às boas obras (v.24); e continuarmos congregando-nos para encorajamento e "...tanto mais quanto vedes que o Dia se aproxima." (v.25).

Até o momento de Deus extinguir o fogo do mal para sempre, Ele nos dá Sua graça e força para suportar as provações da vida enquanto esperamos ansiosos por Seu retorno. –DCM

Jesus está vindo — talvez hoje!

17 de agosto

FORÇA DAS MARÉS

LEITURA:
Marcos 6:30-32

E ele lhes disse: Vinde repousar um pouco, à parte, num lugar deserto... —Marcos 6:31

A BÍBLIA EM UM ANO:
☐ Salmos 97–99
☐ Romanos 16

Acho fascinante considerar a força de atração que a lua exerce em nossos grandes oceanos, a qual cria as marés altas e baixas. Durante a mudança da maré há um breve período de tempo chamado de "estofa", quando a água não está alta nem baixa. De acordo com cientistas, este é o momento em que a água está imóvel. É uma pausa tranquila antes que a oscilação do fluxo da maré comece novamente.

Algumas vezes em nossas agendas ocupadas podemos nos sentir puxados em diferentes direções por responsabilidades concorrentes. No ministério de Jesus, vemos como Ele compreendeu as instruções feitas aos Seus seguidores e a necessidade de descanso. Ao retornar de uma viagem ministerial em duplas, os Doze reportaram as maravilhas que Deus havia feito por meio deles (Marcos 6:7-13,30). Mas Jesus respondeu: "...Vinde repousar um pouco, à parte, num lugar deserto; porque eles não tinham tempo nem para comer, visto serem numerosos os que iam e vinham. Então, foram sós no barco para um lugar solitário" (vv.31-32).

Quais responsabilidades estão puxando você hoje? Sem dúvidas, é aceitável planejar algum tempo de descanso e relaxamento para revitalizar o seu corpo e alma para servir outros de modo mais frutífero. Jesus assim aconselhou e todos nós precisamos. Ele encontrará você nesse tempo. – HDF

Investir tempo de quietude com o Senhor pode nos trazer o descanso de Deus.

18 de agosto

SEMPRE UMA MELHORIA

LEITURA:
Colossenses 3:12-17

Revesti-vos, [...] de humildade, de mansidão, [...] acima de tudo isto, porém, esteja o amor... —Colossenses 3:12,14

A BÍBLIA EM UM ANO:
- ☐ Salmos 100–102
- ☐ 1 Coríntios 1

Quando estou prestes a sair de casa, minha esposa Martie, algumas vezes, me interrompe e diz: "Você não pode ir ao escritório vestido assim!" Geralmente é algo relacionado à gravata que não combina com o paletó ou a cor da calça que não está em sincronia com o casaco. Ainda que o ser questionado em minhas escolhas de moda possa parecer uma afronta ao meu bom gosto, percebi que a influência corretiva de minha esposa é sempre uma melhoria.

As Escrituras, com frequência, nos chamam a "revestir-nos" de atitudes e ações que combinem com nossa identidade em Cristo. Algumas vezes, somos conhecidos pelas roupas que vestimos, mas podemos tornar Jesus conhecido ao nos revestirmos de atitudes e ações que revelem a Sua presença em nossas vidas. O apóstolo Paulo nos aconselhou a estabelecer nosso padrão de moda montando o nosso guarda-roupa conforme a compaixão, a bondade, a humildade, a longanimidade, a paciência e o perdão de Jesus (Colossenses 3:12). E, ele acrescentou, "...acima de tudo isto, porém, esteja o amor. [...] Seja a paz de Cristo o árbitro em vosso coração..." (vv.14-15).

Vestir-nos à semelhança de Jesus começa ao investirmos tempo com Ele. Caso você o ouça dizer: "Você não pode sair assim!" Permita que Ele, amavelmente, leve você de volta ao guarda-roupa e lhe vista com a Sua semelhança. É sempre uma melhoria! —JMS

Ao nos revestirmos das atitudes e ações de Jesus, demonstramos a Sua presença em nossas vidas.

19 de agosto

O DOM DA LEMBRANÇA

LEITURA:
Gênesis 40:1-14,23

O copeiro-chefe, todavia, não se lembrou de José, porém dele se esqueceu.
—Gênesis 40:23

A BÍBLIA EM UM ANO:
☐ Salmos 103–104
☐ 1 Coríntios 2

Enquanto eu estudava no seminário, trabalhei em um asilo. Conforme investia o tempo conversando com aqueles homens e mulheres, chegava um ponto em que quase todos os pacientes descreviam a solidão atual de suas vidas e a compreensão de que estavam vivendo muito mais do que os seus companheiros. A maioria se perguntava se alguém se lembraria deles quando morressem.

Não são apenas os idosos que se sentem sozinhos e esquecidos. Muitos de nós nos sentimos presos e solitários, abandonados por circunstâncias justas e injustas. Em alguns momentos, inclusive, experimentamos o que o personagem José do Antigo Testamento experimentou: as pessoas deixando de lembrar de nós quando por todos os motivos deveriam lembrar-se.

O livro de Gênesis 40 descreve a experiência de José na prisão. O copeiro tinha sido liberto e retornara ao serviço do rei, assim como José lhe disse que aconteceria (vv.9-13). José tinha pedido para ser mencionado ao Faraó, mas o copeiro esqueceu-se dele (vv.14,23).

Podemos nos sentir esquecidos; no entanto, assim como José, não o somos (42:9-13). Jesus senta à destra de Deus e nossas orações chegam ao trono do Rei sem falhas porque o nosso Salvador é o nosso Mediador. Quando nos sentirmos sozinhos, lembremo-nos de descansar na confiante promessa de que Jesus estará conosco para sempre (Mateus 28:20). –RKK

Jesus nunca abandona ou esquece os Seus.

20 de agosto

Ciente da imagem

Leitura:
2 Coríntios 3:1-3, 17-18

E todos nós, [...] somos transformados, [...] pelo Senhor, o Espírito. —2 Coríntios 3:18

A Bíblia em um ano:
☐ Salmos105–106
☐ 1 Coríntios 3

Ao rever antigas fotos familiares, meus primos e eu brincamos sobre quais características físicas cada um herdou. Percebemos primeiramente as negativas: pernas curtas, dentes tortos, topetes rebeldes. Todos nós podemos identificar facilmente em nossos ancestrais as nossas partes do corpo menos preferidas. Além dos atributos físicos, herdamos traços de caráter — alguns bons, outros nem tanto. Mas nem sempre prestamos tanta atenção a estes.

De acordo com minhas observações não científicas, as pessoas tentam todos os tipos de métodos para superar imperfeições físicas — séries de exercícios, programas de perda de peso, maquiagem, tingimento de cabelos, cirurgia estética. Mas em vez de tentarmos superar as nossas falhas de caráter, tendemos a usá-las como pretexto para um mau comportamento. Suponho que isso ocorra porque mudar a nossa aparência é mais fácil do que mudar o nosso caráter. Mas imagine como estaríamos melhores se aplicássemos a nossa energia no desenvolvimento do caráter.

Como filhos de Deus, não estamos limitados à nossa composição genética. Podemos entregar nossas falhas a Ele e permitir que o Senhor cumpra o potencial que tinha em mente quando nos criou como expressões únicas de Seu amor. O poder de Espírito de Deus e a vida do Seu Filho estão agindo em nós, nos conformando à Sua imagem (2 Coríntios 3:18). —JAL

O Espírito Santo desenvolve em nós a imagem nítida de Cristo.

21 de agosto

ALÉM DAS PROBABILIDADES

LEITURA:
Atos 12:1-11

...mas havia oração incessante a Deus por parte da igreja a favor dele. —Atos 12:5

A BÍBLIA EM UM ANO:
☐ Salmos 107–109
☐ 1 Coríntios 4

Muitos de nós tomamos decisões diárias com base em probabilidades. Se houver 20% de probabilidade de chuva, podemos ignorá-la. Se a probabilidade for de 90%, levaremos conosco um guarda-chuva. Quanto maior a possibilidade, mais o nosso comportamento é afetado, pois queremos escolher sabiamente e sermos bem-sucedidos.

O livro de Atos 12:1-6 descreve uma situação em que as probabilidades de Pedro sobreviver eram muito baixas. Ele estava na prisão, "...entre dois soldados, acorrentado com duas cadeias..." enquanto outros guardavam a porta (v.6). Herodes já havia executado Tiago, um dos seguidores mais próximos de Jesus e tinha em mente o mesmo destino para Pedro (vv.1-3). Um apostador não teria colocado dinheiro algum na hipótese de Pedro sair vivo desta situação.

No entanto, o plano de Deus para Pedro incluía uma libertação miraculosa, qual mesmo aqueles que estavam intercedendo por ele acharam difícil acreditar (vv.13-16). Eles ficaram pasmos quando Pedro apareceu na reunião de oração deles.

Deus pode agir além das probabilidades porque Ele é Todo-poderoso. Nada é difícil demais para Ele. Aquele que nos ama e se entregou por nós está no controle das nossas vidas. Em circunstâncias comuns e situações impossíveis, Deus pode revelar o Seu poder. Quer sejamos agraciados com o sucesso ou amparados na tristeza, Ele está conosco. – DCM

Detrás dos bastidores, Deus está sempre no controle.

22 de agosto

Positivo

Leitura:
Mateus 5:17-20

As tuas palavras são em tudo verdade... —Salmo 119:160

A Bíblia em um ano:
☐ Salmos 110–112
☐ 1 Coríntios 5

Nos Estados Unidos, o site *Pandora* é uma das maravilhas musicais na era da *internet*. Ele ajuda o usuário a criar sua própria estação de rádio, pois permite a "personalização" da música escolhida. Reproduz uma canção e há o sinal de "positivo" ou "negativo" para indicar se o usuário gostou ou não. No fim, a pessoa tem um arranjo apenas com as canções que gosta.

Infelizmente, algumas vezes fazemos o mesmo com a Bíblia. As pessoas podem escolher algumas passagens das Escrituras que gostam mais e ignorar outras; e assim elas a "personalizam" conforme suas preferências. O salmista via a Palavra de Deus da seguinte forma: "As tuas palavras são em tudo verdade..." (Salmo 119:160). E o apóstolo Paulo disse ao jovem pastor Timóteo: "Toda a Escritura é inspirada por Deus e útil..." (2 Timóteo 3:16).

As Escrituras eram importantes para Jesus (Mateus 5:17-18), mas Ele as encarava de modo diferente dos líderes religiosos de Seu tempo. Para Ele, "Não matarás" estava no mesmo nível de "...sem motivo se irar contra seu irmão..." (vv.21-22). Longe de personalizar as Escrituras, Ele estava preocupado com a motivação do coração das pessoas em aplicar tudo o que nela há.

À medida que nos apropriarmos mais plenamente da Palavra de Deus, nós o conheceremos mais profundamente e desejaremos honrá-lo. —MLW

Ao abrir a sua Bíblia,
peça ao Autor que abra o seu coração.

23 de agosto

O DOM DA LUZ

LEITURA:
João 8:12-20

...Eu sou a luz do mundo; quem me segue não andará nas trevas; pelo contrário, terá a luz da vida. —João 8:12

A BÍBLIA EM UM ANO:
☐ Salmos 113–115
☐ 1 Coríntios 6

Sir Christopher Wren projetou e construiu mais de 50 igrejas em Londres no fim do século 17. O estilo de seu projeto tinha duas características proeminentes — a primeira delas eram os campanários fortes e altos. A segunda, no entanto, era mais profunda. Wren estava convencido de que todas as janelas em suas igrejas precisavam ter vidro transparente em contraste aos vitrais coloridos tão populares nas igrejas daquela época. Em parte, o seu motivo para a escolha do vidro transparente está em suas palavras: "O maior presente de Deus ao homem é a luz." Permitir que a luz banhasse as pessoas enquanto elas adoravam era, para Wren, uma celebração deste presente.

No relato do livro de Gênesis, no primeiro dia da criação Deus fez a luz (1:3). A luz que Deus criou é muito mais do que simplesmente um meio de enxergar. É uma imagem do que Cristo trouxe quando veio a este mundo obscuro. No livro de João 8:12, o nosso Senhor disse: "...Eu sou a luz do mundo; quem me segue não andará nas trevas; pelo contrário, terá a luz da vida." Para o seguidor de Cristo, a luz é um dos grandes lembretes do caráter do nosso Salvador e da qualidade de vida que Ele nos deu por meio de Seu sacrifício na cruz.

Wren estava certo. A luz é o maior presente de Deus ao homem — Jesus Cristo, a luz do mundo! –WEC

Jesus veio para dar luz a um mundo obscuro.

24 de agosto

ESTÁ COMIGO

LEITURA:
Salmo 118:1-6

**O SENHOR está comigo; não temerei.
—Salmo 118:6**

A BÍBLIA EM UM ANO:
☐ Salmos 116–118
☐ 1 Coríntios 7:1-19

Após a pequena atleta olímpica, Gabby Douglas, ganhar duas medalhas de ouro nos jogos de Londres 2012, ela fez a seguinte proclamação: "Deus nunca falhará com você. Ele está sempre ao seu lado."

Algumas vezes este tipo de afirmação feita por um atleta pode ser mal compreendida. Pode ser interpretada como se significasse que se estou competindo contra você num campeonato e tenho a ajuda de Deus, não há como perder. Mas se recorremos ao Salmo 118:5-6, entendemos o que essa afirmação realmente significa. O salmista escreveu: "Em meio à tribulação, invoquei o SENHOR, e o SENHOR me ouviu e me deu folga. O SENHOR está comigo; não temerei."

Outra versão também traduz o versículo 6 como "O SENHOR está comigo..." (NVI). É a ideia de que quando o problema surge em nossas vidas, Deus, que é cheio de misericórdia e amor (que "dura para sempre", v.4) sempre estará atento a nós e proverá a proteção de que precisamos.

Não precisamos ser um campeão olímpico para valorizar este tipo de atenção divina. Precisamos desta atenção quando a economia vacila e as nossas finanças não são suficientes. Precisamos desta atenção quando um relacionamento significativo se desfaz. Não importa qual seja a nossa situação, como seguidores de Cristo sabemos onde encontrar ajuda. "O SENHOR está comigo." –JDB

Deus está conosco em meio às provações.

25 de agosto

O PRÓXIMO CAPÍTULO

LEITURA:
Hebreus 12:1-11

**...corramos, com perseverança [...] olhando firmemente para [...] Jesus...
— Hebreus 12:1-2**

A BÍBLIA EM UM ANO:
☐ Salmo 119:1-88
☐ 1 Coríntios 7:20-40

Estêvão tinha quase 5 anos quando seu pai, o piloto missionário Nate Saint, e mais quatro homens foram assassinados em 1956, pela tribo Waodani no Equador. Mas como resultado do amor e perdão demonstrado pelas famílias dos homens mártires cresce, atualmente, uma comunidade de cristãos entre os Waodani.

Já adulto, Estêvão mudou-se novamente para o Equador e se tornou amigo de Mincaye, um dos homens que mataram seu pai. O lema de Estêvão é: "Permita que Deus escreva a sua história." Ele diz: "Há muitas pessoas [...] que querem escrever sua própria história e deixar Deus editá-la quando algo dá errado. Há muito tempo decidi permitir que Deus escrevesse a minha história." Quando Estêvão sofreu um acidente grave em 2012, ele tranquilizou sua família: "Vamos permitir que Deus escreva este capítulo também." Sua fé continua a sustentá-lo rumo à recuperação.

A história continua a desenrolar-se para todos os seguidores de Jesus Cristo. Nenhum de nós sabe como será o próximo capítulo de nossas vidas. Mas ao olharmos para Jesus e corrermos "...com perseverança, a carreira que nos está proposta..." podemos confiar nele — o autor e consumador da nossa fé (Hebreus 12:1-2). Jesus escreveu o início da nossa história, e escreverá o próximo capítulo, assim como o fim. –CHK

Permita que a sua vida conte a história do amor e da misericórdia de Cristo ao mundo ao seu redor.

26 de agosto

O QUE ESTÁ EM JOGO?

LEITURA:
Provérbios 19:15-25

**Ouve o conselho e recebe a instrução, para que sejas sábio nos teus dias por vir.
—Provérbios 19:20**

A BÍBLIA EM UM ANO:
☐ Salmos 119:89-176
☐ 1 Coríntios 8

Arrisco ou não arrisco estaquear? Esta foi a questão com que Marília se deparou quando plantou uma muda no verão passado. O vendedor disse: "Estaqueie por um ano para ter apoio em caso de ventos fortes. Depois remova as estacas para que a muda desenvolva raízes profundas por si só." Mas um vizinho lhe disse: "Estaquear pode fazer mais mal do que bem. A árvore precisa começar a desenvolver raízes fortes desde já, ou talvez nunca o faça. Em longo prazo, é melhor para o bem da planta, não estaquear."

Questionamo-nos sobre essa questão também nos relacionamentos. Por exemplo, se alguém se meteu em apuros, nós o resgatamos "apoiando-o", ou deixamos que essa pessoa desenvolva "raízes fortes" por conta própria, permitindo que enfrente as consequências de suas escolhas? Obviamente, isso depende do que parece ser melhor para a saúde espiritual da pessoa em longo prazo. O que o amor faz e quando o faz? O livro de Provérbios 19 oferece pensamentos opostos: devemos ter "pena" e oferecer ajuda (v.17), contudo há perigos em resgatar o outro porque você pode precisar fazê-lo novamente (v.19). Prover a ajuda correta requer sabedoria além da nossa própria.

Deus não nos deixou sozinhos. Ele nos dará a sabedoria quando lhe pedirmos. E conforme dependemos dele, nossas raízes também se aprofundarão nele. —AMC

A verdadeira sabedoria olha para o mundo da perspectiva de Deus.

27 de agosto

MISERICÓRDIA

LEITURA:
Salmo 32

...o que confia no SENHOR, a misericórdia o assistirá. —Salmo 32:10

A BÍBLIA EM UM ANO:
- ☐ Salmos 120–122
- ☐ 1 Coríntios 9

Era quase impossível não ver o enorme *outdoor* com o fundo vermelho e enormes letras brancas que gritavam: "Este ano, milhares de homens morrerão de teimosia." Depois, descobri que o *outdoor* era um de centenas que tinham como alvo os homens de meia-idade que tipicamente evitam as triagens médicas rotineiras e geralmente morrem de doenças que podem ser prevenidas.

O Salmo 32 lida com a doença espiritual — o pecado, a qual pode ser tratada por meio do reconhecimento honesto e arrependimento. Os primeiros cinco versículos expressam a angústia de esconder a nossa culpa e então celebra a jubilosa libertação de confessar as nossas transgressões a Deus e sermos perdoados.

Este salmo continua nos mostrando que o Senhor anseia que busquemos a Sua ajuda em momentos de dificuldade (vv.6-8) e recebamos a Sua orientação. "Instruir-te-ei e te ensinarei o caminho que deves seguir; e, sob as minhas vistas, te darei conselho" (v.8). Somos impedidos, no entanto, quando, em teimosia, nos recusamos a seguir a Sua direção e nos arrepender de nosso pecado.

A Palavra de Deus nos incita: "Não sejais como o cavalo ou a mula, [...] os quais com freios e cabrestos são dominados; de outra sorte não te obedecem" (v.9). Ao invés de nos apegarmos ao nosso pecado, o Senhor nos oferece uma alternativa: quando confessarmos em humildade, Sua misericórdia nos cercará (v.10). —DCM

O primeiro passo para receber o perdão de Deus é admitir que precisamos dele.

28 de agosto

UM ESCAPE

LEITURA:
1 Coríntios 10:12-13
Mateus 4:1-11

...vos proverá livramento, de sorte que a possais suportar. —1 Coríntios 10:13

A BÍBLIA EM UM ANO:
☐ Salmos 123–125
☐ 1 Coríntios 10:1-18

A rodovia 77, que passa pelas Montanhas dos *Apalaches* no oeste da Virgínia, EUA, apresenta uma série de rotas de escape para caminhões fora de controle. Estas saídas semipavimentadas aparecem em uma área da rodovia em que a altitude cai quase 396 metros em um percurso de 9,65 km em média. Este declive combinado com o caminho sinuoso da rodovia pode criar problemas para os motoristas – especialmente para os caminhoneiros.

Assim como um caminhão descontrolado precisa da rota de escape de uma rodovia, nós também precisamos de "um escape" quando os desejos fora de controle ameaçam o nosso bem-estar espiritual. Quando enfrentamos a tentação, Deus "...proverá livramento, de sorte que a possa [mos] suportar" (1 Coríntios 10:13). Deus nos capacita a dizer "não" à sedução por meio do poder de Sua Palavra. Jesus venceu a tentação de Satanás em relação à comida, à autoridade e à confiança, citando versículos do livro de Deuteronômio (Mateus 4:4-10). As Escrituras o ajudaram a resistir ao diabo apesar dos efeitos de um jejum de 40 dias no deserto.

Quando somos tentados, podemos sentir como se um desastre está prestes a acontecer. As memórias de fracassos anteriores e o isolamento de outros podem intensificar este sentimento. No entanto, podemos confiar em Deus nos momentos de tentação; Ele é fiel. O Senhor proverá um caminho para resistirmos à fascinação do pecado. –JBS

A melhor maneira de escapar da tentação é correr para Deus.

29 de agosto

PREOCUPAÇÃO

LEITURA:
João 13:31-35

Novo mandamento vos dou: que vos ameis uns aos outros... —João 13:34

A BÍBLIA EM UM ANO:
☐ Salmos 126–128
☐ 1 Coríntios 10:19-33

Há algum tempo, escrevi um artigo sobre minha esposa Marlene e suas lutas com a vertigem. Quando foi publicado, eu não estava preparado para a forte onda de respostas de leitores oferecendo encorajamento, ajuda, sugestões, e principalmente demonstrando preocupação com o bem-estar dela. Estas mensagens vieram de todo o mundo, de pessoas de todos os tipos. Expressões de preocupação afetuosa por minha esposa, derramadas ao ponto de não conseguirmos nem começar a responder todas. Foi impressionante, da melhor maneira possível, ver o corpo de Cristo reagir à luta de Marlene. Ficamos e permanecemos profundamente agradecidos.

Em essência, é assim que o corpo de Cristo deve funcionar. A preocupação afetuosa por nossos irmãos e irmãs em Cristo torna-se a evidência de que experimentamos o Seu amor. Quando se dirigiu aos discípulos na Última Ceia, Jesus disse: "Novo mandamento vos dou: que vos ameis uns aos outros; assim como eu vos amei, que também vos ameis uns aos outros. Nisto conhecerão todos que sois meus discípulos..." (João 13:34-35).

Marlene e eu experimentamos uma amostra do amor e da preocupação de Cristo naquelas cartas que recebemos. Que possamos demonstrar aos outros este tipo de amor com a ajuda do nosso Salvador e como meio de louvá-lo. —WEC

A altura de nosso amor por Deus é indicada pela profundidade de nosso amor uns pelos outros. —Morley

30 de agosto

Riscos e resgate

Leitura:
Romanos 16:1-7

Saudai Priscila e Áquila, [...] os quais pela minha vida arriscaram a sua própria cabeça. —Romanos 16:3-4

A Bíblia em um ano:
☐ Salmos 129–131
☐ 1 Coríntios 11:1-16

Grace Darling, a filha do zelador de um farol, viu um naufrágio e os sobreviventes perto da praia, no dia 7 de setembro de 1838. Ela e seu pai, juntos, corajosamente remaram seu barco por 1,60 km em águas agitadas para resgatar muitas pessoas. Grace se tornou uma lenda por seu coração compassivo e mão firme ao arriscar sua vida para salvar outros.

O apóstolo Paulo nos fala de outro homem e mulher que correram riscos para resgatar outros. Ele escreveu sobre Priscila e Áquila, seus colaboradores em Cristo, que "...arriscaram a sua própria cabeça; e isto lhes agradeço, não somente eu, mas também todas as igrejas dos gentios" (Romanos 16:4).

Não nos é dito exatamente a que "riscos" Paulo se referia, mas sabendo que espancamentos, aprisionamento, naufrágios e ameaças de morte eram tão comuns no ministério dele, não é tão difícil imaginar como este casal poderia ter se colocado em caminhos perigosos para ajudar o seu amigo. À primeira vista, o resgate de Paulo era mais importante para eles do que a sua própria segurança.

Resgatar os outros — seja do perigo físico ou espiritual — geralmente vem com um risco. Mas quando corremos o risco por alcançar aos outros, refletimos o coração do nosso Salvador que desistiu de muito por nós. —HDF

Se você já tiver sido resgatado, terá o desejo de resgatar os outros.

31 de agosto

Autenticidade

Leitura:
1 Coríntios 15:1-21

...ressuscitou ao terceiro dia [...]. Depois, foi visto por mais de quinhentos irmãos de uma só vez...
—1 Coríntios 15:4-6

A Bíblia em um ano:
☐ Salmos 132–134
☐ 1 Coríntios 11:17-34

Algumas vezes limpar o sótão da casa do vovô vale a pena. Valeu pela descoberta de um jogo de cartas de beisebol altamente conservadas. As cartas foram avaliadas em três milhões de dólares.

Um dos motivos para o alto valor destas cartas era o fato de estarem bem preservadas. Mas, além disso, o verdadeiro valor das cartas estava no fato de serem autênticas. Caso fossem falsas ou cópias — independentemente de suas boas condições — não valeriam nem o papelão em que foram pintadas.

O apóstolo Paulo tinha algo semelhante a dizer sobre o cristianismo. Ele afirmou que a nossa fé seria completamente inútil; uma falsificação, se a ressurreição de Jesus não tivesse sido autêntica. Foi necessário bravura e confiança no plano de Deus para Paulo dizer: "...se Cristo não ressuscitou, é vã a nossa pregação, e vã, a vossa fé" (1 Coríntios 15:14) e "...se Cristo não ressuscitou, é vã a vossa fé, e ainda permaneceis nos vossos pecados" (v.17).

A fé cristã está na autenticidade desta história: Jesus morreu na cruz e ressuscitou dos mortos. Louve a Deus pela transparente evidência da morte e ressurreição de Jesus (vv.3-8). A morte e ressurreição foram autênticas e verdadeiras e nesta verdade podemos alicerçar a nossa eternidade e total dependência em Deus. —JDB

Deus é o único Deus verdadeiro.

1 de setembro

Um ritmo mais lento

Leitura:
Êxodo 20:8-11

Seis dias trabalharás e farás toda a tua obra. Mas o sétimo dia é o sábado do Senhor, teu Deus; não farás nenhum trabalho... —Êxodo 20:9-10

A Bíblia em um ano:
☐ Salmos 135–136
☐ 1 Coríntios 12

Quando o escritor Bruce Feiler foi diagnosticado com câncer de ossos em sua coxa, ele não pôde andar sem ajuda durante mais de um ano. Aprender a se locomover com muletas o fez apreciar a vida em um ritmo mais lento. Feiler disse: "A ideia de desacelerar se tornou a lição número 1 que aprendi desta minha experiência."

Após Deus libertar o povo do Egito, Ele deu a eles um mandamento que os faria desacelerar e ver o Senhor e o mundo "em pausa". O quarto mandamento apresentou um contraste drástico à escravidão dos israelitas sob Faraó, período em que eles não tinham intervalo em sua rotina diária de trabalho.

O mandamento insistia em que o povo de Deus reservasse um dia na semana para relembrar diversas coisas importantes: o trabalho de Deus na criação (Gênesis 2:2), a libertação do povo da escravidão egípcia (Deuteronômio 5:12-15), o seu relacionamento com Deus (6:4-6) e a necessidade deles por descanso pessoal (Êxodo 31:12-18). Este não deveria ser um dia de preguiça, mas um dia em que o povo de Deus refletisse, louvasse e descansasse nele.

Nós também somos chamados a desacelerar, descansar física, mental e emocionalmente, e a contemplar Deus em Sua boa criação. – MLW

Viver para Deus começa ao descansarmos nele.

2 de setembro

UM DIA ESPECIAL

LEITURA:
Lucas 11:1-4

Este é o dia que o SENHOR fez; regozijemo-nos e alegremo-nos nele.
—Salmo 118:24

A BÍBLIA EM UM ANO:
☐ Salmos 137–139
☐ 1 Coríntios 13

O que tem de especial no dia 2 de setembro? Talvez seja o seu aniversário ou uma data comemorativa. Isso o tornaria especial. Ou talvez você possa relembrar os acontecimentos históricos deste dia. Por exemplo, em 1961, foi aprovada a Emenda Constitucional que mudou o regime de governo brasileiro. Ou isto: em 1969, a troca de dados entre dois computadores marcou o surgimento da internet. Ou se você é um fã de futebol, em 1962, o jogador Pelé marcou o seu quingentésimo (500.º) gol.

Mas e se nenhum destes acontecimentos torna o seu dia 2 de setembro especial? Tente estas ideias:

Hoje, Deus lhe dá a oportunidade para louvá-lo. O Salmo 118:24 diz: "Este é o dia que o SENHOR fez; regozijemo-nos e alegremo-nos nele."

Hoje, Deus provê para você e deseja a sua confiança. "...o pão nosso cotidiano dá-nos de dia em dia" (Lucas 11:3).

Hoje, Deus quer falar com você por meio da Sua Palavra. Os cristãos de Bereia estavam "...examinando as Escrituras todos os dias..." (Atos 17:11).

Hoje, Deus deseja renovar o seu interior. "...o nosso homem interior se renova de dia em dia" (1 Coríntios 4:16).

Com Deus a lhe guiar, o dia 2 de setembro e todos os dias podem ser especiais. – JDB

Deus honra a fé
porque a fé honra a Deus.

3 de setembro

SEM INTERESSE NA RELIGIÃO

LEITURA:
João 5:18,37-47

...Quantas vezes quis eu reunir os teus filhos, como a galinha ajunta os seus pintinhos debaixo das asas, e vós não o quisestes! —Mateus 23:37

A BÍBLIA EM UM ANO:
- ☐ Salmos 140–142
- ☐ 1 Coríntios 14:1-20

Uma propaganda de uma igreja no rádio me chamou a atenção: "Por já ter ouvido sobre o cristianismo, talvez não tenha interesse pela religião. Bom, você pode se surpreender — Jesus também não tinha interesse pela religião. Mas Ele apreciava relacionamentos e ensinar-nos a amar uns aos outros." Ela continuou: "Você pode não gostar de tudo em nossa igreja, mas oferecemos um relacionamento autêntico, e estamos aprendendo a amar a Deus e uns aos outros. Você é bem-vindo para nos visitar."

Esta igreja pode ter exagerado em detalhes sobre Jesus e religião porque a Bíblia fala da "religião pura" no livro de Tiago 1:17 como ações úteis aos outros. Mas Jesus teve dificuldades com pessoas religiosas em Seus dias. Ele disse que os fariseus, guiados por leis e tradições, não pelo amor ao Senhor, pareciam "...justos aos homens, mas, por dentro, [estavam] cheios de hipocrisia e de iniquidade" (Mateus 23:28). Eles não tinham o amor de Deus em seus corações (João 5:42). Jesus queria relacionar-se com eles, mas eles não queriam "...vir [a Ele]..." (v.40).

Se ser "religioso" significa seguir um conjunto de regras para parecermos bons — em vez de desfrutar de um relacionamento com o Salvador — Jesus não está interessado. Ele oferece perdão e amor a todos que desejam um relacionamento pessoal com Ele. – AMC

Há um anseio em cada coração que apenas Jesus pode satisfazer.

4 de setembro

UM COPEIRO PARA O REI

LEITURA:
Neemias 2:1-8

**O rei me disse: Por que está triste o teu rosto [...]? Que me pedes agora? Então, orei ao Deus dos céus.
—Neemias 2:2,4**

A BÍBLIA EM UM ANO:
☐ Salmos 143–145
☐ 1 Coríntios 14:21-40

Uma das minhas passagens bíblicas favoritas que se refere ao trabalho é Neemias 1–2. Neemias, o empregado do rei Artaxerxes, tinha sido um servo tão exemplar que o rei quis honrá-lo, ajudando-o quando o viu triste por Jerusalém ainda estar em ruínas. Ele perguntou a Neemias: "...Por que está triste o teu rosto [...]? Que me pedes agora?... (2:2,4). Ele não era qualquer empregado para o rei, ele era o copeiro, o homem que experimentava a bebida do rei para protegê-lo de ser envenenado. Para ter tal posição, ele deve ter trabalhado muito e honrado a Deus em tudo o que fez. E o rei concedeu os seus pedidos.

Deus se importa com a maneira que trabalhamos. O livro de Colossenses 3:23 nos diz: "Tudo quanto fizerdes, fazei-o de todo o coração, como para o Senhor e não para homens." Nós podemos seguir o exemplo de Neemias destas maneiras: Ser um funcionário tão competente e confiável que Deus seja honrado por isso (Neemias 1:11–2:6). Cuidar diligentemente dos outros e do que seja importante para eles. Agir, eventualmente até se arriscar, para honrar o que é importante para Deus e para os cristãos (2:3-6).

Quando honramos o Senhor no trabalho, nossos chefes podem perceber. Mas mesmo que não percebam, o desejo e o propósito do nosso coração deveria ser honrar Aquele a quem verdadeiramente servimos — o Senhor nosso Deus (Colossenses 3:17,23). —RKK

Cada novo dia nos traz novas razões para servir ao Senhor.

5 de setembro

QUASE SATISFEITO?

LEITURA:
1 Timóteo 6:6-12

...Contentai-vos com as coisas que tendes; porque ele tem dito: De maneira alguma te deixarei...
—Hebreus 13:5

A BÍBLIA EM UM ANO:
☐ Salmos 146–147
☐ 1 Coríntios 15:1-28

Ao entrar no estacionamento do restaurante, muito depois do horário de almoço, vi uma caminhonete acelerando entre os veículos estacionados. Enquanto eu observava o comportamento imprudente do motorista, reparei as palavras na placa dianteira. Eu li: "Quase satisfeito." Após refletir sobre a frase e a mensagem que ela quis passar, conclui que o conceito "quase satisfeito" não existe. Ou estamos satisfeitos, ou não.

Reconhecidamente, o contentamento é um tema delicado. Vivemos num mundo que alimenta o nosso desejo por mais e mais — até acharmos quase impossível nos satisfazermos com qualquer coisa. Mas isto não é novidade. O livro de Hebreus aborda esta questão, dizendo: "Seja a vossa vida sem avareza. Contentai-vos com as coisas que tendes; porque ele tem dito: De maneira alguma te deixarei, nunca jamais te abandonarei" (13:5). A única solução para os corações que "querem tudo" é o contentamento encontrado na presença do Deus vivo. Ele é suficiente para as nossas necessidades e anseios, e somente Ele pode nos trazer a paz e o contentamento que jamais encontraremos nas buscas desta vida.

Quase satisfeito? Isso não existe. Em Cristo, podemos conhecer o verdadeiro contentamento. –WEC

O contentamento não é ter o que se quer, mas estar satisfeito com o que se tem.

6 de setembro

QUERENDO CRESCER

LEITURA:
1 Pedro 1:22–2:3

...desejai [...] o genuíno leite espiritual, para que, por ele, vos seja dado crescimento... —1 Pedro 2:2

A BÍBLIA EM UM ANO:
☐ Salmos 148–150
☐ 1 Coríntios 15:29-58

O documentário *Babies* (Bebês), de 2010, seguiu quatro crianças que nasceram em circunstâncias bem diferentes na Mongólia, Namíbia, Japão e EUA. Não há narração ou diálogos entre adultos no filme, apenas os sons que os bebês fazem à medida que descobrem o mundo no qual nasceram. Quando estão felizes, balbuciam e riem, quando estão tristes ou com fome, choram. E todos eles gostam de leite! O encanto do filme está em vê-los crescer.

Como um bebê suspira por leite, os seguidores de Cristo devem suspirar pelo "...genuíno leite espiritual..." que gera o crescimento espiritual. O apóstolo Pedro diz: "...desejai ardentemente, como crianças recém-nascidas, o genuíno leite espiritual, para que, por ele, vos seja dado crescimento..." (1 Pedro 2:2). Pedro escreveu para encorajar um grupo de seguidores de Cristo disperso pela perseguição. Ele insistiu para que deixassem de lado os sentimentos de raiva e inveja uns contra os outros e o falar de uma maneira, mas viver de outra (v.1) e para que desejassem o leite genuíno "...como crianças recém-nascidas..." (v.2).

O Senhor nos convida a beber tudo o precisarmos de Sua provisão generosa. Ele ama ver Seus filhos crescerem! – DCM

Quanto mais nos aprofundamos na Palavra de Deus, mais crescemos.

7 de setembro

Deus ciente

Leitura:
Salmo 139:1-10

Ó profundidade da riqueza, tanto da sabedoria como do conhecimento de Deus!...
—Romanos 11:33

A Bíblia em um ano:
☐ Provérbios 1–2
☐ 1 Coríntios 16

Kátia verificou no *site* de rastreio de voos *FlightAware* (Voo ciente), o avanço do pequeno avião que seu marido Carlos estava pilotando para Chicago, EUA. Com poucos cliques, ela poderia rastrear a sua decolagem, onde o avião estava a qualquer momento e quando ele aterrissaria. Algumas décadas antes, quando Carlos era um piloto na África Ocidental, o único contato de Kátia tinha sido um rádio de alta frequência. Ela se lembra de uma situação quando ficou três dias sem conseguir encontrá-lo. Ela não tinha como saber que ele estava a salvo, mas sem condições de voar porque o avião estava danificado.

Mas Deus sempre esteve ciente do exato local onde Carlos se encontrava e do que ele estava fazendo, assim como Ele é conosco (Jó 34:21). Nada está oculto aos Seus olhos (Hebreus 4:13). Ele conhece os nossos pensamentos e as nossas palavras (1 Crônicas 28:9; Salmo 139:4). E Ele sabe o que acontecerá no futuro (Isaías 46:10).

Deus conhece todas as coisas (1 João 3:20), e conhece você e eu intimamente (Salmo 139:1-10). Ele está ciente de cada tentação, cada coração partido, cada doença, cada preocupação e cada sofrimento que enfrentamos.

Que conforto é experimentar o cuidado do Único sobre quem é dito: "Ó profundidade da riqueza, tanto da sabedoria como do conhecimento de Deus!..." (Romanos 11:33). –CHK

Podemos confiar em nosso Deus onisciente.

8 de setembro

Ilumine a noite

Leitura:
Daniel 12:1-3

Os que forem sábios, pois, resplandecerão [...] como as estrelas, sempre e eternamente. —Daniel 12:3

A Bíblia em um ano:
☐ Provérbios 3:5
☐ 2 Coríntios 1

Em uma noite branda de outono quando o céu estava escuro e a lua estava cheia, milhares de pessoas da minha cidade se reuniram nas margens do rio para soltar pequenos balões de ar quente conhecidos como lâmpadas celestes. Eles as soltaram na escuridão e observaram enquanto as luzes subiam para se juntar à lua numa exibição deslumbrante que transformou o céu noturno numa obra de arte brilhante.

Quando eu vi fotos da ocasião, fiquei chateada por eu não estar na cidade e ficar de fora. Mas alguns dias depois, percebi que o que aconteceu em Michigan, EUA, poderia ser visto como um símbolo da conferência em que eu participei em Nova Iorque. Mais de mil pessoas vindas de 100 cidades ao redor do mundo se reuniram para planejar uma "obra de arte" — como iluminar a escuridão em suas cidades pela implantação de igrejas e o alcance de milhares de pessoas com o evangelho de Cristo, a Luz do mundo.

O profeta Daniel escreveu sobre um tempo quando aqueles que trouxerem outros ao Senhor brilharão como estrelas para sempre (Daniel 12:3). Todos nós podemos nos unir nessa grande ocasião. Quando brilhamos a luz de Cristo em lugares escuros onde trabalhamos e vivemos, Ele está iluminando o céu escuro com estrelas que jamais se apagarão. —JAL

**Quando a Luz do mundo iluminar a terra,
a Sua beleza atrairá as pessoas de todas as nações.**

9 de setembro

DURANTE TODA ESTA HORA

LEITURA:
Salmo 25:1-11

Guia-me na tua verdade e ensina-me, pois tu és o Deus da minha salvação, em quem eu espero todo o dia. —Salmo 25:5

A BÍBLIA EM UM ANO:
☐ Provérbios 6–7
☐ 2 Coríntios 2

Muitos conhecem o majestoso carrilhão do Grande Relógio de Westminster, de Londres, conhecido como *Big Ben.* Na verdade, alguns de nós podemos ter relógios em casa que soem a mesma badalada a cada hora. De acordo com o pensamento tradicional, a melodia foi tirada do oratório *Messias* de Händel. E as palavras inscritas na sala do relógio *Big Ben* têm um significado transcendente:

Durante toda esta hora,
Guia-me, Senhor;
E que por Teu poder,
Nenhum passo se desvie.

Estas palavras são um bom lembrete da nossa constante necessidade pela orientação de Deus. O rei Davi reconheceu que precisava ser orientado ao longo do dia à medida que enfrentava os desafios da vida. No Salmo 25, ele diz: "Guia-me na tua verdade e ensina-me, pois tu és o Deus da minha salvação, em quem eu espero todo o dia" (v.5). Desejando ser um seguidor aprendiz de Deus, Davi olhou para o seu Redentor em busca de direção. O desejo de seu coração era depender confiadamente no Senhor durante o dia todo.

Que este seja o nosso desejo também. Geralmente começamos o dia pedindo a ajuda de Deus, mas então as distrações concorrentes podem desviar a nossa atenção dele. Senhor, lembre-nos de orar: Durante toda esta hora, guia-me, Senhor. —HDF

Que Jesus seja o seu primeiro pensamento pela manhã e o último pensamento à noite.

10 de setembro

O PODER DO RECONHECIMENTO

LEITURA:
1 Coríntios 1:4-9

Sempre dou graças a [meu] Deus a vosso respeito, a propósito da sua graça, que vos foi dada em Cristo Jesus. —1 Coríntios 1:4

A BÍBLIA EM UM ANO:
☐ **Provérbios 8–9**
☐ **2 Coríntios 3**

Em um estudo recente, 200 mil funcionários foram entrevistados para descobrir o ingrediente que falta em sua produtividade. Concluiu-se que a valorização e o reconhecimento eram os primeiros itens da lista do que eles queriam de seus superiores. Esta pesquisa indica que obter reconhecimento é uma necessidade humana básica.

O apóstolo Paulo parecia perceber esta necessidade nos cristãos de Corinto, por isso, antes de enchê-los com palavras de disciplina, os cobriu de reconhecimento. Como o seu líder espiritual, Paulo iniciou a sua carta com agradecimentos a Deus pela graça despendida na vida deles.

Antes distantes de Deus, estes cristãos eram agora participantes em Sua graça por meio da morte e ressurreição de Cristo. Unidos em Jesus, eles estavam recebendo dele as suas vidas espirituais e o fruto desta união era o crescimento espiritual em santidade (1 Coríntios 1:4-7). Paulo, deliberada e continuamente, agradeceu ao Senhor pela obra na vida dos cristãos coríntios. Acredito que eles estavam mais aptos a suportar as duras críticas de Paulo por causa do seu afetuoso reconhecimento.

Ao vermos pessoas que estejam obedecendo a Deus, dediquemos um momento para reafirmá-las e para agradecer a Deus pelo que Ele tem feito por intermédio delas. —MLW

**Elogie em voz alta,
corrija com palavras gentis.**

11 de setembro

O AMOR É TUDO

LEITURA:
1 João 4:7-19

E nós conhecemos e cremos no amor que Deus tem por nós. Deus é amor… —1 João 4:16

A BÍBLIA EM UM ANO:
☐ **Provérbios 10–12**
☐ **2 Coríntios 4**

Vi um letreiro na frente de uma igreja que me pareceu um bom lema para relacionamentos: Receba amor. Dê amor. Repita.

O maior amor que recebemos é o amor de Deus. Ele nos amou tanto que deu o Seu Filho Jesus para viver, morrer e ressuscitar para nos redimir (1 João 4:9). Nós recebemos o Seu amor ao recebermos Jesus como o nosso Salvador e Senhor. "Mas, a todos quantos o receberam, deu-lhes o poder de serem feitos filhos de Deus, a saber, aos que creem no seu nome" (João 1:12).

Após experimentarmos o amor de Deus, podemos então aprender a dar amor. "Amados, amemo-nos uns aos outros, porque o amor procede de Deus…" (1 João 4:7).

O amor de Deus nos capacita a amar nossos irmãos e irmãs em Cristo. Ensinamos, encorajamos e repreendemos. Choramos e nos alegramos. O amor que damos é gentil, atencioso e solidário. Aprendemos com Jesus que devemos amar até mesmo os nossos inimigos: "…amai os vossos inimigos e orai pelos que vos perseguem" (Mateus 5:44). Amar aos outros, em algumas situações, pode ser desafiador, mas é possível pelo amor que Deus nos deu antes.

Um bom plano para as nossas vidas hoje: Receba amor. Dê amor. Repita. – AMC

Receba amor. Dê amor. Repita.

12 de setembro

PODER BENÉFICO

LEITURA:
2 Crônicas 16:6-13

...quanto ao SENHOR, seus olhos passam por toda a terra, para mostrar-se forte para com aqueles cujo coração é [...] dele... —2 Crônicas 16:9

A BÍBLIA EM UM ANO:
☐ Provérbios 13–15
☐ 2 Coríntios 5

O boxe e as competições de força masculina têm um aspecto exclusivo deles. Nestes eventos, os atletas competem individualmente para mostrar a sua força superior. É como uma queda de braço — você faz para provar que é a pessoa mais forte do lugar.

Um aspecto da glória de Deus é a sua onipotência. Mas como Ele mostra a Sua força? Ele não faz isso reorganizando as galáxias diante dos nossos olhos, mudando a cor do sol por capricho ou congelando um relâmpago como um troféu do Seu poder. Em vez disso, em Seu amor e compaixão a pessoas carentes como nós, Deus escolheu "...mostrar-se forte para com aqueles cujo coração é totalmente dele..." (2 Crônicas 16:9).

O padrão é o mesmo por toda a Escritura. Da divisão do Mar Vermelho, o milagre do maná no deserto ao milagroso nascimento virginal e finalmente o poder da ressurreição, nosso Deus Todo-Poderoso escolheu demonstrar a Sua força para abençoar, preservar e proteger o Seu povo.

Tenha a certeza de Ele se alegra em mostrar-se forte nos desafios da nossa vida. E quando Ele provar o Seu poder em nosso favor, lembremo-nos de glorificá-lo! —JMS

Todas as promessas de Deus sustentam-se em Sua sabedoria, amor e poder.

13 de setembro

UM PAI PARA SEGUIR

LEITURA:
2 Crônicas 17:1-10

Antes, procurou ao Deus de seu pai e andou nos seus mandamentos e não segundo as obras de Israel. —2 Crônicas 17:4

A BÍBLIA EM UM ANO:
☐ Provérbios 16–18
☐ 2 Coríntios 6

Quando penso em meu pai, me vem à mente esta frase: "Ele não me disse como viver; ele viveu, e me permitiu vê-lo." Durante a minha juventude, vi meu pai caminhar com Deus. Ele participava de cultos, no domingo de manhã, ensinava uma classe de estudo bíblico para adultos, ajudava a contabilizar as ofertas e era diácono. Fora da igreja, defendia fielmente o evangelho e lia a sua Bíblia. Eu o vi expressar o seu amor ao Senhor por meio de ações visíveis.

Asa, o rei de Judá, durante um período de sua vida foi um exemplo de devoção ao Senhor (2 Crônicas 14:2). Ele removeu os ídolos do seu reino, restaurou o altar do Senhor e conduziu o povo a uma aliança com Deus (15:8-12). O filho de Asa, Josafá manteve esse legado ao buscar "...ao Deus de seu pai e andou nos seus mandamentos..." (17:4). Josafá limpou a terra da adoração aos ídolos (v.6) e enviou sacerdotes e levitas para ensinar a lei de Deus em todas as cidades de Judá (vv.7-9).

O reinado de Josafá foi semelhante ao de seu pai; ele, fielmente, honrou o piedoso exemplo de Asa. No entanto, ainda mais importante, o coração de Josafá "...tornou-se ousado [...] em seguir os caminhos do SENHOR..." (v.6). Se você estiver procurando hoje um pai para seguir, lembre-se do seu Pai celestial e deleite-se em Seus caminhos. –JBS

Honramos o nome de Deus quando o chamamos de nosso Pai e vivemos como o Seu Filho.

14 de setembro

MISERICÓRDIA INFALÍVEL

LEITURA:
Lucas 22:54-62

As misericórdias do SENHOR são a causa de não sermos consumidos [...]. Grande é a tua fidelidade.
— Lament. 3:22,23

A BÍBLIA EM UM ANO:
☐ Provérbios 19–21
☐ 2 Coríntios 7

Enquanto eu caminhava pelo aeroporto de Chicago, EUA, algo chamou minha atenção — a frase no boné de alguém que corria entre a multidão. Era uma mensagem de apenas duas palavras: "Negue tudo." Fiquei imaginando o que significava. Nunca admita a culpa? Ou negar-se aos prazeres e luxúrias da vida? Fiquei a pensar no mistério daquelas duas palavras: "Negue tudo."

Simão Pedro, um dos seguidores de Jesus, negou algumas coisas. Em um momento crítico, ele negou três vezes sequer conhecer Jesus! (Lucas 22:57, 58,60). O seu ato de negar, motivado por medo, gerou tanta culpa e mágoa que, arrasado por seu fracasso espiritual, ele só conseguiu fugir e chorar amargamente (v.62).

Mas a negação de Pedro, assim como os nossos momentos de negação espiritual, jamais poderia diminuir a compaixão de Deus. O profeta Jeremias escreveu: "As misericórdias do SENHOR são a causa de não sermos consumidos, porque as suas misericórdias não têm fim; renovam-se a cada manhã. Grande é a tua fidelidade" (Lamentações 3:22,23). Podemos nos encorajar porque até quando falhamos, o nosso Deus fiel nos alcança em misericórdia e compaixão infalíveis! —WEC

A nossa imperfeição revela a nossa dependência da misericórdia de Deus.

15 de setembro

Uma vida brilhante

Leitura:
Mateus 5:13-16

Assim brilhe também a vossa luz diante dos homens, para que vejam as vossas boas obras e glorifiquem a vosso Pai que está nos céus. —Mateus 5:16

A Bíblia em um ano:
☐ Provérbios 22–24
☐ 2 Coríntios 8

De acordo com a Federação Internacional de Basquetebol, o basquete é o segundo esporte mais popular no mundo, com cerca de 450 milhões de fãs nos países ao redor do planeta. Nos Estados Unidos, o campeonato universitário anual, em março, geralmente faz menção ao legendário técnico John Wooden. Durante os 27 anos que atuou numa universidade, o time de Wooden ganhou dez campeonatos, algo nunca visto antes. No entanto, ainda hoje John Wooden, que morreu em 2010, é lembrado não apenas por suas conquistas, mas por quem ele foi.

Wooden praticou sua fé cristã e o interesse genuíno pelos outros num ambiente frequentemente obcecado pela vitória. Em sua autobiografia *They Call Me Coach* (Eles me chamam de treinador), ele escreveu: "Sempre tentei deixar claro que o basquete não é tudo. Sua importância é pequena se comparada a toda a nossa vida. Há apenas um tipo de vida vencedora, aquela que coloca a sua fé nas mãos do Salvador. Até isso ser feito, estamos num caminho sem objetivos, que anda em círculos, sem direção."

John Wooden honrou a Deus em tudo o que fez e o seu exemplo nos desafia a fazer o mesmo. Jesus disse: "Assim brilhe também a vossa luz diante dos homens, para que vejam as vossas boas obras e glorifiquem a vosso Pai que está nos céus" (Mateus 5:16). —DCM

Permita que a sua luz brilhe; seja você uma vela no canto ou um farol na colina.

16 de setembro

A VONTADE DE DEUS

LEITURA:
Salmo 37:23-40

O SENHOR firma os passos do homem bom e no seu caminho se compraz.
—Salmo 37:23

A BÍBLIA EM UM ANO:
☐ Provérbios 25–26
☐ 2 Coríntios 9

Nós, geralmente, estamos buscando a vontade de Deus; especialmente quando estamos numa situação difícil. Imaginamos: *O que vai acontecer comigo agora? Devo ficar ou Deus me quer em outro lugar?* A única maneira para ter certeza é fazer o que Ele lhe pede para fazer agora — o dever do momento presente — e esperar para que Deus revelo o próximo passo.

À medida que você obedecer ao que conhece, será fortalecido para dar o próximo passo e o seguinte. Passo a passo, um de cada vez. É assim que aprendemos a caminhar com Deus.

Mas você diz: "Digamos que eu dê o primeiro passo. O que vai acontecer depois?". É com o Senhor. A sua tarefa e a minha é obedecer hoje e deixar o futuro para Ele. O salmista disse que o "...SENHOR firma os [nossos] passos..." (37:23). Tudo o que precisamos é da orientação para este dia. As instruções de amanhã em nada nos são úteis. George MacDonald disse: "Nós não compreendemos a página seguinte do livro de tarefas de Deus; vemos apenas a página diante de nós. Nem nos devem permitir virar a folha antes de aprendermos a lição."

Se nos preocuparmos com a vontade de Deus e obedecermos todos os dias as orientações e alertas que Ele dá, se andarmos por fé e no caminho da obediência, descobriremos que o Senhor nos guiou neste dia. Como Jesus falou: "...o amanhã trará os seus cuidados..." (Mateus 6:34). —DHR

Abençoado é aquele que descobre o caminho que Deus está mostrando e o segue.

17 de setembro

Deus presente

Leitura:
Isaías 6:1-6

...toda a terra está cheia da sua glória.
—Isaías 6:3

A Bíblia em um ano:
☐ Provérbios 27–29
☐ 2 Coríntios 10

No lugar onde moro, sou privilegiado com demonstrações espetaculares da magnificente e criativa glória de Deus. Recentemente, ao dirigir pelo bosque, fiquei impressionado com uma exibição de tirar o fôlego; da riqueza dos vermelhos intensos e da variedade de amarelos que decoravam as árvores de outono — tudo artisticamente disposto contra um pano de fundo de um céu azul brilhante.

E em breve, à medida que as temperaturas despencarem e o inverno surgir, serei lembrado de que nenhum floco de neve é igual ao outro ao se amontoarem uns sobre os outros para criar uma paisagem ondulante de montes brancos intocados. Em seguida, o milagre da primavera chegará e quando o que parecia irremediavelmente morto reviverá com brotos e flores que vão agraciar os campos com suas múltiplas cores.

Por onde quer que olhemos no mundo à nossa volta, vemos evidências de que "...toda a terra está cheia da sua glória" (Isaías 6:3). O impressionante é que a criação à nossa volta foi corrompida pelo pecado (Romanos 8:18-22), ainda assim Deus achou por bem agraciar nossa paisagem decaída com estas pinceladas amorosas da Sua mão criativa. É um lembrete diário de que a beleza da Sua graça cobre o nosso pecado e de que o Seu amor pelo que é decaído está disponível a todos nós, sempre.
—JMS

Jamais desperdice uma oportunidade de apreciar a beleza da natureza; ela é a assinatura de Deus.

18 de setembro

DEUS TINHA OUTROS PLANOS

LEITURA:
1 Pedro 1:1-9

O coração do homem traça o seu caminho, mas o SENHOR lhe dirige os passos.
—Provérbios 16:9

A BÍBLIA EM UM ANO:
☐ **Provérbios 30–31**
☐ **2 Coríntios 11:1-15**

Minha amiga Luísa cresceu planejando se tornar uma médica missionária. Ela amava o Senhor e queria servi-lo como médica, levando o evangelho aos doentes nas partes do mundo em que os cuidados médicos fossem inacessíveis. Mas Deus tinha outros planos. Luísa se tornou uma médica missionária, mas não da maneira como ela esperava.

Aos 14 anos, Luísa desenvolveu um problema crônico de saúde que a fez ser hospitalizada para uma grande cirurgia diversas vezes por ano. Ela sobreviveu à meningite bacteriana que a deixou em coma por duas semanas e cega por seis meses. Por duas vezes seguidas, ela comemorou o seu aniversário no hospital, sem ir para casa entre as duas datas. Ela teve muitas experiências quando não tinha expectativa de vida. Mas ainda assim, Luísa é a pessoa mais vibrante, agradecida e atenciosa que você jamais conhecerá. Certa vez, ela me disse que o seu campo missionário é o hospital, como ela tinha esperado e planejado. Mas em vez de servir ao Senhor como uma médica, ela o serve como paciente. Não importa o quão doente ela esteja, a luz do Senhor brilha por seu interior.

Luísa exemplifica o ensinamento do apóstolo Pedro. Apesar de suas provações, ela se alegra e a sua fé genuína traz “louvor, glória e honra” a Jesus Cristo (1 Pedro 1:6-7). —JAL

Escreva os seus planos a lápis
e lembre-se que Deus tem a borracha.

19 de setembro

Hora de Mudar

Leitura:
Gênesis 12:1-8

...ali edificou um altar ao Senhor e invocou o nome do Senhor.
—Gênesis 12:8

A Bíblia em um ano:
☐ Eclesiastes 1–3
☐ 2 Coríntios 11:16-33

Muitos cristãos desejam investir tempo diário com Deus, orando e lendo a Sua Palavra. Ironicamente, eles, com frequência, se distraem com uma agenda lotada. As frustrações aumentam à medida que os negócios impedem uma brecha na programação.

Oswald Chambers sabiamente falou sobre o poder transformador de apenas cinco minutos na presença do Senhor. De fato, até um breve período investido em oração e leitura da Palavra de Deus tem grande valor: "O que nos molda não é aquilo no que mais investimos tempo, mas aquilo que exerce o maior poder sobre nós. Cinco minutos com Deus e Sua Palavra vale mais do que o restante do dia." Pode parecer que Chambers tenha exagerado. Ainda assim, resultados poderosos podem surgir de um curto momento de oração, pois Deus é poderoso.

Às vezes, os nossos dias são repletos de compromissos que impedem os momentos de ouvirmos a Deus e respondê-lo. Mas, independente de onde estivermos, qualquer tempo separado para construir o nosso "altar" espiritual ao Senhor como Abraão fez (Gênesis 12:8) abre a porta para o Seu poder transformador. Se você estiver enfrentando problemas para separar um momento com Deus, pode começar com cinco minutos e ver até onde vai. O nosso Deus deseja nos encontrar e demonstrar o Seu poder em nossas vidas. —HDF

Converse com Deus;
Ele deseja ouvir o seu coração.

20 de setembro

UM LUGAR DIFÍCIL

LEITURA:
Atos 8:4-8,26-35

...De maneira alguma te deixarei, nunca jamais te abandonarei. —Hebreus 13:5

A BÍBLIA EM UM ANO:
- ☐ Eclesiastes 4–6
- ☐ 2 Coríntios 12

Quando uma mudança repentina na tecnologia tornou o seu trabalho obsoleto, um cientista altamente treinado foi trabalhar num restaurante de *fast-food*. Certa noite, após o nosso estudo bíblico, ele descreveu sua situação como difícil e humilhante. Ele disse: "Algo bom que eu posso falar é que os jovens de lá parecem interessados em minha fé." Alguém do grupo respondeu: "Eu o admiro por ser humilde. Sei que a sua fé tem algo a ver com isso."

Assim como o meu conhecido, Filipe pode ter imaginado por que Deus o tiraria de Samaria (Atos 8:4-8) e o colocaria no meio do deserto (v.26). Mas em seguida, ele descobriu que um etíope precisava de ajuda para compreender as Escrituras (vv.27-35), e o seu lugar fez sentido.

Quando Jesus prometeu que jamais nos abandonaria (Mateus 28:20; Hebreus 13:5), Ele quis dizer nos momentos difíceis e também nos bons. A nossa missão nas fases difíceis da vida é trabalhar ou servir, lembrando que fazemos para o Senhor, e em seguida observar enquanto Deus trabalha para concretizar Seus propósitos.

Olhe para Deus em seu lugar difícil e descubra o que Ele está fazendo em você e por seu intermédio neste local. –RKK

O que é melhor do que sermos respondidos?
Confiar no bom Deus que tem os Seus motivos.

21 de setembro

PREÇO PELA PAZ

LEITURA:
Efésios 2:11-18

Essas coisas vos tenho dito para que tenhais paz em mim... —João 16:33

A BÍBLIA EM UM ANO:
☐ Eclesiastes 7–9
☐ 2 Coríntios 13

Alfred Nobel enriqueceu com a invenção da dinamite, o que mudou o curso da guerra. Talvez por causa dos horrores que as guerras infligiram com o uso das dinamites, ele deixou preparado em seu testamento um prêmio a ser dado anualmente àqueles que trabalham para promover a paz. Hoje, é chamado de Prêmio Nobel da Paz.

A expressão bíblica de paz é, antes de tudo, paz com Deus (Romanos 5:1). O pecado nos torna inimigos de Deus (v.10), mas a vinda de Jesus a esta terra e a Sua morte na cruz afastaram a ira de Deus. Agora, nós podemos ser reconciliados com Ele. Ao acertar o nosso relacionamento com Deus, Jesus nos capacita a trabalharmos para acabar com as barreiras entre nós e os outros.

Outro tipo de paz é ter a paz de Deus (Filipenses 4:7). Não há necessidade para estarmos ansiosos com coisa alguma, pois aprendemos que podemos apresentar os nossos pedidos a Ele.

Tendo trazido a paz, Jesus está agora sentado à direita do Pai (Hebreus 12:2). Hoje, podemos ter paz com Deus e a paz de Deus. –CPH

A verdadeira paz não é ausência de guerra; é a presença de Deus. —Loveless

22 de setembro

O BOM E O MAU

LEITURA:
1 Reis 14:7-16

...Davi, meu servo [...] andou após mim de todo o seu coração...
—1 Reis 14:8

A BÍBLIA EM UM ANO:
☐ Eclesiastes 10–12
☐ Gálatas1

Comecei a estudar, recentemente, os reis do Antigo Testamento que andaram após Deus "...de todo o seu coração..." (1 Reis 14:8) e são um exemplo a seguir (3:14; 11:38). Os reis maus são conhecidos por sua obstinada rejeição a Deus e por liderar os seus súditos à idolatria. O rei Jeroboão, o primeiro a governar Israel após a divisão do reino, em seu legado é lembrado como um dos piores reis "...pelos pecados que [...] cometeu e pelos que fez Israel cometer" (14:16). Pelo seu mau exemplo, muitos reis que vieram depois são comparados a ele e descritos como tão maus como ele foi (16:2,9,26,31; 22:52).

Cada um de nós tem um local de influência e podemos usar esta influência para o bem ou para o mal. Uma fidelidade ilimitável a Deus é uma luz que resplandecerá e deixará um legado de bondade.

Nós temos o privilégio de glorificar o Senhor. Que outros vejam Sua luz brilhando em nós e sejam atraídos à Sua bondade.
—CHK

A menor luz ainda brilha na escuridão da noite.

23 de setembro

TEMPOS DIFÍCEIS

LEITURA:
Salmo 91

O que habita no esconderijo do Altíssimo e descansa à sombra do Onipotente. —Salmo 91:1

A BÍBLIA EM UM ANO:
☐ Cântico dos Cânticos 1–3
☐ Gálatas 2

Algumas crianças adoram vangloriar-se de seus pais. Se você ouvir às escondidas conversas na vizinhança, vai ouvir uma criança dizendo: "Meu pai é maior que o seu!" ou "O meu pai é mais inteligente do que o seu pai!". Essa exibição, frequentemente, está relacionada ao aviso de que se as crianças o estão ameaçando, é melhor tomarem cuidado porque o seu pai pode vir e derrubar todas elas, inclusive os pais delas!

Acreditar que o seu pai é o mais forte do quarteirão é muito inspirador diante do perigo. É por isto que eu amo o fato de o nosso Deus ser Todo--Poderoso. Isso significa que ninguém está à altura da Sua força e poder. Ainda melhor, significa que você e eu descansamos "...à sombra do Onipotente" (Salmo 91:1). Assim, não é de se admirar que o salmista possa confiadamente dizer que ele não temerá "...o terror noturno, nem da seta que voa de dia" (v.5).

Indiferente do que o hoje possa trazer ou do problema que você esteja enfrentando, não esqueça que o seu Deus é mais forte do que qualquer coisa em sua vida. Por isso, confie! A sombra da Sua onipresença garante que o Seu poder pode transformar até mesmo a pior situação em algo bom. –JMS

Deus é maior do que o nosso maior problema.

24 de setembro

UM AMIGO EM NECESSIDADE

LEITURA:
1 João 3:11-18

Filhinhos, não amemos de palavra, nem de língua, mas de fato e de verdade.
—1 João 3:18

A BÍBLIA EM UM ANO:
☐ **Cântico dos cânticos 4–5**
☐ **Gálatas 3**

Há pouco tempo, minha esposa Janet e eu compramos uma quantidade de carne de um amigo que cria gado numa pequena fazenda. Era mais barata do que a carne do mercado, e a guardamos no *freezer* para usarmos nos meses seguintes.

Então, uma tempestade de raios cortou a energia em nossa região. Nas primeiras 24 horas, sabíamos que o *freezer* manteria a carne congelada. Mas no segundo dia, ainda sem luz, começamos a nos preocupar.

Ligamos para um participante do nosso grupo de estudo bíblico para nos ajudar. Ele cancelou o seu compromisso e apareceu em nossa porta com um gerador para prover energia ao *freezer*. Ficamos gratos por ele ter nos ajudado e sabíamos que era por causa do amor de Cristo.

O ditado "o amigo na necessidade é amigo de verdade" teve um novo significado para nós. O apóstolo João nos lembra: "Filhinhos, não amemos de palavra, nem de língua, mas de fato e de verdade (1 João 3:18). Às vezes, isso significa nos incomodarmos para cuidar dos interesses dos outros ou receber essa ajuda quando necessitamos. Afinal de contas, Cristo fez isso por nós; é uma bênção ser as Suas mãos e pés em amor uns aos outros. –HDF

Quando amamos Jesus, amamos aos outros.

25 de setembro

INSIGNIFICANTE

LEITURA:
Lucas 3:2-6,15-18

...veio a palavra de Deus a João, filho de Zacarias, no deserto. —Lucas 3:2

A BÍBLIA EM UM ANO:
☐ **Cântico dos cânticos 6–8**
☐ **Gálatas 4**

Os mobilizadores e estimuladores são pessoas que estão subindo a ladeira da influência e sucesso. O livro de Lucas menciona sete líderes proeminentes que exerceram controle na sociedade da sua época. O Imperador Romano Tibério César teve em suas mãos o poder da vida e da morte de pessoas em seu vasto império. Pôncio Pilatos representou Roma como governador da Judeia; enquanto Herodes, Filipe e Lisânias controlaram as pessoas, em âmbito regional. Anás e Caifás foram sumo sacerdotes, levando sua autoridade espiritual muito a sério.

Enquanto estes poderosos tinham as suas estratégias políticas, "...veio a palavra de Deus a João, filho de Zacarias, no deserto" (v.2). Quem poderia ser menos importante do que este homem misterioso que vivia no deserto e ouvia a voz de Deus? O que João Batista conquistaria "...pregando batismo de arrependimento para remissão de pecados"? (v.3). Ainda assim, multidões vieram a João em busca da verdade, afastando-se de seus erros e questionando se ele poderia ser o Messias (vv.7-15). João lhes disse: "...mas vem o que é mais poderoso que eu [...] ele vos batizará com o Espírito Santo e com fogo" (v.16).

A vida de João nos ajuda a compreender o que significa ser importante aos olhos de Deus. Assim como João, que todas as nossas palavras e ações levem outros a Jesus. – DCM

A nossa entrega a Deus precede o Seu importante trabalho em nossa vida.

26 de setembro

O PADRÃO DA SABEDORIA

LEITURA:
Salmo 38:1-15

Pois em ti, SENHOR, espero; pois tu me atenderás, Senhor meu Deus.
—Salmo 38:15

A BÍBLIA EM UM ANO:
☐ Isaías 1–2
☐ Gálatas 5

Albert Einstein disse: "Apenas duas coisas são infinitas, o universo e a estupidez humana, e eu não tenho certeza sobre o primeiro." Infelizmente, parece que muito frequentemente não há limites para a tolice na qual nos envolvemos — ou os danos que criamos com as nossas tolices e as escolhas que elas promovem.

Foi numa fase assim de arrependimento que Davi derramou a sua luta e queixas a Deus no Salmo 38. Ao se deparar com os seus próprios fracassos, o rei-pastor fez um comentário perspicaz: "Tornam-se infectas e purulentas as minhas chagas, por causa da minha loucura" (v.5). Ainda que o salmista não nos dê os detalhes daquelas escolhas ou da piora de suas feridas, algo é certo: Davi reconheceu sua própria loucura e a sua causa.

A resposta para esta tolice destrutiva é aceitar a sabedoria de Deus. O livro de Provérbios 9:10 nos lembra: "O temor do SENHOR é o princípio da sabedoria, e o conhecimento do Santo é prudência." Apenas se permitirmos Deus nos transformar, poderemos superar as decisões tolas que geram tantos problemas. Com a Sua orientação amorosa, podemos seguir o padrão da sabedoria divina. –WEC

A sabedoria de Deus é dada àqueles que humildemente lhe pedem.

27 de setembro

FOGO E CHUVA

LEITURA:
Isaías 16:5

...um trono surgirá em benignidade, e sobre ele [...] se assentará [...] um que julgue, busque o juízo e não tarde em fazer justiça. —Isaías 16:5

A BÍBLIA EM UM ANO:
☐ Isaías 3–4
☐ Gálatas 6

Quando um incêndio se alastrou pelos belos cânions no Colorado, EUA, destruiu o habitat de todos os tipos de vida selvagem e de milhares de lares. Pessoas ao redor do país clamaram a Deus, pedindo a Ele que enviasse chuva para apagar as chamas, dar fim à destruição e descanso aos bombeiros. As orações de algumas pessoas tinham uma condição interessante. Elas pediram a Deus para demonstrar misericórdia e enviar chuva sem raios, que poderiam causar mais incêndios.

Isto me lembra do quanto vivemos em tensão entre as coisas que nos salvam e nos matam. Com o fogo, cozinhamos o nosso alimento e nos mantemos aquecidos, mas ele pode nos consumir. Com a água, podemos nos manter hidratados e o nosso planeta resfriado, mas ela pode nos derrubar. Muito ou pouco de cada um é uma ameaça à vida.

Vemos o mesmo princípio na vida espiritual. Para prosperar, as civilizações precisam das qualidades aparentemente opostas da misericórdia e justiça (Zacarias 7:9). Jesus repreendeu os fariseus por defenderem a lei, mas negligenciarem os "...preceitos mais importantes da lei..." (Mateus 23:23).

Nós podemos tender à justiça ou misericórdia, mas Jesus as mantém em perfeito equilíbrio (Isaías 16:5; 42:1-4). A Sua morte satisfez a necessidade de Deus por justiça e a nossa necessidade por misericórdia. —JAL

A justiça e misericórdia de Deus se encontram na cruz.

28 de setembro

Quem sou eu?

Leitura:
Êxodo 3:7-15

Então, disse Moisés a Deus: Quem sou eu para ir a Faraó e tirar do Egito os filhos de Israel? —Êxodo 3:11

A Bíblia em um ano:
☐ Isaías 5–6
☐ Efésios 1

Anos atrás, o renomado evangelista Billy Graham foi agendado para falar na Universidade de Cambridge, Inglaterra, mas ele não se sentiu qualificado para discursar aos sofisticados pensadores. Ele não tinha mestrado ou doutorado e nunca tinha estudado no seminário. Graham contou a um amigo próximo: "Não sei se já me senti mais inadequado e totalmente despreparado para esta missão." Ele pediu ajuda a Deus e o Senhor o usou para compartilhar a simples verdade do evangelho e da cruz de Cristo.

Moisés também se sentiu inadequado quando Deus o recrutou para a missão de falar a Faraó para libertar os israelitas. Moisés perguntou: "...Quem sou eu para ir a Faraó...? (Êxodo 3:11). Apesar de Moisés questionar sua eficácia por ser "...pesado de boca e pesado de língua" (4:10), Deus respondeu: "...Eu serei contigo..." (3:12). Sabendo que teria de compartilhar o plano de resgate de Deus e contar aos israelitas quem o enviara, Moisés perguntou a Deus: "...Que lhes direi?" E Deus respondeu: "...Eu Sou me enviou a vós outros" (vv.13-14). O Seu nome "Eu Sou" revelou o Seu eterno, autoexistente e autossuficiente caráter.

Mesmo quando questionamos as nossas habilidades para fazer o que Deus nos pediu para fazer, Ele é confiável. As nossas imperfeições são menos importantes do que a suficiência de Deus. Quando perguntamos: "Quem sou eu?" podemos lembrar que Deus responde: "Eu Sou". —JBS

Você não precisa ter medo de onde está indo quando você sabe que Deus está indo com você.

29 de setembro

Coragem colorida

Leitura:
1 Coríntios 4:10-17

Sede meus imitadores, como também eu sou de Cristo.
—1 Coríntios 11:1

A Bíblia em um ano:
- ☐ Isaías 7–8
- ☐ Efésios 2

Uma propaganda de um relógio, na rádio, sugeriu que os ouvintes comprassem um relógio com uma pulseira de cor brilhante e com ele usassem roupas de outras cores. Quando as pessoas notassem o seu relógio pelo contraste de cores, a propaganda disse: "Elas vão ver que você tem uma 'coragem colorida'. E vão querer ser como você." Há algo em nós que aprecia quando os outros seguem o nosso exemplo.

Se você der uma lida no livro de 1 Coríntios 4, pode pensar que o apóstolo Paulo é um pouco orgulhoso ao dizer para seguir o seu exemplo de autossacrifício (v.16). Mas uma segunda leitura das palavras de Paulo demonstra porque ele escreveu com tanta confiança. Ele podia dizer às pessoas para o imitarem, pois ele imitava Cristo (11:1), o maior Servo de todos.

A perseguição que ele suportou e o posicionamento que sustentou na igreja (4:10-17) aconteceram porque Paulo seguiu Jesus. Quando ele mencionou que ainda que os coríntios tivessem 10 mil mestres, ele ainda seria o seu pai na fé (v.15), estava reconhecendo que Jesus é a única razão para as pessoas confiarem em seus ensinamentos.

Se quisermos que os outros nos imitem, devemos primeiro imitar o nosso Senhor. Se tivermos qualquer motivo para que as pessoas sigam o nosso exemplo — se tivermos alguma coragem de indicar o Salvador aos outros— é por Sua causa, não nossa.

—AMC

Os outros devem nos imitar apenas se imitarmos a Cristo.

30 de setembro

BEBA MUITA ÁGUA

LEITURA:
João 4:7-14

...a água que eu lhe der será nele uma fonte a jorrar para a vida eterna. —João 4:14

A BÍBLIA EM UM ANO:
☐ Isaías 9–10
☐ Efésios 3

Os visitantes do Colorado, EUA, geralmente ficam desidratados sem perceber. O clima seco e o sol intenso, especialmente nas montanhas, podem rapidamente esgotar os fluídos corporais. Por essa razão, muitos mapas de turistas e alertas insistem para que as pessoas bebam muita água.

Na Bíblia, a água é frequentemente usada como um símbolo de Jesus como a Água Viva que satisfaz as nossas necessidades mais profundas. Deste modo, é bastante apropriado que uma das conversas mais memoráveis de Jesus tenha sido num poço (João 4:1-42). A conversa inicia com o pedido de Jesus a uma mulher samaritana por água (v.7). Rapidamente avança para uma discussão sobre algo a mais quando Jesus diz a ela: "Quem beber desta água [física] tornará a ter sede; aquele, porém, que beber da água que eu lhe der nunca mais terá sede; pelo contrário, a água que eu lhe der será nele uma fonte a jorrar para a vida eterna" (vv.13-14).

Como resultado desta conversa, a mulher e muitas pessoas na vila onde ela morava creram que Jesus era "...verdadeiramente o Salvador do mundo" (v.42).

Não podemos viver sem água. Também não podemos viver verdadeiramente hoje ou para sempre sem a água viva que recebemos ao aceitar Jesus como nosso Salvador. Nós podemos beber da Sua água que dá vida hoje. –DCM

Apenas Jesus, a Água Viva, pode satisfazer a alma sedenta.

1 de outubro

CRIANÇAS CANTANDO

LEITURA:
Salmo 148

...louvai-o, todas as estrelas luzentes.
—Salmo 148:3

A BÍBLIA EM UM ANO:
☐ **Isaías 11–13**
☐ **Efésios 4**

O que o Telescópio *Hubble Space*, um jardim zoológico e crianças cantando têm em comum? Conforme o ensinamento do Salmo 148, poderíamos concluir que todas elas apontam para a magnífica criação de Deus.

Questiona-se com frequência a ideia de que Deus criou o mundo. Talvez por isso este seja um bom momento para se lembrar do louvor que nós e toda a criação devemos dar ao nosso Pai celestial por Sua magnífica obra.

O *Hubble* pode nos ajudar nisso por meio das fotos de nosso universo, que são de arregalar os olhos. Cada uma dessas fotos brilhantes destaca as estrelas, que refletem a majestade criativa de Deus. O versículo de hoje diz "...louvai-o, todas as estrelas luzentes".

Uma visita a um jardim zoológico nos mostra a grande diversidade da vida selvagem que Deus criou. Olhamos para os versículos 7 e 10 e dizemos graças a Deus pelas criaturas do mar, animais silvestres, insetos e pássaros.

E alguns minutos assistindo as criancinhas cantando louvores a Deus sem inibição simbolizam a verdade de que todos os povos da terra devem levantar suas vozes em honra ao nosso Criador (vv.11-13).

Estrelas, animais e crianças: "Louvem o nome do SENHOR, porque só o Seu nome é excelso..." (v.13). Vamos nos unir e dar graças por Sua criação. "Louvado seja o Senhor!" –JDB

A criação revela o poder de Deus.

2 de outubro

CASADO COM A REALEZA

LEITURA:
Apocalipse 19:6-9

...porque são chegadas as bodas do Cordeiro, cuja esposa a si mesma já se ataviou.
—Apocalipse 19:7

A BÍBLIA EM UM ANO:
☐ Isaías 14–16
☐ Efésios 5:1-16

O livro de crônicas *To Marry an English Lord* (Para casar-se com um nobre inglês) narra o fenômeno do século 19, no qual ricas herdeiras americanas buscavam casar-se com aristocratas britânicos. Embora elas já fossem ricas, buscavam o *status* social de realeza. O livro começa com o príncipe Albert, filho da Rainha Victoria, retribuindo uma visita aos Estados Unidos. Uma multidão de herdeiras ricas alvoroçaram-se para comparecer ao grande baile preparado para o príncipe, cada uma delas esperando tornar-se sua noiva real.

Os cristãos não precisam ter apenas esperança, pois têm a garantia de um casamento real no céu. João fala sobre isso no livro de Apocalipse: "Alegremo-nos, exultemos e demos-lhe a glória, porque são chegadas as bodas do Cordeiro, cuja esposa a si mesma já se ataviou" (19:7-8). Jesus é o Cordeiro, o Esposo mencionado nessa escritura, e os que creem nele são Sua noiva.

Como a noiva de Cristo, temos que estar "prontos" para aquele dia, lutando para viver perto dele e aguardando esperançosos pelo nosso futuro com Ele no céu. Lá nos alegraremos, exultaremos e daremos glória (v.7) ao Rei dos reis e Senhor dos senhores! —HDF

Não há privilégio maior do que conhecer o Rei dos reis.

3 de outubro

A DÁDIVA DA PRESENÇA

LEITURA:
João 11:14-27

Muitos dentre os judeus tinham vindo ter com Marta e Maria, para as consolar a respeito de seu irmão. —João 11:19

A BÍBLIA EM UM ANO:
☐ Isaías 17–19
☐ Efésios 5:17-33

Alguns anos atrás, quando eu era o novo gerente de recursos humanos, compareci ao funeral de um funcionário antigo da empresa que eu não havia conhecido. O trabalhador, um pedreiro, era amado por seus colegas de trabalho, contudo muito poucos vieram para ver sua viúva. Escutei alguém tentando consolá-la, dizendo que muitas pessoas preferem ficar longe, porque temem dizer ou fazer algo inadequado e entristecer a família ainda mais.

Em tempos de aflição, no entanto, as pessoas raramente se lembram do que dizemos. O que elas mais lembram é de que estivemos presentes. Rostos familiares oferecem uma força indescritível, pois eles dão conforto para os profundos sentimentos de solidão que aparecem na hora da perda. Essa dádiva da presença é algo que todos nós somos capazes de oferecer, mesmo se estivermos com a língua travada ou nos sentirmos desconfortáveis.

Marta e Maria foram cercadas por amigos e consoladores quando seu irmão Lázaro morreu (João 11:19). Então, aquele que elas mais desejavam ver — Jesus — veio e chorou com elas (vv.33-35). As pessoas disseram então: "...Vede quanto o amava!" (v.36).

Em qualquer tipo de perda, Jesus sempre nos honra com a Sua presença reconfortante, e nós conseguimos compartilhar a Sua profunda compaixão simplesmente pela dádiva da nossa presença. –RKK

Muitas vezes o melhor conforto é apenas estar por perto.

4 de outubro

INFINITAMENTE MAIS

LEITURA:
Efésios 3:14-21

...porque maior é aquele que está em vós do que aquele que está no mundo.
—1 João 4:4

A BÍBLIA EM UM ANO:
- ☐ Isaías 20–22
- ☐ Efésios 6

"Isso não vai acontecer, tia Julie. Pode tirar esse pensamento de sua mente."

"Sei que é pouco provável, mas não é impossível", respondi.

Por vários anos, minha sobrinha e eu tivemos variações dessa conversa a respeito de uma situação em nossa família. O restante da frase, que eu dizia apenas ocasionalmente, era esta: "Sei que isso pode acontecer porque ouvi histórias o tempo todo sobre como Deus faz as coisas impossíveis acontecerem." Mas para mim mesma, eu dizia: "Mas elas acontecem apenas nas famílias de outras pessoas."

Meu pastor, ultimamente, tem ensinado sobre o livro de Efésios. No final de todos os cultos, repetimos este verso: "Ora, aquele que é poderoso para fazer infinitamente mais do que tudo quanto pedimos ou pensamos, conforme o seu poder que opera em nós, a ele seja a glória, na igreja e em Cristo Jesus, por todas as gerações, para todo o sempre. Amém!" (Efésios 3:20-21).

Este é o ano em que Deus escolheu para fazer "infinitamente mais" em minha família. Ele substituiu a indiferença pelo amor. Como Ele fez isso? Não tenho a mínima ideia, mas vi acontecer. E por que eu deveria ficar surpresa? Se Satanás pode transformar amor em indiferença, certamente Deus pode mudar a indiferença de volta para o amor. —JAL

O poder de Deus para restaurar é mais forte do que o poder de Satanás para destruir.

5 de outubro

O VALOR DE APENAS UM

LEITURA:
Lucas 15:1-10

Qual, dentre vós [...], possuindo cem ovelhas [...], não deixa no deserto as noventa e nove e vai em busca da que se perdeu...?
—Lucas 15:04

A BÍBLIA EM UM ANO:
☐ Isaías 23–25
☐ Filipenses 1

Apenas algumas horas antes da formatura do Ensino Médio, uma jovem se envolveu num acidente automobilístico que tirou a vida de seu pai e deixou sua mãe e ela hospitalizadas. No dia seguinte, o diretor de sua escola visitou-a no hospital e disse-lhe que queria fazer algo especial para ela na escola. Um jornal local descreveu como a demonstração de amor e apoio dos professores, administradores e colegas, profundamente sensibilizados pela perda da jovem, encheu o auditório da escola alguns dias depois. Fizeram uma cerimônia de graduação exclusiva para ela.

O diretor disse: "Em educação, falamos muito sobre a não reprovação automática dos alunos, para que não fiquem para trás. Entre os militares, eles falam sobre não deixar nenhum soldado para trás. Hoje, celebramos a graduação de alguém que não será deixada para trás."

Jesus destacou a importância de cada pessoa para Deus por meio de três histórias. Em cada uma, alguém havia perdido algo de grande valor – uma ovelha, uma moeda e um filho (Lucas 15). Quando essas pessoas encontram o que procuravam, chamam amigos e vizinhos para comemorar e se alegrarem juntos.

A questão é clara: todos nós somos de grande valor para Deus, que nos oferece perdão e vida nova em Cristo. E Ele fielmente nos acompanha com Seu amor e graça. Há grande alegria no céu quando um pecador se arrepende (v.7). – DMC

Nosso valor é medido pelo que Deus fez por nós.

6 de outubro

UM DESAFIO PERIGOSO

LEITURA:
2 Crônicas 20:1, 15–22

...pois a peleja não é vossa, mas de Deus.
—2 Crônicas 20:15

A BÍBLIA EM UM ANO:
☐ Isaías 26–27
☐ Filipenses 2

Enquanto milhões assistiam pela televisão, Nik Wallenda atravessava as Cataratas do Niágara num cabo de aço de 549 m, que tinha apenas 13 cm de diâmetro. Ele tomou todas as precauções que podia. Somado ao drama e ao perigo da altura em que se encontrava e à água correndo abaixo, uma espessa névoa obscureceu a vista de Wallenda. O vento causado pelo balançar das águas ameaçou seu equilíbrio e desafiou sua estabilidade. Na metade da travessia, e por causa desses perigos, ele orou muito e louvou a Deus.

Os israelitas também louvaram a Deus ao serem perigosamente desafiados, quando um grupo de guerreiros se reuniu para lutar contra eles (2 Crônicas 20:2). Após humildemente pedir ajuda a Deus, o rei Josafá nomeou um coro para marchar à frente do exército israelita na batalha. Os adoradores cantaram: "Rendei graças ao SENHOR, porque a sua misericórdia dura para sempre" (v.21). Ao cantarem, o Senhor permitiu que as forças inimigas se atacassem e destruíssem mutuamente.

Louvar a Deus no meio de um desafio pode significar dominar os nossos instintos naturais. Temos a tendência para a autoproteção, criação de estratégias e preocupação. No entanto, a adoração pode guardar o coração contra pensamentos perturbadores e autossuficiência. Isso nos lembra da lição que os israelitas aprenderam: "...pois a peleja não é vossa, mas de Deus" (v.15). –JBS

Não importa o que está a nossa frente,
Deus está sempre conosco.

7 de outubro

LOUVOR PÚBLICO

LEITURA:
Salmo 96

Anunciem a sua glória entre as nações, suas maravilhas entre os povos. —Salmo 96:3

A BÍBLIA EM UM ANO:
☐ Isaías 28–29
☐ Filipenses 3

Eu gosto de um vídeo do *YouTube* em que as pessoas na praça de alimentação de um *shopping* são surpreendidas por alguém que se levantou e começou a cantar corajosamente o coro "Aleluia". Para a surpresa de todos os presentes, outra pessoa também se junta ao coro, e depois outra, e outra. Logo a praça de alimentação é totalmente tomada com a brilhante harmonia de Handel. Uma companhia de ópera local havia posicionado seus cantores em lugares estratégicos para que pudessem manifestar alegremente a glória de Deus no cotidiano dos frequentadores da praça de alimentação.

Toda vez que eu assisto a esse vídeo sou levado às lágrimas. Lembro-me de que declarar a glória de Deus em situações comuns do nosso mundo por meio de belas canções cristãs é exatamente o que somos convocados a fazer. Pense em como é introduzir a graça de Deus intencionalmente numa situação em que alguma alma indigna precise de uma segunda chance; de compartilhar o amor de Cristo com alguém que está necessitado, de ser as mãos de Jesus que levantam um amigo cansado, ou de trazer paz a uma situação confusa e caótica.

Como o salmista nos relembra, temos o alto e santo privilégio de declarar "...a sua glória, entre todos os povos, as suas maravilhas" (Salmo 96:3). –JMS

Surpreenda o seu mundo com as maravilhas de Cristo que brilham por seu intermédio!

8 de outubro

Deus provê, mas como?

Leitura:
Deuteronômio 24:19-22

**Aquele que lavra a sua terra será farto de pão.
—Provérbios 12:11**

A Bíblia em um ano:
☐ Isaías 30–31
☐ Filipenses 4

Do lado de fora da janela do meu escritório, os esquilos estão em uma corrida contra o inverno para enterrar suas nozes em algum lugar seguro e acessível. O agito deles me diverte. Um bando completo de corços pode atravessar o nosso quintal sem fazer barulho, mas um esquilo é barulhento como uma invasão.

As duas criaturas têm mais uma característica diferente. Corços não se preparam para o inverno. Quando a neve chega, comem o que encontram pelo caminho (inclusive as nossas flores). Os esquilos morreriam de fome se fizessem isso. Seriam incapazes de encontrar alimento adequado.

O corço e o esquilo ilustram como Deus cuida de nós. Ele nos capacita a trabalhar e poupar para o futuro e conhece nossas necessidades quando os recursos são escassos. O livro da sabedoria ensina que Deus nos dá tempos de abundância, visando preparar-nos para tempos de necessidade (Provérbios 12:11). O Salmo 23 declara que o Senhor está conosco quando passamos por lugares perigosos e por pastos verdejantes.

Outra forma como Deus se utiliza para prover o que precisamos é instruindo aqueles com muito a partilhar com os necessitados (Deuteronômio 24:19). Sobre provisão, a mensagem da Bíblia é esta: trabalhar enquanto somos capazes; economizar o que conseguirmos, compartilhar o que pudermos e confiar em Deus para suprir nossas necessidades. – JAL

As provisões de Deus nunca se esgotam.

9 de outubro

VIDA SEM PÃO

LEITURA:
João 6:25-35

Eu sou o pão da vida.
—João 6:48

A BÍBLIA EM UM ANO:
☐ Isaías 32–33
☐ Colossenses 1

Em culturas com grande variedade de alimentos, o pão já não é visto como algo necessário na dieta alimentar. Por essa razão, alguns optam por viver sem ele por várias razões. No primeiro século, no entanto, o pão era visto como elemento essencial. Uma dieta sem pão era um conceito estranho.

Certa vez, uma multidão de pessoas procurou Jesus porque Ele tinha realizado o milagre da multiplicação de pães (João 6:11,26). Pediram-lhe para mostrar um sinal como o maná do céu que Deus proveu para o Seu povo no deserto (6:30-31; Êxodo 16:4). Quando Jesus disse que Ele era "o verdadeiro pão do céu" (João 6:32), as pessoas não entenderam. Eles queriam o pão de cada dia, literalmente. Mas, Jesus estava dizendo que Ele havia sido enviado para ser o seu pão espiritual e supriria suas necessidades espirituais diárias. Se eles, pela fé, aceitassem Suas palavras e vida em suas almas, eles experimentariam a satisfação eterna (v.35).

Jesus não quer ser um alimento opcional em nosso dia a dia; Ele deseja ser o alimento essencial em nossas vidas, o nosso suprimento "necessário". Como os judeus do primeiro século jamais poderiam imaginar a vida sem pão físico, que nós jamais tentemos viver sem Jesus, o nosso pão espiritual!
—MLW

Só o pão espiritual sacia a fome da alma.

10 de outubro

SENDO TESTEMUNHA

LEITURA:
Atos 1:1-9

...mas recebereis poder, ao descer sobre vós o Espírito Santo, e sereis minhas testemunhas [...] até aos confins da terra. —Atos 1:8

A BÍBLIA EM UM ANO
☐ Isaías 34–36
☐ Colossenses 2

Quando eu era adolescente, testemunhei um acidente de carro. Foi uma experiência chocante que se agravou pelo que se seguiu. Como a única testemunha do incidente, passei os meses seguintes contando a uma série de advogados e empresas de seguro o que eu tinha visto. Não esperavam que eu explicasse os aspectos técnicos do acidente ou os detalhes do trauma médico. Pediam-me apenas para dizer o que eu havia visto.

Como seguidores de Cristo, somos convocados a ser testemunhas do que Jesus tem feito em nós e por nós. Para levar as pessoas a Cristo, nós não precisamos ser capazes de explicar todas as questões teológicas ou responder a cada pergunta. O que devemos fazer é explicar o que testemunhamos em nossas próprias vidas pela cruz e ressurreição do Salvador. Melhor ainda é que não temos que confiar em nós mesmos para fazer isto. Jesus disse: "...mas recebereis poder, ao descer sobre vós o Espírito Santo, e sereis minhas testemunhas tanto em Jerusalém como em toda a Judeia e Samaria, e até aos confins da terra" (Atos 1:8).

À medida que confiamos no poder do Espírito, podemos levar um mundo ferido para o Cristo Redentor. Com a ajuda dele, podemos testemunhar o poder transformador de Sua presença em nossa vida! —WEC

Nossa tarefa é testemunhar o que Deus tem feito por nós.

11 de outubro

LINDO INTERIOR

LEITURA:
Romanos 8:1-11

...o pendor da carne dá para a morte, mas o Espírito, para a vida e paz. —Romanos 8:6

É uma casa sem descrição que fica em uma avenida movimentada. Sem características significativas, esta construção bastante simples é fácil de ignorar. Mas, ao passar em frente a ela certo dia, vi um placa de "à venda" na frente. Junto a ela, havia um aviso menor, que alegremente anunciava "Sou linda por dentro." Mesmo não estando à procura de uma casa nova, aquela placa me intrigou. O que poderia fazer aquela casa sem qualquer atrativo ser linda por dentro?

Isso também me fez imaginar: Será que aquela placa poderia se aplicar a nós como seguidores de Jesus? Pense nisso. Não importa como nos parecemos por fora, será que não deve haver uma beleza que revele o amor e a ação de Deus em nossas vidas?

A BÍBLIA EM UM ANO
☐ Isaías 37–38
☐ Colossenses 3

O que a Bíblia diz sobre a beleza interior? Podemos começar com o livro de Romanos 7:22, que diz: "Porque, no tocante ao homem interior, tenho prazer na lei de Deus." No livro de Romanos 8:6, Paulo ensina sobre uma mente controlada pelo Espírito que se caracteriza por "vida e paz". E no livro de Gálatas, vemos que permitir que o Espírito tome conta do nosso ser interior irá gerar em nós o "fruto do Espírito" (5:22), um belo conjunto de qualidades como o amor, alegria, paz, paciência e bondade.

Deleitar-se nas Escrituras e permitir que o Espírito aja em nossos corações nos fará parecer bonitos interiormente e será demonstrado numa vida que honra a Deus. –JDB

A integridade em seu coração produz beleza em seu caráter.

12 de outubro

Sonhos de Infância

Leitura:
Salmo 8

**Da boca de pequeninos e crianças de peito suscitaste força...
—Salmo 8:2**

A Bíblia em um ano
☐ Isaías 39–40
☐ Colossenses 4

Anos atrás, eu pedi aos alunos da quinta série para preparar uma lista de perguntas a Jesus como se Ele fosse aparecer em pessoa na semana seguinte. Eu também pedi a grupos de adultos para fazer o mesmo. Os resultados foram surpreendentemente diferentes. As perguntas das crianças variaram de adoráveis à ousadas: "Será que vamos ter de nos sentar em vestes brancas e cantar durante todo o dia no céu? Será que o meu cachorro vai estar conosco? As baleias estavam dentro ou fora da arca? Como está o meu avô lá em cima com o Senhor?" Quase sem exceção, as perguntas estavam livres da dúvida de que o céu existia ou de que Deus age de maneira sobrenatural.

Os adultos, por outro lado, apresentaram uma linha completamente diferente de questionamentos: "Por que coisas ruins acontecem a pessoas boas? Como eu sei que o Senhor está ouvindo minhas orações? Por que existe apenas um caminho para o céu? Como poderia um Deus amoroso deixar esta tragédia acontecer comigo?"

Em sua maioria, as crianças têm a vida livre do peso das preocupações e tristezas que sobrecarregam os adultos. Sua fé permite que confiem em Deus mais facilmente. Enquanto nós adultos muitas vezes nos perdemos em tormentos e tristezas, as crianças mantêm a visão de vida do salmista — uma perspectiva eterna que vê a grandeza de Deus (Salmo 8:1-2). Podemos acreditar em Deus, e Ele anseia que confiemos nele, como as crianças o fazem (Mateus 18:3). —RKK

A caminhada diária com Deus direciona nossos olhos das provações do momento aos triunfos da eternidade.

13 de outubro

ENFRENTANDO O PASSADO

LEITURA:
Atos 9:20-30

...porém, o temiam, não acreditando que ele fosse discípulo. —Atos 9:26

A BÍBLIA EM UM ANO
☐ **Isaías 41–42**
☐ **1 Tessalonicenses 1**

Chuck Colson, fundador do ministério *Prison Fellowship* (Comunhão prisional), passou 40 anos ajudando as pessoas a ouvir e compreender o evangelho de Jesus Cristo. Quando ele morreu, em abril de 2012, um artigo de jornal publicou a manchete, "Charles Colson, homem dos 'truques sujos' de Nixon, morre aos 80." Parecia surpreendente que um homem tão transformado pela fé pudesse ser identificado com as coisas que ele fizera como assessor presidencial sem escrúpulos, antes de conhecer o Salvador.

A conversão do apóstolo Paulo e seu testemunho foram recebidos com ceticismo e medo. Quando ele começou a pregar que Jesus é o Filho de Deus, as pessoas diziam: "Não é este o que exterminava em Jerusalém os que invocam o nome de Jesus...?" (Atos 9:21). Mais tarde, quando Paulo foi para Jerusalém e tentou juntar-se aos discípulos, eles tinham medo dele (v.26). Nos anos seguintes, Paulo nunca ignorou seu passado, mas falou dele como prova da misericórdia de Deus (1 Timóteo 1:13-14).

Como Paulo, nós não precisamos exibir nossas falhas ou fingir que não aconteceram. Em vez disso, podemos agradecer ao Senhor porque, por intermédio de Sua graça e poder, o nosso passado está perdoado, nosso presente é edificado e nosso futuro é cheio de esperança por tudo o que Ele tem preparado para nós. —DCM

Só Jesus pode transformar a nossa vida.

14 de outubro

SEMENTES E SOLOS

LEITURA:
Mateus 13:1-9

Antes, crescei na graça e no conhecimento de nosso Senhor e Salvador Jesus Cristo. —2 Pedro 3:18

A BÍBLIA EM UM ANO
☐ Isaías 43–44
☐ 1 Tessalonicenses 2

Se você gosta de plantar abóboras, provavelmente já ouviu falar da variedade de sementes de abóboras tipo gigante. Desenvolvido em uma fazenda familiar no Canadá, as abóboras que crescem destas sementes têm tamanhos recordes em todo o mundo. Em 2011, uma abóbora cultivada na província de Quebec definiu o novo recorde mundial de 825 quilos. Aquela abóbora gigante poderia render mais de mil pedaços de torta!

Quando os repórteres perguntaram como aquela abóbora poderia chegar àquele tamanho, o agricultor respondeu que tinha a ver com o solo. As sementes eram de uma variedade especial de grande porte, mas o solo tinha de ser adequado ou a abóbora não cresceria adequadamente.

O Senhor Jesus usou uma ilustração na qual comparou diferentes tipos de solo à resposta de uma pessoa à Palavra de Deus (Mateus 13). Algumas sementes foram comidas pelos pássaros, outras começaram a crescer, mas foram sufocados pelas ervas daninhas, e algumas cresceram instantaneamente, mas não tinha terra suficiente para promover seu crescimento. Mas as sementes que caíram em terra boa "deram fruto a cem, a sessenta e a trinta por um" (v.8).

Cada um de nós tem de perguntar: "Que tipo de solo eu sou?" O Senhor quer plantar a Sua Palavra em nossos corações para que possamos crescer em Seu conhecimento. — Brent Hackett, Diretor da RBC Canadá

O fruto do Espírito cresce no solo da obediência.

15 de outubro

SOU INVISÍVEL

LEITURA:
Isaías 40:25-31

Faz forte ao cansado e multiplica as forças ao que não tem nenhum vigor. —Isaías 40:29

A BÍBLIA EM UM ANO:
☐ Isaías 45–46
☐ 1 Tessalonicenses 3

Minha amiga Janete disse algo em uma reunião de trabalho e ninguém respondeu. Então ela repetiu, e novamente ninguém respondeu. Seus colegas de trabalho apenas a ignoraram. Ela percebeu que a sua opinião não importava muito, e se sentiu ignorada e invisível. Talvez você também conheça esse sentimento.

O povo de Deus se sentiu assim como nação (Isaías 40), pois acreditavam que o próprio Deus não os via nem entendia a sua luta diária pela sobrevivência! O reino do sul tinha sido levado cativo para a Babilônia, e a nação exilada reclamava: "...O meu caminho está encoberto ao SENHOR, e o meu direito passa despercebido ao meu Deus?" (v.27).

Enquanto Isaías concordou que, comparadas a Deus, "...as nações são como uma gota em um balde, e como o pó na balança..." (v.15), ele também queria que as pessoas soubessem que Deus dá poder aos fracos e força àqueles que precisam (v.29). Se eles esperassem no Senhor, disse Isaías, Ele renovaria as suas forças. Eles subiriam com asas como águias; eles correriam e não se cansariam (v.31).

Quando você estiver se sentindo invisível ou ignorado, lembre-se de que Deus o vê e se importa com você. Espere nele, e Ele renovará as suas forças. – AMC

Mesmo quando não sentimos a presença de Deus, Seu amoroso cuidado é tudo o que nos cerca.

16 de outubro

A Rocha Eterna

Leitura:
1 Pedro 2:1-10

Chegando-vos para ele, a pedra que vive, rejeitada, sim, pelos homens, mas para com Deus eleita e preciosa. —1 Pedro 2:4

A Bíblia em um ano:
☐ Isaías 47–49
☐ 1 Tessalonicenses 4

Em Londres, há estátuas e outros itens feitos de um material de construção único, chamado pedra de Coade. Esta pedra artificial é praticamente indestrutível e resistente ao tempo, clima e poluição. Foi desenvolvida por Eleanor Coade na empresa que era de sua família, no final de 1700. Apesar de ter sido uma maravilha durante a Revolução Industrial, a pedra de Coade foi utilizada cada vez menos na década de 1840, após a morte de Eleanor, e substituída pelo cimento Portland como material de construção. Apesar disso, no entanto, continuam a existir hoje dezenas de fragmentos desta robusta pedra cerâmica, que resistiu ao terrível meio ambiente da capital inglesa por mais de 150 anos.

O apóstolo Pedro descreveu Jesus como uma pedra viva: "Chegando-vos para ele, a pedra que vive, rejeitada, sim, pelos homens, mas para com Deus eleita e preciosa, também vós mesmos, como pedras que vivem, sois edificados casa espiritual..." (1 Pedro 2:4,5). Precioso é, aos olhos do Pai, o sacrifício da Rocha da nossa salvação. Cristo é a pedra permanente sobre a qual o Pai construiu nossa salvação e o único fundamento para uma vida com sentido (1 Coríntios 3:11).

Somente se construirmos nossas vidas em Sua força seremos capazes de suportar a dureza em um mundo decaído. –WEC

Nada temos a temer se estivermos firmes na Rocha eterna.

17 de outubro

AMOR SEM BARREIRAS

LEITURA:
Mateus 23:37-39

...Quantas vezes quis eu reunir os teus filhos, como a galinha ajunta os seus pintinhos debaixo das asas, e vós não o quisestes! —Mateus 23:37

A BÍBLIA EM UM ANO:
- ☐ Isaías 50–52
- ☐ 1 Tessalonicenses 5

Não muito tempo atrás, vi a aflição de um pássaro que vinha da casa do meu vizinho. Descobri que seu ninho de filhotes estava dentro de uma abertura coberta por uma tela. Isso fazia uma barreira para a mãe pássaro, que tentava alimentar os seus filhotes famintos. Depois que eu informei aos vizinhos, eles removeram a tela e levaram o ninho e os filhotes para um lugar seguro onde pudessem ser cuidados.

Poucas coisas são tão dolorosas como uma barreira para o amor. Cristo, o tão esperado Messias de Israel, experimentou uma barreira ao Seu amor quando Seus escolhidos o rejeitaram. Ele usou a figura de linguagem de uma galinha e pintinhos para descrever a sua falta de vontade de recebê-lo: "Jerusalém, Jerusalém... Quantas vezes quis eu reunir os teus filhos, como a galinha ajunta os seus pintinhos debaixo das asas, mas vós não o quisestes!" (Mateus 23:37).

Nosso pecado é uma barreira que nos separa de Deus (Isaías 59:2). Mas "...Deus amou ao mundo de tal maneira que deu o seu Filho unigênito, para que todo o que nele crê não pereça, mas tenha a vida eterna" (João 3:16). Jesus retirou a barreira que nos separava do amor de Deus por meio de Sua morte sacrificial na cruz e Sua ressurreição (Romanos 5:8-17; 8:11). Agora Ele deseja que experimentemos o Seu amor e aceitemos este presente. –HDF

Jesus resgata e redime por intermédio de Sua cruz.

18 de outubro

O FIM?

LEITURA:
1 Coríntios 15:50-58

Graças a Deus, que nos dá a vitória por intermédio de nosso Senhor Jesus Cristo. —1 Coríntios 15:57

A BÍBLIA EM UM ANO:
☐ Isaías 53–55
☐ 2 Tessalonicenses 1

Tudo neste mundo acaba no devido tempo, o que às vezes pode ser desanimador. É o sentimento que se tem ao ler um livro tão bom que chega-se a não querer que acabe. Ou quando você assiste a um filme que você gostaria que durasse um pouco mais.

Mas todas as coisas — boas e ruins — chegam ao fim. Na verdade, a vida finalmente chega ao fim, e às vezes mais cedo do que esperamos. Todos nós que já estivemos ao lado do caixão de um ente querido sabemos o vazio doloroso de um coração que deseja que a vida ainda não tivesse terminado.

Felizmente, Jesus compreende as profundas decepções e, por meio de Sua morte e ressurreição, Ele nos traz esperança. Nele, "o fim" é um prelúdio a uma eternidade livre da morte, e palavras como "acabou" são substituídos pela alegre expressão "para sempre". Uma vez que os nossos corpos não são uma realidade eterna, Paulo nos assegura que "deveremos ser todos transformados" (1 Coríntios 15:51), e nos lembra que por causa da conquista de Cristo, podemos dizer com confiança: "Onde está, ó morte, a tua vitória?..." (v.55).

Portanto, não deixe seu coração ser incomodado. Nossa tristeza é verdadeira, mas podemos nos encher de gratidão, pois Deus "nos dá a vitória por intermédio de nosso Senhor Jesus Cristo" (v.57). –JMS

Em Cristo, o fim é apenas o começo.

19 de outubro

QUANTO TEMPO?

LEITURA:
Salmo 13

Até quando, SENHOR? Esquecer-te-ás de mim para sempre?... —Salmo 13:1

A BÍBLIA EM UM ANO:
☐ Isaías 56–58
☐ 2 Tessalonicenses 2

Por nove longos anos, Saul perseguiu Davi como "...quem persegue uma perdiz nos montes" (1 Samuel 26:20). "Até quando, SENHOR? Esquecer-te-ás de mim para sempre?" Davi orou. "Até quando ocultarás de mim o rosto? [...] Até quando se erguerá contra mim o meu inimigo?" (Salmo 13:1,2).

A aflição prolongada muitas vezes incomoda a nós também. Queremos uma solução repentina, um conserto rápido. Mas algumas coisas não podem ser corrigidas. Elas só podem ser suportadas.

Podemos reclamar com Deus quando estamos em problemas. Temos um Pai celestial, que deseja que nos envolvamos com Ele em nossas lutas. Ele entende Seus filhos como ninguém.

Quando nos voltamos a Ele com nossas queixas, compreendemos o que sentimos. No caso de Davi, seus pensamentos se voltaram à certeza da vida: o amor de Deus. Davi lembrou a si mesmo: "No tocante a mim, confio na tua graça; regozije-se o meu coração na tua salvação. Cantarei ao SENHOR porquanto me tem feito muito bem" (vv.5,6). Os sofrimentos podem durar, mas Davi ainda podia cantar em meio as suas provações, pois ele era filho amado de Deus. Isso era tudo o que ele precisava saber.

A. W. Thorold assinala: "O mais alto pináculo da vida espiritual não é felicidade total na luz do sol ininterrupta, mas a confiança absoluta e sem dúvidas no amor de Deus."

Mesmo em nossos problemas, podemos confiar no amor de Deus. – DHR

O amor de Deus permanece quando o restante falha.

20 de outubro

Corações dispersos

Leitura:
Êxodo 32:21-35

...Ora, o povo cometeu grande pecado, fazendo para si um deus de ouro. —Êxodo 32:31

A Bíblia em um ano:
- ☐ Isaías 59–61
- ☐ 2 Tessalonicenses 3

No último outono, uma via expressa na minha cidade foi fechada por várias horas por causa do tombamento de um caminhão que transportava gado. O rebanho então escapou e se espalhou pela rodovia. Saber desta notícia sobre gado desaparecido me fez pensar em algo que eu havia estudado recentemente no livro de Êxodo 32, sobre o povo de Deus que se desviou dele.

No reino dividido do antigo Israel, o rei Jeroboão erigiu dois bezerros de ouro para que o povo os adorasse (1 Reis 12:25-32). Mas a ideia de adorar pedaços de ouro não se originou dele. Mesmo depois de escapar da escravidão brutal e de ter visto o poder do Senhor e a Sua glória demonstrada poderosamente, os israelitas rapidamente permitiram que os seus corações se afastassem desse rei (Êxodo 32). Enquanto Moisés estava no Monte Sinai recebendo a lei do Senhor, seu irmão Arão ajudou o povo de Deus a se desviar, construindo um ídolo no formato de um bezerro de ouro. O autor de Hebreus nos lembra da ira de Deus para com essa idolatria e para com aqueles que "sempre erram no coração" (Hebreus 3:10).

Deus sabe que nossos corações têm tendência a se desviar. Sua Palavra deixa claro que Ele é o Senhor e que não devemos adorar "outros deuses" (Êxodo 20:2-6).

"Porque o Senhor é o Deus supremo e o grande Rei acima de todos os deuses" (Salmo 95:3). Ele é o único Deus verdadeiro! —CHK

Ansiar intensamente por algo mais do que pelo Senhor é idolatria. —A. B. Simpson

21 de outubro

O DIA GLORIOSO!

LEITURA:
Mateus 27:27-31; 28:1-6

Ele não está aqui; ressuscitou, como tinha dito... —Mateus 28:6

A BÍBLIA EM UM ANO:
☐ Isaías 62–64
☐ 1 Timóteo 1

Foi no dia seguinte. Meu time favorito tinha acabado de perder seu último jogo e o sonho de um campeonato tinha sido frustrado. O tempo estava frio e um pouco feio quando entrei no carro para ir ao trabalho. Nada disso deveria ter tanta importância, mas estava transformando aquela segunda-feira em um dia triste.

Mas então tocou uma música no rádio que transformou a minha perspectiva. Era a banda *Casting Crowns* cantando "Glorioso dia". "Um dia o levaram ao Calvário, e o pregaram para morrer em um madeiro. Sofrimento, angústia, desprezo e rejeição". Até esse momento, nada de encorajamento — mais notícias ruins. Mas logo depois, a canção descreve a boa notícia da ressurreição de Cristo e Sua vitória sobre a morte.

Do pior dos dias — e da escuridão do meio-dia naquele monte em Jerusalém — surgiu a única verdadeira esperança para a humanidade. Porque Jesus "suportou os pregos por mim, levou os meus pecados, e vai voltar", como diz a canção, "Ó, dia glorioso!"

Talvez o dia de hoje não tenha começado bem e você esteja enfrentando uma série de problemas, que ameaçam trazer desespero. Volte sua atenção para Jesus. Relembre o que Ele fez por você no Calvário e como Ele venceu a morte por Sua ressurreição: "Ele não está aqui; ressuscitou, como tinha dito..." (Mateus 28:6). Isso pode tornar qualquer dia num dia glorioso! —JDB

O túmulo vazio de Cristo nos enche de esperança.

22 de outubro

A CAMPANHA

LEITURA:
Romanos 15:1-7

Assim, pois, seguimos as coisas da paz e também as da edificação de uns para com os outros.
—Romanos 14:19

A BÍBLIA EM UM ANO:
☐ Isaías 65–66
☐ 1 Timóteo 2

Todos os anos, as pessoas jovens em nossa comunidade participam de uma campanha chamada "Seja Agradável", liderada por uma organização de saúde mental. Em um dos eventos em 2012, seis mil alunos soletraram as palavras "seja agradável" com seus corpos, nas quadras esportivas de suas escolas. Um diretor disse: "Queremos que os alunos venham para a escola e aprendam sem sentir medo, tristeza ou mal-estar entre seus pares. Estamos trabalhando muito para garantir que os alunos deem forças uns aos outros em vez de colocarem os colegas para baixo."

Paulo queria que as pessoas na igreja de Roma tivessem um padrão de amor ainda maior. Fortes e fracos na fé estavam julgando-se e mostrando menosprezo uns pelos outros (Romanos 14:1-12). Eles se desprezavam quando discutiam sobre que alimentos era permitido comer (vv.2-3) e quais dias santos deveriam observar (vv.5,6). Paulo os desafia: "Assim, pois, seguimos as coisas da paz e também as da edificação de uns para com os outros" (v.19). Ele lembrou-lhes que seus corações deveriam estar preocupados em agradar aos outros, e não a si mesmos. Ele disse: "Porque também Cristo não se agradou a si mesmo..." (15:3); Ele serviu.

Junte-se ao movimento dos que amam os outros apesar das diferenças — você trará louvores a Deus (v.7). – AMC

Bondade é simplesmente o amor fluindo em pequenos gestos.

23 de outubro

NEGUE-SE A SI MESMO

LEITURA:
Lucas 9:18-27

Pois quem quiser salvar a sua vida perdê-la-á, quem perder a vida por minha causa, esse a salvará. —Lucas 9:24

A BÍBLIA EM UM ANO:
☐ Jeremias 1–2
☐ 1 Timóteo 3

Quando Madre Teresa morreu em 1997, as pessoas maravilharam-se com seu exemplo de humilde serviço a Cristo e às pessoas muito necessitadas. Ela passou 50 anos ministrando aos pobres, doentes, órfãos, e moribundos por meio das *Missionárias da Caridade* em Calcutá, na Índia.

Depois de extensas entrevistas com ela, o jornalista britânico Malcolm Muggeridge escreveu: "Fala-se muito hoje sobre a descoberta de uma identidade, como se fosse algo a ser procurado, como um número sorteado na loteria; que quando encontrado, deve ser guardado e estimado. Na verdade, quanto mais se gasta, mais rico se torna. É assim com Madre Teresa, que não se importando consigo mesma, se transforma em si mesma. Jamais conheci alguém mais memorável."

Acredito que muitos de nós podemos ter medo do que vai acontecer se obedecermos às palavras de Jesus: "...Se alguém quer vir após mim, a si mesmo se negue, dia a dia tome a sua cruz e siga-me. Pois quem quiser salvar a sua vida perde-la-á; quem perder a sua vida por minha causa, esse a salvará" (Lucas 9:23-24).

Nosso Salvador lembrou os Seus seguidores que Ele veio para nos dar vida em abundância (João 10:10). Somos chamados a perder a vida por Cristo, e assim descobrir a plenitude da vida nele. –DCM

Quando perdemos nossas vidas para Cristo, encontramos a plenitude da vida nele.

24 de outubro

Recriar-se

Leitura:
2 Coríntios 5:12-21

E assim, se alguém está em Cristo, é nova criatura, as coisas antigas já passaram, eis que se fizeram novas. —2 Coríntios 5:17

A Bíblia em um ano:
☐ Jeremias 3–5
☐ 1 Timóteo 4

A vida de Chris Simpson costumava ser consumida pelo ódio. Depois que ele e sua esposa perderam o primeiro filho, ele estava confuso e irritado. Direcionou essa raiva aos vários grupos étnicos e cobriu o corpo com tatuagens que remetiam ao ódio.

Porém, depois de ouvir seu filho mais novo fazer mímicas sobre o ódio que o pai sentia, Simpson convenceu-se de que precisava mudar. Ele assistiu a um filme cristão sobre coragem e começou a frequentar a igreja. Um mês depois, ele foi batizado como um seguidor de Jesus Cristo. Simpson agora é uma nova pessoa e está deixando o ódio para trás, o que inclui o processo caro e doloroso de remover as tatuagens.

O apóstolo Paulo conhecia este tipo de transformação profunda. Ele odiava Jesus e perseguia os Seus seguidores (Atos 22:4-5; 1 Coríntios 15:9), mas um encontro pessoal e a união espiritual com Cristo (Atos 9:1-20) mudou tudo isso, levando-o a reavaliar sua vida à luz do que Jesus conquistou na cruz. Esta união fez de Paulo uma nova pessoa. A velha vida marcada pelo pecado, morte e egoísmo se foi, e ele teve um novo começo, nova aliança, nova perspectiva e modo de viver.

Seguir Jesus não é virar uma página, é começar uma nova vida com o novo Mestre. –MLW

Estar em Cristo não é reabilitar-se, é recriar-se.

25 de outubro

AMAR E SABER

LEITURA:
Romanos 5:6-11

Mas Deus prova o seu próprio amor para conosco pelo fato de ter Cristo morrido por nós, sendo nós ainda pecadores.
—Romanos 5:8

A BÍBLIA EM UM ANO:
☐ Jeremias 6–8
☐ 1 Timóteo 5

Em um romance de Jonathan Safran Foer, um dos personagens, falando do edifício *Empire State* de Nova Iorque, disse: "Eu conheço esta construção, porque a amo."

Essa declaração me fez pensar sobre o relacionamento entre amor e conhecimento. Sempre queremos saber tudo sobre algo que amamos. Quando amamos um lugar, queremos explorar cada centímetro dele. Quando amamos uma pessoa, queremos saber todos os detalhes de sua vida. Queremos saber do que ela gosta, o que faz no tempo de lazer, onde cresceu, quem são os seus amigos, no que acredita. A lista é interminável. Mas alguns de nós queremos ser amados sem permitir que nos conheçam. Temos medo de não sermos amados se formos verdadeiramente conhecidos.

Não devemos nos preocupar com isso quando se trata de Deus. Seu amor é muito superior ao nosso: "Mas Deus prova o seu próprio amor para conosco pelo fato de ter Cristo morrido por nós, sendo nós ainda pecadores" (Romanos 5:8). Além disso, Ele se faz conhecido para nós. Através da criação, das Escrituras e de Cristo, Deus revela Seu caráter e amor. Porque Deus nos ama, apesar das nossas imperfeições. Podemos seguramente confessar os nossos pecados a Ele. Com Deus, não precisamos temer sermos conhecidos. É por isso que conhecer a Deus é amá-lo. —JAL

Não há alegria maior do que saber que Deus nos ama.

26 de outubro

INGREDIENTES SAUDÁVEIS

LEITURA:
Provérbios 4:14-27

Sobre tudo o que se deve guardar, guarda o teu coração, porque dele procedem as fontes da vida.
—Provérbios 4:23

A BÍBLIA EM UM ANO:
☐ Jeremias 9–11
☐ 1 Timóteo 6

Minha esposa Martie é uma consumidora cuidadosa quando se trata de comprar alimentos saudáveis e nutritivos. Não importa quão atraente seja a embalagem, ela confere a lista de ingredientes no verso da caixa. Algumas palavras difíceis de pronunciar geralmente tentam esconder a presença de conservantes que não são adequados à boa nutrição. Ela sempre devolve esses itens à prateleira e continua a buscar as etiquetas de produtos naturais que contribuem para a boa saúde.

Acredito que os hábitos de compras dela são muito parecidos com o que Deus está procurando em nossas vidas: é o que está no interior que conta, independentemente de quão atraente o exterior possa ser. Não é à toa que os sábios provérbios no advertem a vigiar o que se passa em nossos corações, "...porque dele procedem as fontes da vida (Provérbios 4:23). Vestir-se com roupas da moda e esforçar-se em manter boa aparência são coisas de pouca importância se o nosso coração abriga ganância, ódio, mau humor, autopiedade e outros conteúdos contraproducentes.

Então pergunte-se: quando os outros observam a embalagem da minha vida, eles enxergam um coração cheio de ingredientes saudáveis e que honram a Cristo? Ao nos vestirmos com graça, bondade, paciência e compaixão, refletiremos a natureza maravilhosa de Cristo. –JMS

Os conteúdos em seu coração são mais importantes do que a embalagem exterior.

27 de outubro

Deus na tempestade

Leitura:
Jó 37:14-24

"...ele é grande em poder." —Jó 37:23

A Bíblia em um ano:
☐ Jeremias 12–14
☐ 2 Timóteo 1

Certa manhã, o vento começou a soprar e pingos de chuva caíram em minha casa como pequenas pedras. Olhei para fora e avistei o céu amarelo-cinzento, com as árvores balançando com o vento. Relâmpagos iluminavam o céu, acompanhado, por estrondosos sons de trovão. As luzes da casa começaram a piscar, e eu me perguntei quanto tempo a tempestade iria durar.

Depois que ela passou, abri minha Bíblia para começar o dia com a leitura das Escrituras. Li uma passagem em Jó que comparou o poder do Senhor com a força de uma tempestade.

Eliú, amigo de Jó, declarou: "Com a sua voz troveja Deus maravilhosamente..." (37:5). E, "Enche as mãos de relâmpagos e os dardeja contra os adversários" (36:32). De fato, Deus é "...grande em poder..." (37:23).

Comparados a Deus, nós, os seres humanos, somos fracos. Somos incapazes de ajudar a nós mesmos espiritualmente, curar nossos corações e corrigir as injustiças pelas quais passamos. Felizmente, o Deus da tempestade se preocupa com os fracos como nós. Ele "...sabe que somos pó" (Salmo 103:14). E mais ainda, Deus "Faz forte ao cansado e multiplica as forças ao que não tem nenhum vigor" (Isaías 40:29). Porque Deus é forte, Ele pode nos ajudar em nossas fraquezas. –JBS

Deus é a fonte de nossa força.

28 de outubro

Espere no Senhor

Leitura:
Salmo 27

Esperei confiantemente pelo Senhor; ele se inclinou para mim e me ouviu quando clamei por socorro.
—Salmo 40:1

A Bíblia em um ano:
☐ Jeremias 15–17
☐ 2 Timóteo 2

Com tantas formas de comunicação instantânea atualmente, a nossa impaciência para esperar uma resposta de alguém é algo engraçado. Uma pessoa que eu conheço enviou um *e-mail* para sua esposa e, em seguida, chamou-a pelo celular, porque não podia esperar por uma resposta!

Às vezes, sentimos que Deus nos deixou de lado porque Ele não nos dá resposta imediata a uma oração. Frequentemente, nossa atitude torna-se como expressa o salmista "Dá-te pressa, Senhor, em responder-me; o espírito me desfalece..." (Salmo 143:7).

Mas a espera pelo Senhor pode transformar-nos em um povo de fé crescente. O rei Davi passou muitos anos esperando ser coroado rei e fugindo da ira de Saul. Davi escreveu: "Espera pelo Senhor, tem bom ânimo, e fortifique-se o teu coração" (Salmo 27:14). E, em outro salmo, ele nos encoraja com estas palavras: "Esperei confiantemente pelo Senhor; ele se inclinou para mim quando clamei por socorro [...] colocou-me os pés sobre uma rocha e me firmou os passos" (40:1-2). Davi se transformou em um "homem segundo o coração de Deus" porque esperou no Senhor (Atos 13:22; 1 Samuel 13:14).

Quando ficamos frustrados com aparente demora de Deus em responder a nossa oração, é bom lembrar que Ele está interessado no desenvolvimento da fé e da perseverança em nosso caráter (Tiago 1:2-4). Espere no Senhor! – HDF

Deus aumenta nossa paciência para fortalecer nossa alma.

29 de outubro

Maravilhoso!

Leitura:
Jó 42:1-6

"...Na verdade, falei do que não entendia; coisas maravilhosas demais para mim, coisas que eu não conhecia." —Jó 42:3

A Bíblia em um ano:
☐ Jeremias 18–19
☐ 2 Timóteo 3

Quando o nosso avião começou a descer, a aeromoça leu a longa lista de informações de chegada como se estivesse lendo pela milésima vez naquele dia — ela não demonstrava emoção ou interesse sobre a nossa chegada iminente. Então, com a mesma voz, cansada e desinteressada, ela finalizou dizendo: "Tenham um dia maravilhoso." A indiferença de seu tom contrastou com as suas palavras. Ela disse 'maravilhoso', mas de uma forma completamente ausente de qualquer sentimento de entusiasmo.

Às vezes eu temo que nosso relacionamento com Deus se aproxime disso. Rotina. Tédio. Apatia. Desinteresse. Em Cristo, temos o privilégio de sermos adotados na família do Deus vivo, mas muitas vezes parece não haver muito do sentimento de admiração que acompanha essa realidade memorável.

Jó questionou Deus sobre seu sofrimento, mas quando Deus o desafiou, Jó foi humilhado pela maravilha de seu Criador e Sua criação. Jó respondeu: "Você perguntou: 'Quem é aquele, como disseste, que sem conhecimento encobre o conselho?' Na verdade, falei do que não entendia; coisas maravilhosas demais para mim, coisas que eu não conhecia" (Jó 42:3).

Eu anelo pela maravilha de Deus invadindo o meu coração. Adotado por Deus — que maravilhosa realidade! — WEC

Nada pode encher os nossos corações mais do que a maravilha do nosso Deus e do Seu amor.

30 de outubro

O ÚLTIMO CAPÍTULO

LEITURA:
Apocalipse 22:6-20

**Seja a vossa moderação conhecida de todos os homens. Perto está o Senhor.
—Filipenses 4:5**

A BÍBLIA EM UM ANO:
☐ Jeremias 20–21
☐ 2 Timóteo 4

Tenho um amiga que lê o último capítulo primeiro, ao iniciar um novo livro. "Isso retira a ansiedade da leitura", afirma. Os cristãos também agem assim: Por sabermos o fim da história, podemos ser centros de paz em meio ao caos total, a calma em meio ao desastre.

O apóstolo Paulo chama essa atitude de 'moderação' em Filipenses 4:5. É um termo que implica em 'paz sob pressão'. Ele se refere à calma e a força com que passamos por circunstâncias inquietantes dos nossos dias. Reinos podem cair, os amigos podem vacilar, igrejas podem ser destruídas, os oceanos podem se elevar, e as montanhas podem desmoronar, mas podemos estar em paz.

Como manteremos essa tal compostura? Lembrando que "Perto está o Senhor" (Filipenses 4:5).

Ele está perto. O Senhor está em pé do lado de fora da porta, pronto para entrar e colocar tudo em ordem. Então este mundo e todos os seus problemas vão se tornar o reino de nosso Senhor, e "...a terra se encherá do conhecimento da glória do SENHOR, como as águas cobrem o mar" (Habacuque 2:14).

Jesus disse: "Certamente, venho sem demora" (Apocalipse 22:20). Hoje poderia ser o dia! São Suas últimas palavras no capítulo final de Seu livro. – DHR

Perto está o Senhor.

31 de outubro

OLHOS DE AMOR

LEITURA:
Marcos 10:17-27

E Jesus, fitando-o, o amou...
—Marcos 10:21

A BÍBLIA EM UM ANO:
☐ Jeremias 22–23
☐ Tito 1

Muitas pessoas que vêm aos shows do Marc Salem acham que ele pode ler mentes. Mas ele não faz tal afirmação. Assegura que não é um mágico ou alguém que sabe ver o futuro, somente um observador de pessoas. Ele disse à escritora Jennifer Mulson: "Nós vivemos em um mundo que é quase invisível para nós, porque não prestamos atenção nas coisas. Sou muito atento ao que as pessoas demonstram."

É interessante notar o que Jesus via quando conhecia as pessoas. Seu encontro com um jovem rico buscando a vida eterna é registrado nos evangelhos de Mateus, Marcos e Lucas. Marcos inclui este detalhe: "E Jesus, fitando-o, o amou..." (Marcos 10:21). Algumas pessoas podem ter visto o jovem como uma pessoa arrogante (vv.19,20), enquanto outros podem ter tido inveja de sua riqueza, mas Jesus olhou para ele com amor.

Frequentemente, nos concentramos no ato de o homem sair da presença de Jesus e em sua aparente falta de vontade de abrir mão de suas riquezas e seguir o Senhor (v.22). Quando os discípulos se perguntaram em voz alta sobre a dificuldade de um homem rico entrar no reino de Deus (v.26), Jesus olhou para eles e disse: "...Para os homens é impossível, contudo, não para Deus, porque para Deus tudo é possível" (v.27).

Hoje, Jesus nos vê pelos olhos do amor e nos convida a segui-lo. — DCM

Deus tem um olho que tudo vê
e um coração que tudo perdoa.

1 de novembro

Amado para amar

Leitura:
Deuteronômio 10:12-22

...que é que o Senhor requer de ti? [...] que andes em todos os seus caminhos, e o ames... —Deuteronômio 10:12

A Bíblia em um ano:
☐ Jeremias 24–26
☐ Tito 2

"Um coração não é julgado por quanto você ama, mas por quanto você é amado pelos outros." Vi esta citação, atribuída ao *Mágico de Oz*, numa placa em uma loja de presentes.

O Mágico de Oz pode ser uma boa história, mas não é uma fonte confiável de orientação espiritual. Deus disse algo bem diferente. Segundo Ele, o maior mandamento é amar — amá-lo primeiro e depois os outros (Marcos 12:29-31). As Escrituras nada dizem sobre a expectativa de ser amado em troca. De fato, Jesus afirmou o oposto em Seu sermão mais famoso: "Bem-aventurados sois quando, por minha causa, vos injuriarem, e vos perseguirem, e, mentindo, disserem todo mal contra vós. Regozijai-vos e exultai, porque é grande o vosso galardão nos céus..." (Mateus 5:11-12).

Quando se trata de amor, o mais importante a sabermos é: todo o amor começa com Deus (1 João 4:19). Assim como Moisés disse aos israelitas, Deus afeiçoou-se neles para amá-los (Deuteronômio 10:15), e por isso, eles foram feitos para amar os outros, até mesmo os estrangeiros (v.19). A intenção de Deus é que as pessoas que recebem o Seu amor se tornem o Seu canal de amor para os outros.

Além de Deus — que é a essência do amor — nenhum de nós poderia verdadeiramente amar ou ser amado (1 João 4:7-8). —JAL

"Aquele que não ama não conhece a Deus, pois Deus é amor." —1 João 4:8

2 de novembro

Companhia de viagem

Leitura:
Salmo 39

Porque sou forasteiro à tua presença, peregrino como todos os meus pais o foram.
—Salmo 39:12

A Bíblia em um ano:
☐ Jeremias 27–29
☐ Tito 3

Recentemente, procurei pelos membros da minha turma de graduação do seminário e descobri que muitos dos meus amigos já faleceram. Foi um lembrete discreto sobre a brevidade da vida. Setenta anos mais ou menos e já teremos ido embora (Salmo 90:10). O poeta de Israel estava certo: "...sou forasteiro à tua presença, peregrino..." (39:12).

A brevidade da vida nos faz pensar sobre o nosso "fim" — a contagem de nossos dias e como eles são passageiros (v.4), um sentimento que se apodera à medida que nos aproximamos do fim de nossas vidas. Este mundo não é o nosso lar, somos estrangeiros e peregrinos aqui.

No entanto, não estamos sozinhos no caminho. Somos estrangeiros e peregrinos com Deus (39:12), um pensamento que torna a viagem menos problemática, menos assustadora, menos preocupante. Passamos por este mundo para adentrar a eternidade com um Pai amoroso como nosso companheiro e orientador constante. Nós somos estrangeiros aqui na terra, mas jamais estamos sozinhos no caminho (73:23-24).Temos Aquele que diz: "estou convosco todos os dias..." (Mateus 28:20).

Podemos até perder de vista o nosso pai, mãe, cônjuge e amigos, mas sempre teremos a certeza de que Deus caminha ao nosso lado. Há um ditado que diz: "a boa companhia na estrada faz o caminho parecer mais fácil." — DHR

Enquanto você percorre a exaustiva estrada da vida, permita que Jesus sustente o seu pesado fardo.

3 de novembro

AQUIETAI-VOS

LEITURA:
Salmo 46

Aquietai-vos e sabei que eu sou Deus; sou exaltado entre as nações, sou exaltado na terra.
—Salmo 46:10

A BÍBLIA EM UM ANO:
- ☐ Jeremias 30–31
- ☐ Filemom

Eric Liddell, imortalizado no filme *Carruagens de Fogo*, ganhou uma medalha de ouro nos Jogos Olímpicos de Paris em 1924, antes de ir à China como missionário. Alguns anos mais tarde, com a eclosão da Segunda Guerra Mundial, Liddell enviou sua família em segurança ao Canadá, mas ele permaneceu na China. Em seguida, Liddell e outros missionários estrangeiros foram internados em um campo de concentração japonês. Após meses de cativeiro, ele desenvolveu o que os médicos temiam ser um tumor cerebral.

Toda tarde de domingo, uma banda tocava perto do hospital. Um dia Liddell solicitou que tocassem o hino *Descansa, ó alma* (Hinário Presbiteriano NC). Enquanto ouvia, imagino se Eric ponderou estas palavras da canção: "Confia, ó alma! A hora vem chegando! Irás com Cristo, o teu Senhor, morar. Sem dor, nem mágoas gozarás cantando As alegrias do celeste lar! Descansa, ó alma; agora há pranto e dor; Depois o gozo, a paz, o céu de amor!"

Aquele hino lindo, tão confortador a Eric ao enfrentar uma doença que o levou à morte três dias depois, expressa uma grande realidade das Escrituras. No Salmo 46:10, Davi escreveu: "Aquietai-vos e sabei que eu sou Deus...". Em nossos momentos mais sombrios, podemos descansar, pois o nosso Senhor venceu a morte para o nosso bem. Aquiete-se, e permita que Ele acalme os seus maiores medos. – WEC

O sopro do conforto de Deus silencia o barulho das nossas provações.

4 de novembro

PULE O MURO

LEITURA:
Romanos 12:14-21

Se o que te aborrece tiver fome, dá-lhe pão para comer; se tiver sede, dá-lhe água para beber.
—Provérbios 25:21

A BÍBLIA EM UM ANO:
☐ Jeremias 32–33
☐ Hebreus 1

O sargento Richard Kirkland era um soldado na Guerra Civil dos EUA (1861–65). Durante uma batalha, muitos soldados feridos foram abandonados na terra de ninguém, e Kirkland obteve permissão para ajudá-los. Ao recolher os cantis, ele pulou o muro de pedra que o separava de seus adversários e se inclinou sobre o primeiro soldado para prestar socorro. Correndo grande risco de vida, este herói estendeu a misericórdia de Cristo aos soldados inimigos.

Ainda que poucos de nós enfrentem um inimigo no campo de batalha, aqueles que sofrem podem ser encontrados ao nosso redor — pessoas que lutam contra a solidão, perda, problemas de saúde e pecado. Seus gritos, silenciados por muitas de nossas distrações, imploram por misericórdia e conforto, esperança e ajuda. O exemplo de Kirkland da compaixão de Cristo coloca em prática o mandamento de Jesus de "amar seus inimigos" (Mateus 5:44). Paulo desenvolveu este tema ao citar Provérbios 25:21: "Se o teu inimigo tiver fome, dá-lhe de comer; se tiver sede, dá-lhe de beber" (Romanos 12:20). "Não te deixes vencer do mal..." ele nos instruiu, "...mas vence o mal com o bem" (v.21).

O desafio de Paulo nos leva a imitar o sargento Kirkland. Hoje é o dia para "pularmos o muro" da segurança e emprestar o conforto de Deus àqueles que precisam. – RKK

A bondade está ao nosso alcance, mesmo quando a ternura não está. —Samuel Johnson

5 de novembro

Recompensas

Leitura:
2 Coríntios 5:1-11

É por isso que também nos esforçamos [...] para lhe sermos agradáveis [a Deus]. —2 Coríntios 5:9

A Bíblia em um ano:
- ☐ Jeremias 34–36
- ☐ Hebreus 2

Em um ministério infantil da minha igreja, entregamos cartões para as crianças quando percebemos seu bom comportamento. Elas colecionam os cartões e recebem recompensas para as boas escolhas que fizeram. Estamos tentando reforçar o bom comportamento ao invés de focar no mau comportamento.

Quando um líder entregou um cartão a Theo, de 11 anos, ele respondeu: "Não, obrigado. Não preciso de um, eu quero me comportar bem e não preciso de uma recompensa por isso." Para ele, fazer o certo era a sua recompensa e, definitivamente, tem bons valores enraizados em seu coração, e quer vivê-los — com recompensas ou não.

Como cristãos, um dia seremos recompensados. Lemos no livro de 2 Coríntios 5:10: "...que cada um receba segundo o bem ou o mal que tiver feito por meio do corpo". Mas, obter uma recompensa não deve ser a nossa motivação para viver corretamente. Tampouco é para ganhar a salvação. Viver por amor a Deus e agradá-lo deve ser o desejo dos nossos corações.

Quando amamos a Deus, o nosso alvo é agradar aquele que nos amou primeiro (1 João 4:19) e servi-lo com motivos puros (Provérbios 16:2; 1 Coríntios 4:5). A melhor recompensa será estar com Ele! –AMC

O nosso desejo de agradar a Deus é o nosso maior motivo para obedecê-lo.

6 de novembro

Tempo para tudo

Leitura:
Eclesiastes 3:1-8

Tudo tem o seu tempo determinado... —Eclesiastes 3:1

A Bíblia em um ano:
☐ Jeremias 37–39
☐ Hebreus 3

Na década de 1960, a banda de folk-rock *The Byrds* popularizou a música *Turn! Turn! Turn!* (Vire!). Ela alcançou o primeiro lugar na lista das 100 melhores músicas e ganhou popularidade em todo o mundo. As pessoas pareciam cativadas pelas letras. Curiosamente, com exceção da última linha, as letras são do Antigo Testamento, do livro de Eclesiastes.

"Tudo tem o seu tempo determinado..." proclama o autor de Eclesiastes, "...e há tempo para todo propósito debaixo do céu" (3:1). Em seguida, ele lista algumas fases da experiência humana: o nascimento e a morte, ganho e perda, lágrimas e risos, pranto e alegria. Assim como ocorrem as mudanças de estação na natureza, o mesmo acontece com as fases em nossas vidas. Nossas circunstâncias nunca permanecem as mesmas por muito tempo.

Às vezes, damos as boas-vindas à mudança em nossas vidas. Mas, frequentemente, quando envolve dor e perda é difícil. Contudo, ainda assim podemos ser gratos porque Deus não muda. "Eu, o Senhor," Ele disse através do profeta Malaquias, "não mudo" (Malaquias 3:6).

Porque Deus permanece o mesmo, podemos confiar nele em meio às mudanças nas estações da vida. Sua presença está sempre conosco (Salmo 46:1), Sua paz tem o poder de guardar os nossos corações (Filipenses 4:7), e o Seu amor oferece segurança para as nossas almas (Romanos 8:39). —JBS

A natureza imutável de Deus é a nossa segurança durante as fases de mudança.

7 de novembro

DUAS VITÓRIAS

LEITURA:
2 Samuel 5:17-25

Davi consultou ao SENHOR... —2 Samuel 5:19

A BÍBLIA EM UM ANO:
☐ Jeremias 40–42
☐ Hebreus 4

O rei Davi foi contra um inimigo já conhecido. Anos antes, ainda um jovem pastor, ele enfrentou Golias, o melhor guerreiro filisteu, matando-o com uma pedra bem lançada (1 Samuel 17). Agora Davi era rei de Israel, e novamente vieram os filisteus! Eles souberam que Davi era rei e decidiram atacar (2 Samuel 5:17).

O que fazemos por primeiro, quando o problema está a caminho? Nós podemos entrar em pânico. Podemos fazer planos. Ou podemos primeiro fazer o que fez Davi — orar. "Davi consultou ao SENHOR..." (v.19), e Deus o guiou.

Davi teve de lutar duas batalhas com os filisteus — uma em Baal Perazim e outra no vale de Refaim. Foi uma boa atitude ele ter consultado a Deus, porque nessas duas batalhas havia duas estratégias diferentes. Na primeira, Deus venceu a batalha apenas com o Seu poder: "Rompeu o SENHOR as fileiras inimigas diante de mim, como quem rompe águas", Davi registrou (v.20). Na outra, Deus deu a Davi um plano de ação, e quando ele o seguiu, os israelitas venceram (vv.23-25).

A cada dia, enfrentamos muitos desafios. Embora não haja uma única resposta que sirva para tudo, a nossa primeira ação deve ser sempre consultar a Deus. À medida que Ele nos orienta, podemos confiar nele. Então, se a vitória vem por intermédio de Sua intervenção miraculosa ou de Sua orientação, toda a glória pertence a Deus. —JDB

Para resistir aos desafios, invista tempo em oração.

8 de novembro

A BÊNÇÃO DE DOAR

LEITURA:
Marcos 12:38-44

...Mais bem-aventurado é dar que receber.
—Atos 20:35

A BÍBLIA EM UM ANO:
☐ Jeremias43–45
☐ Hebreus 5

Não fazia sentido para uma viúva doar suas últimas poucas moedas para uma instituição corrupta em Jerusalém, na qual os escribas que dependiam dessas doações "devora[vam] as casas das viúvas" (Marcos 12:40). Mas na oferta daquela mulher, Jesus viu uma demonstração prática da atitude correta em relação ao dinheiro (vv.41-44).

Gordon Cosby era pastor de uma igreja nos EUA. Ele conta a história de uma viúva cujo rendimento mal dava para alimentar e vestir seus seis filhos. No entanto, toda semana ela fielmente depositava uma pequena quantia no gasofilácio. Um diácono sugeriu que o pastor dissesse à mulher que usasse seu dinheiro em benefício de sua própria família.

Cosby aceitou esse conselho do diácono, para o próprio arrependimento. "Você está tentando tirar a última coisa que me dá dignidade e sentido", disse a viúva. Ela tinha aprendido a essência de doar: pode ser mais benéfico para quem dá do que para quem recebe. Sim, aqueles em situação de pobreza precisam de ajuda financeira. Mas a necessidade de dar pode ser tão importante quanto a necessidade de receber.

O ato de doar nos lembra de que vivemos pela graça de Deus, como os pássaros e as flores. Essas criaturas não se preocupam com o futuro, nem nós deveríamos. Doar oferece-nos uma forma de expressar a nossa confiança de que Deus cuidará de nós, assim como Ele cuida de um pardal e de um lírio (Mateus 6:25-34). –PY

Quando abrimos mão do dinheiro, frustramos o seu poder sobre nós.

9 de novembro

A Rocha

Leitura:
Mateus 7:24-27
Efésios 2:18-22

...sendo ele mesmo, Cristo Jesus, a pedra angular. —Efésios 2:20

A Bíblia em um ano:
☐ Jeremias 46–47
☐ Hebreus 6

Em uma viagem a Massachusetts, EUA, meu marido e eu fomos ver a pedra *Plymouth*, um grande símbolo dos Estados Unidos. É tradicionalmente considerada como lugar onde os peregrinos, que viajaram para a América no navio *Mayflower* em 1620, desembarcaram. Embora tenhamos gostado de aprender sobre o seu significado, ficamos surpresos e decepcionados que ela seja tão pequena. Soubemos que, devido à erosão e às pessoas lascarem pedaços, ela tem agora apenas um terço de seu tamanho original.

A Bíblia se refere a Jesus como uma Rocha (1 Coríntios 10:4) que nunca muda (Hebreus 13:8). Ele é a Rocha sólida sobre a qual podemos construir nossas vidas. A igreja (o corpo de cristãos) é construída sobre uma base sendo "...Cristo Jesus, a pedra angular". Nele todos os cristãos estão unidos (Efésios 2:20-22).

Jesus é a Rocha sólida na qual podemos nos amparar quando as tempestades da vida baterem e soprarem contra nós (Mateus 7:25). A escritora Madeleine L'Engle disse: "Às vezes é bom termos os suportes puxados debaixo de nós. Isso nos faz saber o que é rocha sob nossos pés e o que é areia."

A pedra *Plymouth* é uma interessante massa de minerais e tem um significado histórico fascinante. Mas Jesus é uma preciosa pedra angular, e aqueles que confiam nele terão sempre uma rocha sólida para se amparar. – CHK

Cristo, a Rocha,
é a nossa segura esperança.

10 de novembro

Palavras do nosso Pai

Leitura:
Salmo 119:89-93

**Nunca me esquecerei dos teus preceitos, visto que por eles me tens dado vida.
—Salmo 119:93**

A Bíblia em um ano:
☐ Jeremias 48–49
☐ Hebreus 7

Jim Davidson estava descendo o Monte Rainier quando caiu de uma ponte de neve em uma fenda. Enquanto ele sangrava, machucado naquela caverna de gelo escura, refletiu sobre sua infância. Ele se lembrou de como o seu pai tinha repetidamente lhe falado que poderia realizar grandes coisas se afligido pela adversidade. Aquelas palavras ajudaram a sustentar Jim enquanto ele passou as cinco horas seguintes escalando aquela caverna escura de gelo com pouco equipamento e em circunstâncias extremamente difíceis.

O salmista pareceu sair de sua própria fenda de aflição e dor, recordando as palavras de seu Pai celestial. Ele admitiu que, se Deus e a Sua Palavra não o tivessem sustentado com alegria, ele teria morrido em sua miséria (Salmo 119:92). Expressou plena confiança na Palavra eterna do Senhor (v.89) e na fidelidade do Seu caráter (v.90). Como resultado da fidelidade de Deus, o salmista fez um compromisso de jamais esquecer as palavras de Deus, pois elas tiveram um papel central no resgate de sua vida, trazendo-lhe força.

Em nossas mais sombrias cavernas e momentos de aflição, as nossas almas podem ser revigoradas pelo nosso Pai no céu ao recordarmos e preenchermos as nossas mentes com as Suas palavras encorajadoras. –MLW

Lembrar as palavras de Deus revigora a nossa alma.

11 de novembro

REGISTROS DE DESASTRES

LEITURA:
Lamentações 3:19-33

...porque as suas misericórdias não têm fim; renovam-se cada manhã. Grande é a tua fidelidade.
—Lamentações 3:22-23

A BÍBLIA EM UM ANO:
☐ Jeremias 50
☐ Hebreus 8

Yves Congar tinha apenas 10 anos quando a Primeira Guerra Mundial começou e a cidade francesa onde ele morava foi invadida pelo exército alemão. Sua mãe o incentivou a escrever um diário, o que veio a ser uma descrição bastante lúcida de uma ocupação militar complementada com desenhos coloridos. Seu diário registrou um desastre pela perspectiva de uma criança. O que ele testemunhou o tocou tão profundamente, que ele sentiu-se chamado para levar a esperança de Cristo aos outros.

Séculos antes, o profeta Jeremias foi testemunha ocular da invasão de Jerusalém por Nabucodonosor. Ele escreveu suas observações em seu "diário", o livro das Lamentações. Apesar desses tempos angustiantes, o profeta encontrou esperança no coração de Deus. Ele escreveu: "As misericórdias do SENHOR são a causa de não sermos consumidos, porque as suas misericórdias não têm fim; renovam-se cada manhã. Grande é a tua fidelidade" (3:22-23).

Por várias vezes, podemos experimentar ou testemunhar desastres que se parecem com forças hostis em nossas vidas. Mas estes tempos de dificuldade não são eternos. E, como Jeremias, refletir sobre a fidelidade e provisão de nosso Pai celestial é a esperança que mais nos sustém. As misericórdias do Senhor se renovam a cada manhã e a Sua fidelidade é grande! —HDF

A fidelidade de Deus é a melhor razão para a esperança.

12 de novembro

Momentos Embaraçosos

Leitura:
João 8:1-11

...Então, lhe disse Jesus: Nem eu tampouco te condeno; vai e não peques mais. —João 8:11

A Bíblia em um ano:
☐ Jeremias 51–52
☐ Hebreus 9

As luzes do carro de polícia me fizeram olhar para um carro que tinha sido parado por uma infração de trânsito. Quando o policial, com o caderno de multas na mão, voltou para o seu carro, eu pude ver claramente a motorista envergonhada sentada impotente ao volante de seu carro. Com suas mãos, ela tentou bloquear o rosto da vista dos pedestres, na esperança de esconder sua identidade. Suas ações eram um lembrete para mim de como pode ser constrangedor quando somos expostos por nossas escolhas e consequências.

Quando uma mulher culpada foi trazida diante de Jesus e sua imoralidade exposta, a multidão fez mais do que apenas assistir. Eles pediram por sua condenação, mas Jesus demonstrou misericórdia. O Único com o direito de julgar o pecado reagiu com compaixão à sua falha. Após dispersar os seus acusadores, "...disse Jesus: Nem eu tampouco te condeno; vai e não peques mais" (João 8:11). A compaixão de Jesus nos faz lembrar de Sua graça redentora, e na ordem que Ele deu àquela mulher está o Seu grande desejo de que vivamos na alegria dessa graça. A compaixão e a graça de Jesus demonstram a profundidade da Sua preocupação por nós quando tropeçamos e caímos.

Mesmo em nossos momentos de fracasso mais constrangedores, podemos clamar a Jesus e descobrir que a Sua graça é verdadeiramente surpreendente. —WEC

Apenas Jesus pode prover a graça que precisamos para cada provação que enfrentamos.

13 de novembro

PEÇA DO QUEBRA-CABEÇA

LEITURA:
1 Coríntios12:12-27

Mas Deus dispôs os membros, colocando cada um deles no corpo, como lhe aprouve.
—1 Coríntios 12:18

A BÍBLIA EM UM ANO:
☐ Lamentações 1–2
☐ Hebreus 10:1-18

Em sua festa de aniversário, a aniversariante surpreendeu a todos dando-nos um presente. Karen deu a cada um de nós uma mensagem pessoal expressando o que nós representamos para ela, junto a palavras encorajadoras sobre quem Deus nos fez para sermos. Com cada mensagem, havia uma peça de um quebra-cabeça como um lembrete de que cada um de nós é único e importante no plano de Deus.

Aquela experiência ajudou-me a ler o livro de 1 Coríntios 12 com novos olhos. Paulo comparou a igreja, o corpo de Cristo, a um corpo humano. Assim como os nossos corpos físicos têm mãos, pés, olhos e ouvidos, todos são parte de um corpo unificado. Nenhum seguidor de Cristo pode reivindicar a independência do corpo, nem se pode dizer a outra parte do corpo que não é necessária (vv.12-17). "Mas Deus dispôs os membros, colocando cada um deles no corpo, como lhe aprouve" (v.18).

É fácil sentir-se menos importante do que os outros cujos dons são diferentes e talvez mais visíveis do que os nossos. O Senhor, no entanto, quer que nos vejamos como Ele vê exclusivamente criado e valorizado por Ele.

Você é parte de uma imagem que sem você, é incompleta. Deus deu a você dons para que você seja uma parte importante do corpo de Cristo a fim de trazer honra a Ele. – DCM

Sua vida é um presente de Deus para você.
Faça dela o seu presente para Deus.

14 de novembro

AJUDANDO OS OUTROS

LEITURA:
Levítico 19:9-15

Quando também segares a messe da tua terra [...] não segarás totalmente...
—Levítico 19:9

A BÍBLIA EM UM ANO:
☐ Lamentações 3–5
☐ Hebreus 10:19-39

Quando as tempestades de neve enterram as pastagens, os fazendeiros devem alimentar os seus rebanhos manualmente. Enquanto o feno é lançado a partir de carretas e caminhões, os animais mais fortes abrem caminho. Os animais tímidos ou doentes conseguem pouco ou nenhum alimento salvo pela intervenção do rancheiro.

Pessoas que trabalham em campos de refugiados e com distribuição de alimentos relatam um padrão semelhante. Ao abrirem as portas para os necessitados, os fracos e tímidos podem não chegar à frente da fila. Como os fazendeiros, essas "cordas salva-vidas" humanas devem tomar medidas para assegurar que os seus serviços alcancem o fraco, cansado, doente e os que estão à margem da sociedade.

Eles estão realizando um princípio estabelecido por Deus há muito tempo. No livro de Levítico 19, Moisés instruiu os fazendeiros de Israel e viticultores a deixar porções dos seus cultivos para que o pobre e o estrangeiro tivessem algo para comer (vv.9-10).

Nós também podemos ser como zeladores para o fraco e cansado. Quer sejamos professores persuadindo os alunos tímidos a se abrirem, profissionais junto a um colega de trabalho em dificuldades, presidiários cuidando dos recém-chegados, ou os pais que dão atenção aos seus filhos. Nós temos maneiras de honrar a Deus ajudando os outros.

À medida que buscamos servir os necessitados, que a graça de Deus que nos alcançou em nossa necessidade nos mova para alcançar aos outros nas deles. –RKK

Ao servirmos aos outros, servimos a Deus.

15 de novembro

CORAJOSO DEFENSOR

LEITURA:
Mateus 8:23-34

Por que sois tímidos, homens de pequena fé? —Mateus 8:26

A BÍBLIA EM UM ANO:
- ☐ Ezequiel 1–2
- ☐ Hebreus 11:1-19

Adormecer era um desafio durante a minha infância. Mal meus pais apagavam as luzes, as roupas amassadas que eu tinha jogado na cadeira assumiam a forma de um dragão feroz e os pensamentos de alguma coisa vivendo debaixo da minha cama me apavoravam tanto que dormir era impossível.

Eu percebi que o poder imobilizador do medo não é apenas uma experiência da infância. O medo nos impede de perdoar, nos posicionarmos no trabalho, doar os nossos recursos para o reino de Deus, ou dizer não quando todos os nossos amigos estão dizendo sim. Sozinhos, estamos diante de muitos dragões ferozes em nossas vidas.

Na história dos discípulos no barco revolto pela tempestade, me impressiono pelo fato de que o único que não tinha medo era Jesus. Ele não teve medo da tempestade, nem do homem louco num cemitério ou da legião de demônios que possuía aquele homem (Mateus 8:23-34).

Diante do medo, precisamos ouvir a pergunta de Jesus: "Por que sois tímidos...?" (v.26) e lembrar que Ele nunca nos deixará nem nos abandonará (Hebreus 13:5-6). Não há nada que Ele não possa superar e, portanto, nada para Ele temer. Assim, da próxima vez que você estiver assombrado por seus medos, lembre-se de que você pode confiar em Jesus, nosso corajoso defensor! —JMS

Em tempos de medo, clame a Jesus, o nosso corajoso defensor.

16 de novembro

A QUEM É DE DIREITO

LEITURA:
Romanos 13:1-10

Pagai a todos o que lhes é devido: a quem tributo, tributo; [...] a quem honra, honra.
—Romanos 13:7

A BÍBLIA EM UM ANO:
☐ **Ezequiel 3–4**
☐ **Hebreus 11:20-40**

Meu marido e eu vivemos numa área rural rodeada por fazendas onde este lema é popular: "Se você fez uma refeição hoje, agradeça a um fazendeiro." Definitivamente, eles merecem a nossa gratidão. Os fazendeiros fazem o trabalho duro do preparo do solo, plantio das sementes e colheita do alimento que nos impede de morrer de fome.

Mas toda vez que agradeço a um fazendeiro, também tento me lembrar de louvar a Deus, pois Ele é o único responsável pela produção do alimento que comemos. O Senhor dá a luz, envia chuva e cria a energia dentro da semente, que lhe dá a força para empurrar através do solo e produzir frutos.

Embora a terra e todas as coisas pertençam a Deus (Salmo 24:1), Ele escolheu os seres humanos para serem seus cuidadores. Nós somos responsáveis por usar os recursos da terra, como Ele os usaria para fazer a Sua obra no mundo (115:16). E, assim como nós somos mordomos da criação física de Deus, também somos mordomos do Seu projeto para a sociedade. Fazemos isso ao respeitar aqueles a quem Ele colocou em posição de autoridade, pagando os impostos, honrando aos que mereceram, e ao continuar a pagar a nossa dívida de amor (Romanos 13:7-8). Mas uma coisa nós reservamos para Deus: Todo louvor e glória pertencem ao Senhor, pois Ele é o único que faz todas as coisas possíveis (Salmo 96:8). —JAL

Os caminhos insondáveis de Deus merecem o nosso louvor sem limites.

17 de novembro

HERÓI SOBRE O PECADO

LEITURA:
1 João 1

Cria em mim, ó Deus, um coração puro...
—Salmo 51:10

A BÍBLIA EM UM ANO:
☐ Ezequiel 5–7
☐ Hebreus 12

Há pouco tempo, alguém me fez uma pergunta muito difícil: "Quanto tempo você já ficou sem pecar? Uma semana, um dia, uma hora?" Como podemos responder a uma pergunta como essa? Se formos verdadeiros, poderemos dizer, "Eu não posso viver um dia sem pecar." Ou, se pensarmos na semana passada, poderemos perceber que não confessamos a Deus nem mesmo um só pecado. Mas estaríamos nos enganando se disséssemos que não temos pecado em nossos pensamentos ou ações por uma semana.

Deus conhece os nossos corações e sabe se somos sensíveis ao poder de convencimento do Espírito Santo. Se realmente conhecemos a nós mesmos, nos apropriamos do versículo de 1 João 1:8: "Se dissermos que não temos pecado nenhum, a nós mesmos nos enganamos, e a verdade não está em nós." Certamente, não queremos que o versículo 10 seja verdade para nós: "Se dissermos que não temos cometido pecado [...] a sua palavra não está em nós".

Uma pergunta mais encorajadora a fazer seria: "Qual é a resposta de Deus para a nossa admissão do pecado e da necessidade de perdão?" A resposta: "Se confessarmos [...], Ele é fiel e justo para nos perdoar..." (v.9). Jesus levou o nosso problema de pecado sobre si ao morrer em nosso lugar e ressurgir. É por isso que Ele pode criar em nós "um coração puro" (Salmo 51:10). Tenho um amigo, jovem, que está certo quando diz: "Jesus é o herói sobre os nossos pecados." – AMC

O perdão de Cristo é a porta para um novo começo.

18 de novembro

BEM-VINDO DE VOLTA

LEITURA:
Neemias 9:7-21

Porém tu, ó Deus perdoador, clemente e misericordioso...
—Neemias 9:17

A BÍBLIA EM UM ANO:
☐ **Ezequiel 8–10**
☐ **Hebreus 13**

Jonas decidiu seguir a Cristo com 10 anos. Quinze anos depois, seu compromisso enfraqueceu. Ele adotou uma filosofia de viver o aqui e agora e desenvolveu alguns maus hábitos. Assim, sua vida pareceu desmoronar. Ele teve problemas no trabalho. Três familiares morreram quase que simultaneamente. Medos e dúvidas começaram a assolar Jonas, e nada parecia ajudar, até que um dia ele leu o Salmo 121:2: "O meu socorro vem do SENHOR, que fez o céu e a terra." Estas palavras atravessaram o medo e a confusão em seu coração. Ele se voltou para a ajuda de Deus, e Ele o acolheu.

A jornada espiritual de Jonas me lembra da história do antigo povo de Israel. Os israelitas tinham uma relação única com Deus. Eles eram o Seu povo escolhido (Neemias 9:1-15). No entanto, passaram muitos anos se rebelando e ignorando a bondade de Deus, afastando-se para seguir os seus próprios caminhos (vv.16-21). Mas, quando eles se voltaram a Ele e se arrependeram, Deus foi perdoador, clemente e misericordioso, tardio em irar-se e grande em bondade (v.17).

Estas qualidades divinas nos encorajam a nos aproximarmos de Deus, mesmo depois de termos nos afastado dele. Quando nós humildemente abandonarmos a nossa rebeldia e nos comprometermos novamente com os caminhos de Deus, Ele mostrará compaixão e nos acolherá de volta em Sua intimidade. —JBS

Os acolhedores braços de Deus estão sempre abertos.

19 de novembro

Quem disse a verdade?

Leitura:
João 8:31-47

Quem dentre vós me convence de pecado? Se vos digo a verdade, por que razão não me credes? —João 8:46

A Bíblia em um ano:
☐ Ezequiel 11–13
☐ Tiago 1

Na campanha presidencial de 2012 nos EUA, a cobertura televisiva dos discursos e debates incluiu muitas vezes o processo de "averiguação dos fatos" pelos analistas que comparavam as declarações dos canditados com os seus registros sobre a verdadeira atuação deles. Os candidatos estavam dizendo a verdade ou manipulando os fatos a seu favor?

O apóstolo João registrou um debate entre Jesus e um grupo de pessoas que acreditava que Ele estava fazendo falsas afirmações sobre si mesmo. Jesus lhes disse: "...Se vós permanecerdes na minha palavra, sois verdadeiramente meus discípulos; e conhecereis a verdade, e a verdade vos libertará" (João 8:31-32). Eles lhe disseram que nunca tinham sido escravos de ninguém e perguntaram: "Como dizes tu: Sereis livres?" (v.33).

Durante o debate, Jesus lhes afirmava que Ele estava falando a verdade (vv.34,40,45,46,51). Alguns acreditaram em Jesus, mas outros não, e permaneceram com raiva dele.

Em certo sentido, aquele debate continua até hoje. Os que se opõem a Jesus procuram desacreditar Suas declarações e transformá-las em mentiras. Jesus diz: Eu "digo a verdade" e promete que nos dará uma liberdade que não podemos encontrar em nenhum outro lugar.

O relato bíblico da vida de Jesus é digno de uma verificação dos fatos à medida que determinamos a quem seguiremos. Todos nós temos uma escolha a fazer. –DMC

A verdade de Deus resiste a qualquer teste.

20 de novembro

Preocupação Genuína

Leitura:
Filipenses 2:1-5

Não tenha cada um em vista o que é propriamente seu, senão também cada qual o que é dos outros. —Filipenses 2:4

A Bíblia em um ano:
☐ Ezequiel 14–15
☐ Tiago 2

Na primeira noite no acampamento familiar, o diretor do local informou às famílias sobre a programação para a semana. Ao terminar, perguntou se alguém tinha algo a dizer. Uma jovem se levantou e fez um apelo emocionante para obter ajuda. Ela falou sobre seu pequeno irmão — um menino com necessidades especiais — e como o cuidado com ele poderia ser um desafio. Disse como isso era cansativo para a sua família e pediu a todos ali para ajudá-los a tomar conta dele durante a semana. Era um apelo nascido da verdadeira preocupação por seu irmão e seus pais. Durante a semana, foi muito bom ver as pessoas se voluntariando para ajudar essa família.

O apelo da garota foi um lembrete gentil de como podemos facilmente nos envolver em nosso próprio mundo, vida e problemas a ponto de não enxergar as necessidades dos outros. Paulo descreveu a nossa responsabilidade: "Não tenha cada um em vista o que é propriamente seu, senão também cada qual o que é dos outros" (Filipenses 2:4). O versículo seguinte nos lembra de que isto é parte do exemplo de Cristo: "Tende em vós o mesmo sentimento que houve também em Cristo Jesus" (v.5).

O nosso cuidado demonstra uma preocupação semelhante à de Cristo pelas pessoas que estão sofrendo. Que possamos descansar na graça de Deus, confiando nele para nos capacitar a servir os outros em seus momentos de necessidade. –WEC

**Jesus importou-se com os outros.
Siga o exemplo dele.**

21 de novembro

ESSE NOME

LEITURA:
Filipenses 2:5-11

Deus o exaltou sobremaneira e lhe deu o nome que está acima de todo nome. —Filipenses 2:9

A BÍBLIA EM UM ANO:
☐ Ezequiel 16–17
☐ Tiago 3

Nossa pequena neta Maggie e sua família voltaram para sua cidade depois de nos visitarem em Grand Rapids, Michigan, EUA. Sua mãe contou-nos que alguns dias depois de voltar para casa, Maggie andava pela casa feliz falando: "Michigan! Michigan!"

Havia algo sobre esse nome que atraía Maggie. Poderia ser o som. Poderia ser o tempo agradável que ela passou conosco. É difícil dizer com um ano de idade, mas o nome "Michigan" causou-lhe tanto impacto que ela não conseguia parar de repeti-lo.

Isto me faz pensar em outro nome, o nome de Jesus, "...o nome que está acima de todo nome" (Filipenses 2:9). Uma canção de Bill e Gloria Gaither me faz recordar do porque amo tanto esse nome. Ele é o "Mestre" e "Salvador". Sim, que profundo significado existe nos nomes que descrevem o nosso Senhor! Quando mencionamos o grande nome de Jesus àqueles que precisam dele como Salvador, podemos lembrar-lhes do que Ele fez por nós.

Jesus é o nosso Salvador. Ele nos redimiu com o Seu sangue, e nós podemos dar a nossa vida a Ele de todo o coração. Jesus. Que todo o céu e toda a terra, nós inclusive, proclamemos o Seu glorioso nome! –JDB

Jesus — o nome mais precioso!

22 de novembro

OFUSCADO

LEITURA:
Lucas 1:26-38

...Descerá sobre ti o Espírito Santo, e o poder do Altíssimo te envolverá com a sua sombra... —Lucas 1:35

A BÍBLIA EM UM ANO:
☐ **Ezequiel 18–19**
☐ **Tiago 4**

Há 50 anos, neste dia, o assassinato do presidente dos EUA, John F. Kennedy surpreendeu as pessoas ao redor do mundo. No dia seguinte ao tiroteio, um artigo de um jornal de Londres falou sobre as repercussões em todos os mercados financeiros mundiais. A manchete foi: "Todos os outros acontecimentos foram ofuscados pela tragédia americana."

Há momentos em nossas vidas em que uma morte, uma tragédia ou uma repentina reviravolta nas circunstâncias ofusca tudo. Foi o que aconteceu a uma jovem solteira ao saber que seria a mãe do Messias prometido, o Filho de Deus (Lucas 1:26-33). Quando ela perguntou como isto poderia acontecer, o anjo Gabriel disse: "...Descerá sobre ti o Espírito Santo, e o poder do Altíssimo te envolverá com a sua sombra..." (v.35).

A impossibilidade na vida de Maria foi ofuscada não pelas trevas, mas pelo brilho da glória e poder de Deus. Sua resposta continua a deixar-nos admirados: "...que se cumpra em mim conforme a tua palavra..." (v.38).

Nas próximas semanas, enquanto lemos novamente a história do Natal e consideramos o nascimento de Jesus em nosso mundo, vale a pena ponderar a palavra ofuscada. Ela fala de maneira tão poderosa da presença do Senhor em nossos corações e sua capacidade de ofuscar os momentos mais sombrios.

– DCM

Em cada situação, somos ofuscados pelo maravilhoso amor e poder de Deus.

23 de novembro

CARTAS VIVAS

LEITURA:
2 Coríntios 3:1-11

...manifestos como carta de Cristo [...] escrita não com tinta, mas pelo Espírito do Deus vivente...
—2 Coríntios 3:3

A BÍBLIA EM UM ANO:
☐ Ezequiel 20–21
☐ Tiago 5

Em novembro de 1963, no mesmo dia em que o presidente John F. Kennedy foi assassinado, outro líder morreu — Clive Staples Lewis. Este acadêmico da Universidade de Oxford, que havia se convertido do ateísmo ao cristianismo, foi um escritor produtivo. Livros intelectuais, ficção científica, fantasias infantis e outros trabalhos fluíram de sua pena com uma forte mensagem cristã. Os seus livros têm sido usados por Deus na conversão de muitos, inclusive um político e um cientista ganhador do Prêmio *Nobel.*

Alguns são chamados para contar aos outros sobre Cristo por meio da sua escrita, mas todos os cristãos são convocados a serem "epístolas" ou cartas de Cristo, em nossa maneira de viver. O apóstolo Paulo nos diz: "...manifestos como carta de Cristo [...] escrita não com tinta, mas pelo Espírito do Deus vivente..." (2 Coríntios 3:3).

Com certeza, Paulo não quis dizer que somos, na verdade, pedaços de papel nos quais a mensagem de Deus foi escrita. Mas como "cartas" vivas podemos demonstrar como Jesus Cristo faz a diferença na maneira que tratamos os outros e em nosso esforço para viver com integridade.

Poucos terão a mesma influência que C.S. Lewis teve, mas todos nós somos chamados a dar glória Àquele que nos ama e nos redimiu! —HDF

Somos as "cartas de recomendação" de Cristo para todos os que leem as nossas vidas.

24 de novembro

Que horas são?

Leitura:
Gálatas 3:26–4:7

...vindo, porém, a plenitude do tempo, Deus enviou seu Filho... —Gálatas 4:4

A Bíblia em um ano:
☐ **Ezequiel 22–23**
☐ **1 Pedro 1**

O velho ditado é verdadeiro: O tempo é tudo! É por isso que a declaração de Paulo, "...vindo, porém, a plenitude do tempo, Deus enviou seu Filho..." me intriga muito (Gálatas 4:4).

Uma rápida olhada na história revela que a vinda de Cristo foi exatamente no momento certo. Séculos antes Alexandre, o Grande, conquistou a maior parte do mundo conhecido, trazendo com ele a cultura grega e sua língua. À beira de sua morte, o Império Romano retomou de onde Alexandre parou e expandiu o território sob a influência da unificação da cultura e da língua dos gregos. Foi sob o domínio romano que a crucificação aconteceu onde o sangue de Cristo foi derramado por nós. Foi sob o governo de Roma que as condições foram preparadas para a propagação do evangelho em três continentes: boas estradas limites territoriais livres de restrições de "passaporte" e um idioma unificador. A providência de Deus tinha colocado todas as peças no seu lugar para o momento perfeito de enviar o Seu Filho.

O tempo de Deus é perfeito em tudo. Enquanto você está esperando, talvez se perguntando por que Deus não parece estar agindo em seu nome, lembre-se de que Ele está trabalhando nos bastidores para preparar Seu momento de intervenção no tempo certo. Confie nele, pois Ele sabe qual é a hora certa. — JMS

Ensina-nos, ó Senhor, as disciplinas da paciência. Esperar é muitas vezes mais difícil do que trabalhar. —Marshall

25 de novembro

PLÁGIO ESPIRITUAL

LEITURA:
João 1:1-18

E o Verbo se fez carne e habitou entre nós, cheio de graça e de verdade, e vimos a sua glória, glória como do unigênito do Pai.
—João 1:14

A BÍBLIA EM UM ANO:
☐ Ezequiel 24–26
☐ 1 Pedro 2

Quando eu ensino redação em Inglês, exijo que os alunos a escrevam na sala de aula. Sei que o que escrevem em sala é produto de seu próprio esforço. Desta maneira, me familiarizo com o estilo de escrita de cada aluno e posso detectar se eles "emprestam" um tanto demais de outro escritor. Os estudantes se surpreendem ao saber que o seu estilo literário — que inclui o que dizem e como dizem — é tão peculiar como a sua própria voz. Assim como as palavras que falamos vêm de nossos corações, as palavras que escrevemos também. Elas revelam quem somos.

Da mesma maneira, nos familiarizamos com a voz de Deus. Ao ler o que Ele escreveu, aprendemos sobre quem Ele é e como se expressa. Satanás, no entanto, tenta fazer-se soar como Deus (2 Coríntios 11:14). Usando as palavras de Deus de uma forma ligeiramente alterada, ele vem com argumentos convincentes para as coisas que não são verdadeiras. Por exemplo, ao convencer as pessoas a fazer coisas que imitam santidade, como confiar na aparência exterior da autodisciplina ao invés de confiar na morte de Cristo para a salvação (Colossenses 2:23), Satanás tem levado muitos ao erro.

Deus foi aos extremos para assegurar-se de que reconheceríamos a Sua voz. Ele não apenas nos deu a Sua Palavra, nos deu o Verbo feito carne, Jesus (João 1:14), de modo que não seremos facilmente enganados ou iludidos. –JAL

Puríssima é a tua palavra; por isso, o teu servo a estima. —Salmo 119:140

26 de novembro

COMO APROVEITAR TUDO

LEITURA:
Eclesiastes 5:13-20

Quanto ao homem [...] receber a sua porção, e gozar do seu trabalho, isto é dom de Deus. —Eclesiastes 5:19

A BÍBLIA EM UM ANO:
☐ Ezequiel 27–29
☐ 1 Pedro 3

Em seu livro "*Daring to Draw Near*" (Ouse se aproximar), o Dr. John White escreve que muitos anos antes, Deus lhe possibilitou comprar uma linda casa com muitos luxos. Os seus sentimentos em relação à casa variaram dramaticamente.

Ao lembrar-se de que a casa era um dom da graça de Deus, ele sentiu alegria e gratidão. Mas quando começava a compará-la com a casa de seus amigos, se sentia orgulhoso por ter uma bela casa e sua alegria evaporava. A sua casa, na realidade, se tornaria um fardo. Tudo o que poderia ver eram os muitos arbustos e árvores para cuidar e as tarefas chatas e intermináveis para fazer. White disse: "Enquanto a vaidade faz neblina em meus olhos e sobrecarrega o meu coração, a gratidão limpa a minha visão e ilumina os meus fardos."

O escritor de Eclesiastes viu Deus a cada momento no gozo das coisas materiais. O poder para comer os frutos de nossos trabalhos e até mesmo a força para receber e nos regozijarmos neles vem de Deus (5:18-19).

Do início ao fim, a vida inteira é um dom dado continuamente por Deus. Nós nada merecemos. Ele não nos deve nada. No entanto, Ele nos dá tudo. Se nos lembrarmos disso, não precisaremos nos sentir egoístas ou culpados. Sejam quais forem as bênçãos materiais que temos, elas são um presente do nosso bondoso Deus. –DJD

Deus, que deu tanto para nós, oferece mais uma coisa: um coração agradecido. —Herbert

27 de novembro

LUGAR DE ÁGUAS

LEITURA:
Salmo 42:1-5

**...a água que eu lhe der será nele uma fonte a jorrar para a vida eterna.
—João 4:14**

A BÍBLIA EM UM ANO:
☐ **Ezequiel 30–32**
☐ **1 Pedro 4**

A África Oriental é um dos lugares mais secos da Terra, o que faz "Nairóbi" ser um nome tão significativo para uma cidade naquela região. O nome vem de uma frase na língua Massai que significa "água fria", e significa literalmente "o lugar de água".

Ao longo da história, a presença de água foi vivificadora e estratégica. Se uma pessoa vive em um clima seco ou numa floresta tropical, a água é uma necessidade inegociável. Em um clima seco e árido, saber onde encontrar o lugar de água pode significar a diferença entre a vida e a morte.

A nossa vida espiritual também tem alguns elementos inegociáveis. É por isso que Jesus, ao encontrar uma mulher espiritualmente sedenta num poço, declarou a ela que só Ele poderia fornecer água viva. Ele lhe disse: "...aquele, porém, que beber da água que eu lhe der nunca mais terá sede; pelo contrário, a água que eu lhe der será nele uma fonte a jorrar para a vida eterna" (João 4:14).

Como a corça mencionada no Salmo 42:1-2 que anseia por água, a nossa alma tem sede de Deus e anseia por Ele (63:1). Precisamos desesperadamente do sustento que vem somente de Jesus Cristo. Ele é a fonte de água viva que refresca os nossos corações. —WEC

Jesus é a fonte de água viva.

28 de novembro

Amor verdadeiro

Leitura:
1 Coríntios 13:1-8

[O amor] tudo sofre, tudo crê, tudo espera, tudo suporta. O amor jamais acaba.
—1 Coríntios 13:7-8

A Bíblia em um ano:
- ☐ **Ezequiel 33–34**
- ☐ **1 Pedro 5**

Há alguns anos, a mãe de minha amiga foi diagnosticada com mal de *Alzheimer*. Desde então, Bete foi forçada a tomar decisões difíceis sobre o cuidado de sua mãe, e o seu coração tem sido muitas vezes quebrantado enquanto observa sua mãe vibrante e divertida lentamente desaparecer. No processo, minha amiga tem aprendido que o verdadeiro amor nem sempre é fácil ou conveniente.

Depois que sua mãe foi hospitalizada por alguns dias do ano passado, Bete escreveu estas palavras a alguns de seus amigos: "Ao contrário do que possa parecer, estou muito grata pela jornada que estou tendo com a minha mãe. Por trás do desamparo da perda de memória, confusão e absoluto desamparo, há uma pessoa bonita que ama a vida e está em completa paz. Estou aprendendo muito sobre o que o amor verdadeiro é, ainda que eu provavelmente não tenha pedido por esta viagem, pelas lágrimas e os sofrimentos que a acompanham, não trocaria isso por nada."

A Bíblia nos lembra de que o amor é paciente e bondoso. Não é egoísta ou se irrita facilmente. Ele "...tudo sofre, tudo crê, tudo espera, tudo suporta..." (1 Coríntios 13:4-7).

O amor verdadeiro se originou com o nosso Pai, que nos deu a dádiva de Seu Filho. Conforme procuramos demonstrar o Seu amor aos outros, podemos seguir o exemplo de Cristo, que deu a Sua vida por nós (1 João 3:16-18). —CHK

O verdadeiro amor é ajudar os outros por amor a Jesus, mesmo que nunca possam devolver o favor.

29 de novembro

PRIMEIRAS IMPRESSÕES

LEITURA:
1 Samuel 16:1-7

...O homem vê o exterior, porém o SENHOR, o coração. —1 Samuel 16:7

A BÍBLIA EM UM ANO:
☐ Ezequiel 35–36
☐ 2 Pedro 1

Enquanto eu comprava alimentos um dia eu era visto como um ladrão por uma pessoa e um herói por outra.

Ao sair do supermercado, um funcionário disse: "Desculpe-me, senhor. Há muitos itens não ensacados em seu carrinho." Esta é evidentemente uma estratégia utilizada por ladrões. Quando ele viu que eram produtos muito grandes para serem ensacados, se desculpou e me permitiu seguir o meu caminho.

No estacionamento, uma mulher olhou para o meu boné de atleta com um bordado dourado. Confundindo-o com um chapéu militar, ela disse: "Obrigada por defender o nosso país!" Em seguida, ela se afastou.

O funcionário do supermercado e a mulher no estacionamento tinham, cada um, formado conclusões precipitadas sobre mim. É fácil formar opiniões sobre os outros baseado em primeiras impressões.

Quando Samuel foi escolher o próximo rei de Israel dentre os filhos de Jessé, ele também fez um julgamento a partir de primeiras impressões. No entanto, o escolhido de Deus não era estava entre os filhos mais velhos. O Espírito Santo disse a Samuel: "Não atentes para a sua aparência, nem para a sua altura..." (1 Samuel 16:7). Deus escolheu Davi, o mais novo, que menos parecia como um rei.

Deus pode nos ajudar a ver as pessoas por intermédio dos Seus olhos, "...porque o SENHOR não vê como vê o homem. O homem vê o exterior, porém o SENHOR, o coração" (v.7). – HDF

As primeiras impressões muitas vezes podem levar a conclusões erradas.

30 de novembro

Atenção às palavras

Leitura:
Salmo 66:10-20

Entretanto, Deus me tem ouvido e me tem atendido a voz da oração. —Salmo 66:19

A Bíblia em um ano:
☐ Ezequiel 37–39
☐ 2 Pedro 2

Uma semana depois que C.S. Lewis morreu em 1963, colegas e amigos se reuniram numa capela, em Oxford, Inglaterra, para prestar homenagem ao homem cujos escritos tinham alimentado as chamas da fé e da imaginação em crianças e estudiosos.

Durante o funeral, um amigo próximo de Lewis chamado Austin Farrer comentou que Lewis sempre enviou uma resposta escrita à mão a cada carta que recebeu de leitores de todo o mundo. "Sua atitude característica para as pessoas em geral era de consideração e respeito", Farrer disse. "Ele pagou a vocês o elogio de prestar atenção às suas palavras."

Dessa forma, Lewis se espelhou na notável atenção que Deus dá para o que dizemos a Ele em oração. Durante um momento de grande dificuldade, o escritor do Salmo 66 clamou a Deus (vv.10-14). Mais tarde, ele louvou ao Senhor por Sua ajuda, dizendo: "Entretanto, Deus me tem ouvido e me tem atendido a voz da oração" (v.19).

Quando oramos, o Senhor ouve as nossas palavras e conhece os nossos corações. Verdadeiramente podemos dizer como o salmista: "Bendito seja Deus, que não me rejeita a oração, nem aparta de mim a sua graça!" (v.20). Nossas orações se tornam o caminho para um relacionamento mais profundo com Deus. Em todos os momentos, mesmo nas horas de maior necessidade, Ele presta atenção às nossas palavras. –DCM

Deus sempre presta atenção em nós.

1 de dezembro

Deus é longânimo

Leitura:
João 14:1-6

Não retarda o Senhor a sua promessa, [...] ele é longânimo para convosco, não querendo que nenhum pereça... —2 Pedro 3:9

A Bíblia em um ano:
- ☐ Ezequiel 40–41
- ☐ 2 Pedro 3

Durante a época do Natal nós esperamos. Esperamos no trânsito, nas filas do caixa para comprar presentes. Esperamos por familiares que chegam, para nos reunirmos ao redor da mesa repleta de nossos pratos prediletos. Aguardamos para abrir os presentes carinhosamente escolhidos.

Toda esta espera pode ser um lembrete aos cristãos de que o Natal é uma celebração de espera por algo muito mais importante do que as tradições natalinas. Como os antigos israelitas, nós também estamos esperando por Jesus. Embora Ele já tenha vindo como o tão esperado Messias, Ele ainda não veio como o governante de toda a terra. Assim, hoje esperamos pela segunda vinda de Cristo.

O Natal nos lembra de que Deus também espera... Ele espera que a pessoas vejam a Sua glória, que admitam estar perdidas sem Ele, que digam sim ao Seu amor, que recebam o Seu perdão e que se afastem do pecado. Enquanto aguardamos por Sua segunda vinda, Ele espera por arrependimento. O que para nós parece lentidão de Deus em Seu retorno é na verdade Sua paciência esperando (2 Pedro 3:9).

O Senhor está esperando para ter um relacionamento com aqueles a quem ama. Ele deu o primeiro passo quando veio como o bebê Jesus e o Cordeiro sacrificial. Agora, Jesus espera que o recebamos em nossas vidas como Senhor e Salvador. —JAL

Deus pacientemente cumpre as Suas promessas.

2 de dezembro

LIGA DA INTEGRIDADE

LEITURA:
Salmo 26

Quem anda em integridade anda seguro... —Provérbios 10:9

A BÍBLIA EM UM ANO:
☐ Ezequiel 42–44
☐ 1 João 1

Nós a chamamos de Liga da Integridade, mas na verdade é apenas um bando de homens que se reúne na hora do almoço para jogar basquete. Assumimos as nossas faltas, nos esforçamos para evitar acessos de raiva e tentamos simplesmente manter tudo justo e agradável. Somos competitivos e não gostamos de perder — mas todos nós concordamos que a integridade e honestidade devem controlar a atmosfera.

Integridade. As Escrituras claramente indicam a importância desta característica. E honramos o Deus de nossas vidas quando a praticamos.

Por toda a Sua Palavra, Deus nos deu razões claras para andar "...na [...] integridade..." (Salmo 26:11). Uma pessoa íntegra tem a segurança de uma vida tranquila; algo desconhecido àquele "...que perverte os seus caminhos..." (Provérbios 10:9). O seguidor de Deus que vive com integridade é preservado por sua confiança no Senhor, pois esta pessoa espera pela intervenção de Deus em sua vida em vez de correr à Sua frente (Salmo 25:21). E aquele que pratica a integridade receberá orientação e direção clara (Provérbios 11:3).

Por que deveríamos nos importar com a "Liga da Integridade" da vida? Porque obedecer a Deus desta maneira demonstra que confiamos nossas vidas a Ele e que queremos resplandecer o Seu grande amor sobre os outros. –JDB

A integridade é o caráter de Cristo em ação.

3 de dezembro

UM ALONGAMENTO

LEITURA:
1 João 2:24–3:3

Vede que grande amor nos tem concedido o Pai, a ponto de sermos chamados filhos de Deus; e, de fato, somos filhos de Deus...
—1 João 3:1

A BÍBLIA EM UM ANO:
☐ Ezequiel 45–46
☐ 1 João 2

Por muitos anos, Sara sentiu dores na coluna lombar que pioravam cada vez mais. O seu médico a encaminhou para a fisioterapia e ela recebia 25 alongamentos para fazer diariamente. A dor diminuiu, mas não por completo. Assim, o médico pediu um raio-X e a enviou para outro terapeuta, que a instruiu a interromper os alongamentos do outro profissional e fazer apenas um alongamento por dia conforme necessário. Surpreendentemente, aquele simples alongamento funcionou melhor.

Algumas vezes as verdades mais simples são as melhores. Quando pediram a Karl Barth para resumir em uma frase todo o trabalho teológico de sua vida, ele respondeu: "Jesus me ama!" Alguns dizem que ele acrescentou, "Isto eu sei, pois a Bíblia assim me diz."

O amor de Deus por nós é evidente. Ele deu o Seu Filho para nos resgatar de nós mesmos. Cristo morreu na cruz, levando o fardo de nosso pecado, e em seguida, Ele ressuscitou, dando-nos nova vida nele. Amor maravilhoso! Como João nos diz: "Vede que grande amor nos tem concedido o Pai, a ponto de sermos chamados filhos de Deus; e, de fato, somos filhos de Deus..." (1 João 3:1).

Naturalmente, o amor de Jesus por nós não é um curativo ou um "elixir" para todos os problemas da vida. No entanto, é a única verdade em que podemos sempre nos amparar para adquirir um propósito na vida e ter paz com Deus. –AMC

É maravilhoso pensar que Jesus me ama.

4 de dezembro

A PEDRA EUREKA

LEITURA:
Mateus 13:44-50

O reino dos céus é semelhante a um tesouro oculto no campo...
—Mateus 13:44

A BÍBLIA EM UM ANO:
☐ Ezequiel 47–48
☐ 1 João 3

Em uma fazenda na África do Sul, Erasmus Jacobs, de 15 anos, viu uma pedra reluzir ao sol, em 1867. Certo momento, um vizinho que sabia sobre a existência da pedra reluzente quis comprá-la da família. Por não saber o valor da pedra, a mãe de Erasmus disse ao vizinho: "Pode ficar com a pedra se quiser."

Finalmente, um mineralogista declarou que a pedra era um diamante de 25 quilates que valia uma grande quantia. Ficou conhecido como o "Diamante Eureka" (A palavra grega *eureka* significa "Encontrei!"). Logo, os valores dos campos próximos à fazenda da família Jacobs elevaram-se. Sob a terra estava um dos mais abastados depósitos de diamante jamais descoberto.

Jesus disse que o valor de fazer parte do reino de Deus é como um tesouro: "O reino dos céus é semelhante a um tesouro oculto no campo, o qual certo homem, tendo-o achado, escondeu. E, transbordante de alegria, vai, vende tudo o que tem e compra aquele campo" (Mateus 13:44).

Quando colocamos nossa fé em Cristo, um "momento eureka" espiritual acontece. Deus nos dá perdão em Seu Filho. É o maior tesouro que poderia ser encontrado. A partir desse momento, o ponto central de nossas vidas pode girar em torno de nos tornarmos valorosos membros de Seu reino eterno. A nossa alegria é compartilhar essa valiosa descoberta com os outros. —HDF

O reino de Deus é um tesouro feito para ser compartilhado.

5 de dezembro

Fonte de Desejos

Leitura:
Filipenses 4:4-13

...aprendi a viver contente em toda e qualquer situação. —Filipenses 4:11

A Bíblia em um ano:
☐ Daniel 1–2
☐ 1 João 4

Carlyle Marney era o vizinho, pastor e amigo da família de minha esposa quando ela era menina. Um de seus comentários improvisados sobre ter contentamento tornou-se uma das expressões permanentes da família: "Dr. Marney diz: 'Precisamos consertar a nossa fonte de desejos.'"

É muito fácil querer mais do que precisamos e nos concentrar mais em receber do que em dar. Os nossos desejos rapidamente ditam as nossas escolhas.

Quando o apóstolo Paulo escreveu aos seguidores de Jesus na cidade de Filipos, ele lhes disse: "...aprendi a viver contente em toda e qualquer situação [...] tanto de fartura como de fome; assim de abundância como de escassez" (Filipenses 4:11-12). Na verdade, Paulo estava dizendo: "Consertei a minha fonte de desejos". É importante perceber que Paulo não nasceu com contentamento. Ele aprendeu nas circunstâncias difíceis da vida cotidiana.

Durante esta época do ano, quando as compras e as pechinchas geralmente ocupam o centro das atenções em tantos países e culturas, por que não nos concentramos em estarmos satisfeitos com as circunstâncias atuais? Pode parecer difícil, mas Paulo, ao falar sobre aprender a estar contente disse: "...tudo posso naquele que me fortalece" (v.13). –DCM

O contentamento começa ao desejarmos menos.

6 de dezembro

MAIS DO QUE SUFICIENTE

LEITURA:
Salmo 103:1-11

...[o Senhor] redime a tua vida e te coroa de graça e misericórdia. —Salmo 103:4

A BÍBLIA EM UM ANO:
☐ Daniel 3–4
☐ 1 João 5

Quando recebi um grande grupo em minha casa, temi que o cardápio planejado não fosse suficiente para servir todos os convidados. No entanto, eu não deveria ter me preocupado. Muitos amigos trouxeram algo a mais e todos puderam desfrutar das surpresas excedentes. Tínhamos mais do que o suficiente e pudemos compartilhar da abundância.

Servimos a um Deus de abundância que é constantemente "mais do que suficiente." Podemos ver a natureza generosa de Deus na forma como Ele ama Seus filhos.

No Salmo 103, Davi lista muitos benefícios que nosso Pai nos concede. O versículo 4 afirma que Ele redime as nossas vidas da destruição e nos coroa com graça e misericórdia.

O apóstolo Paulo nos lembra de que Deus "...nos tem abençoado com toda sorte de bênção espiritual" e "...é poderoso para fazer infinitamente mais do que tudo quanto pedimos ou pensamos..." (Efésios 1:3; 3:20).

Por Seu grande amor, somos chamados filhos de Deus (1 João 3:1), e Sua graça nos dá "...em tudo, ampla suficiência..." para que superabundemos "...em toda boa obra" (2 Coríntios 9:8).

O amor e a graça de Deus derramados sobre as nossas vidas nos capacitam a compartilhá-los com os outros. O Deus de poder e provisão é sempre o Deus que é "mais do que suficiente"! —CHK

Sempre temos o suficiente quando Deus é a nossa provisão.

7 de dezembro

Luzes de Natal

Leitura:
Mateus 5:13-16

O povo que jazia em trevas viu grande luz, e aos que viviam na região e sombra da morte resplandeceu-lhes a luz. —Mateus 4:16

A Bíblia em um ano:
☐ Daniel 5–7
☐ 2 João

Todos os anos em dezembro, 13 famílias na vizinhança perto de onde moramos montam um deslumbrante espetáculo de 300 mil luzes de Natal. As pessoas dirigem quilômetros e esperam na fila por horas para ver as luzes lampejantes e coloridas e ouvir a música que é programada para acompanhar. O espetáculo de luz e som é tão elaborado que requer uma rede de 64 computadores para manter tudo sincronizado.

Quando penso nestas luzes natalinas, sou lembrado da Luz que faz do Natal uma festa para muitos — uma única Luz tão radiante que ilumina o mundo todo com verdade, justiça e amor. Esta Luz — Jesus — é tudo o que o mundo procura e anseia (Isaías 9:2,6-7). E Ele disse aos Seus seguidores para exporem a Sua luz a fim de que outros vejam Deus e o glorifiquem (Mateus 5:16).

Imagine se os cristãos se empenhassem em resplandecer e sincronizar a luz do amor de Deus tanto quanto as famílias daquela vizinhança ao iluminarem a rua com as luzes de Natal. Talvez assim, as pessoas que ainda vivem na escuridão fariam um esforço para ver esta grande Luz. Quando os cristãos trabalharem juntos para expor o amor de Deus, o evangelho brilhará mais forte e atrairá mais pessoas a Jesus, a Luz do mundo. —JAL

O nosso testemunho de Cristo é uma luz num mundo escuro.

8 de dezembro

MEDO SÉRIO

LEITURA:
Lucas 2:8-20

...Não temais; eis aqui vos trago boa-nova de grande alegria... —Lucas 2:10

A BÍBLIA EM UM ANO:
☐ Daniel 8–10
☐ 3 João

Após semanas de ensaio do coral infantil, a noite de nosso musical de Natal de 1983 havia chegado. As crianças fantasiadas começaram a encher o auditório quando repentinamente ouvimos um tumulto à porta dos fundos. Minha esposa e eu nos viramos para olhar e vimos o nosso pequeno Matt. Soluçando alto e com um olhar de absoluto terror, ele agarrava o trinco da porta como se estivesse fugindo da morte. Ele se recusou a entrar no auditório. Após muita negociação, o diretor finalmente lhe disse que não precisava subir no palco. Ele se sentou conosco e logo os seus medos começaram a diminuir.

Apesar de geralmente não identificarmos o Natal como uma época de medo, havia muito temor na noite do nascimento de Cristo. O evangelista Lucas diz: "E um anjo do Senhor desceu aonde eles estavam, e a glória do Senhor brilhou ao redor deles; e ficaram tomados de grande temor" (Lucas 2:9). A visão do mensageiro angelical era mais do que os pastores poderiam processar. Mas o anjo os tranquilizou: "...Não temais; eis aqui vos trago boa-nova de grande alegria, que o será para todo o povo" (v.10).

Em um mundo repleto de medo, precisamos nos lembrar de que Jesus veio para ser o Príncipe da Paz (Isaías 9:6). Precisamos desesperadamente da Sua paz. À medida que olharmos para Ele, Jesus diminuirá nossos medos e acalmará os nossos corações. —WEC

O medo tem o seu fim no Deus encarnado.
—F. B. Meyer

9 de dezembro

O BOM E O MAU

LEITURA:
Jonas 4

...fez o SENHOR Deus nascer uma planta [...]. Mas Deus enviou um verme, o qual feriu a planta, e esta se secou. —Jonas 4:6-7

A BÍBLIA EM UM ANO:
☐ Daniel 11–12
☐ Judas

A história do rebelde profeta Jonas nos demonstra como Deus deseja usar tanto as bênçãos como as tribulações para nos desafiar e transformar-nos para melhor. No livro de Jonas, repete-se cinco vezes que o Senhor preparou circunstâncias para ele — boas e más.

Neste livro, lemos que o Senhor enviou uma tempestade. Está escrito que "...o SENHOR lançou sobre o mar um forte vento, e fez-se no mar uma grande tempestade..." (Jonas 1:4). Depois que os marinheiros descobriram que Jonas era a razão da tempestade, lançaram-no ao mar (1:15). E então "Deparou o SENHOR um grande peixe, para que tragasse a Jonas..." para salvá-lo de um afogamento (1:17).

Adiante, lemos que "...fez o SENHOR Deus nascer uma planta..." para haver sombra sobre Jonas (4:6). Em seguida, percebemos que Deus enviou um verme para ferir a planta e também um vento calmoso e o sol que bateu na cabeça de Jonas (4:7-9). Estas circunstâncias foram usadas para revelar a atitude da rebelião de Jonas. Apenas após essa revelação, Deus pôde confrontar diretamente o problema do coração do profeta.

Ao enfrentarmos situações diferentes, deveríamos nos lembrar de que Deus é soberano sobre as bênçãos e provações que surgem em nosso caminho. Ele deseja utilizar todas as coisas para edificar o nosso caráter (Tiago 1:1-5). Ele usa o bem e o mal para nos transformar e nos guiar em nossa jornada. – HDF

**O Senhor dá e o Senhor toma.
Bendito seja o Senhor.**

10 de dezembro

COMPETIÇÃO DE PRESENTES

LEITURA:
2 Coríntios 9: 6-15

Graças a Deus pelo seu dom inefável!
—2 Coríntios 9:15

A BÍBLIA EM UM ANO:
☐ Oseias 1–4
☐ Apocalipse 1

Um comercial de Natal que gosto na TV mostra dois vizinhos em uma competição amigável para ver quem consegue espalhar mais a alegria do Natal. Um fica de olho no outro enquanto decora sua casa e árvores com luzes. Depois, cada um aperfeiçoa a sua propriedade para ficar melhor do que a do outro. Eles, em seguida, começam a competir para ver quem consegue ser mais extravagante com os outros vizinhos, correndo e distribuindo presentes alegremente.

O povo de Deus não está em uma competição para ver quem consegue doar mais, mas somos chamados para sermos "...generosos em dar e prontos a repartir" (1 Timóteo 6:18). O apóstolo Paulo instruiu a igreja em Corinto: "Cada um contribua segundo tiver proposto no coração, não com tristeza ou por necessidade; porque Deus ama a quem dá com alegria" (2 Coríntios 9:7).

Na época de Natal, conforme compartilhamos presentes, nos lembramos da generosidade de Deus conosco — Ele deu o Seu Filho. O escritor Ray Stedman disse: "Jesus deixou Suas riquezas de lado e entrou em Sua criação num estado de pobreza para enriquecer a todos nós por Sua graça."

Nenhum presente jamais poderia competir com a abundância do Senhor. Agradecemos a Deus pelo indescritível presente que é Jesus! (v.15). —AMC

Nenhum presente é maior do que o próprio Cristo.

11 de dezembro

ESPERANÇA PARA CÉTICOS

LEITURA:
Isaías 55:6-13

...assim será a palavra que sair da minha boca: não voltará para mim vazia, mas fará o que me apraz... —Isaías 55:11

A BÍBLIA EM UM ANO:
☐ Oseias 5–8
☐ Apocalipse 2

Como capelão, tenho o privilégio de conversar com pessoas diferentes. Algumas são céticas em relação à fé cristã. Descobri três grandes barreiras que as impedem de confiar em Cristo para serem salvas.

A primeira, surpreendentemente, não é a indisposição de crer que Deus existe; alguns na verdade duvidam ser importantes o bastante para receberem a atenção de Deus. Outra barreira é que alguns creem não serem dignos do perdão de Deus. As pessoas são geralmente os seus próprios e mais severos juízes. A terceira barreira? Elas se perguntam "se Ele existe", por que Deus não se comunica com elas.

Vamos trabalhar de trás para frente com as barreiras para ver o que a Palavra de Deus diz. Primeiro, Deus não faz jogos mentais. O Senhor promete que se nós lermos a Sua Palavra, Ele garantirá que ela cumpra o Seu propósito (Isaías 55:11). Em outras palavras, se a lermos, descobriremos que Deus está se comunicando conosco. É exatamente por isso que a Bíblia fala com tanta frequência sobre a Sua graça e misericórdia conosco (v.7). A disposição de Deus em nos perdoar vai além da nossa própria disposição. Uma vez que compreendemos que podemos ouvir a Deus na Bíblia e vemos a ênfase em Sua misericórdia, torna-se mais fácil acreditar que temos Sua atenção quando clamamos a Ele.

A história de Deus é incrível. Pode dar esperança a todos nós. —RKK

O ceticismo honesto pode ser o primeiro passo para uma fé íntegra.

12 de dezembro

Fantasia ou uniforme?

Leitura:
Romanos 13:11-14

...mas revesti-vos do Senhor Jesus Cristo e nada disponhais para a carne no tocante às suas concupiscências. —Romanos 13:14

A Bíblia em um ano:
☐ Oseias 9–11
☐ Apocalipse 3

Eunice McGarrahan disse numa palestra que fez sobre discipulado cristão: "Uma *fantasia* é algo que você veste e finge ser aquilo que está vestindo. Um *uniforme*, por outro lado, o lembra de que você é, na verdade, aquilo que está vestindo."

O seu comentário despertou memórias do meu primeiro dia de treinamento básico no exército dos Estados Unidos, quando cada um recebeu uma caixa com a ordem de nela guardar as nossas roupas de cidadãos civis. A caixa foi enviada ao nosso endereço residencial. Depois disso, todos os dias o uniforme que vestíamos nos lembrava de que havíamos entrado num período de treinamento disciplinado planejado para mudar as nossas atitudes e ações.

"Deixemos, pois, as obras das trevas..." disse o apóstolo Paulo aos seguidores de Jesus moradores de Roma, "...e revistamo-nos das armas da luz" (Romanos 13:12). E continuou com a seguinte ordem: "...mas revesti-vos do Senhor Jesus Cristo e nada disponhais para a carne no tocante às suas concupiscências" (v.14). O objetivo deste "deixemos" e de "revesti-vos" era uma nova identidade e um viver transformado (v.13).

Quando escolhemos seguir a Cristo como o nosso Senhor, Ele inicia o processo de nos tornar mais semelhantes a Ele a cada dia. Não é uma questão de fingir ser o que não somos, porém, de nos tornarmos cada vez mais o que somos em Cristo.
– DCM

O discipulado é de graça, mas lhe custará a sua vida.
—Dietrich Bonhoeffer

13 de dezembro

RECOMPENSAS ETERNAS

LEITURA:
1 Coríntios 9:24-27

Pois o exercício físico para pouco é proveitoso, mas a piedade para tudo é proveitosa...
—1 Timóteo 4:8

A BÍBLIA EM UM ANO:
☐ Oseias 12–14
☐ Apocalipse 4

A ginasta ucraniana Larisa Latynina bateu o recorde de 18 medalhas olímpicas. Ela as ganhou nas Olimpíadas de 1956, 1960 e 1964. O recorde de 48 anos foi quebrado quando Michael Phelps nadou por sua 19.ª medalha de ouro no revezamento estilo livre 4 x 200 m nas Olímpiadas de 2012, em Londres. "[Larisa] meio que ficou perdida na história," disse o editor da revista *International Gymnast* (Ginasta Internacional). Quando a União Soviética se desintegrou, "nós a havíamos esquecido".

O apóstolo Paulo nos lembra de que algumas vezes o trabalho árduo é esquecido. Os atletas sujeitam seus corpos à grande disciplina enquanto treinam a fim de ganhar medalhas perecíveis para premiar os seus esforços (1 Coríntios 9:25). Mas não são apenas as medalhas que perecem. Com o tempo, a memória que as pessoas têm desses feitos se ofusca e desaparece. Se os atletas podem sacrificar tanto para alcançar recompensas na terra, que eventualmente serão esquecidas, quanto esforço a mais os seguidores de Cristo deveriam ter para ganhar uma coroa imperecível? (1 Timóteo 4:8).

O sacrifício e a determinação dos atletas são recompensados com medalhas, troféus e dinheiro. Mas de modo muito mais grandioso, o nosso Pai celestial recompensa a disciplina de Seus filhos (Lucas 19:17).

Deus jamais esquecerá o nosso trabalho feito por amor a Ele, que nos amou primeiro. —CPH

O sacrifício pelo reino nunca deixa de ser recompensado.

14 de dezembro

UMA NOVA FORÇA

LEITURA:
Lucas 2:25-34

...porque os meus olhos já viram a tua salvação, a qual preparaste diante de todos os povos. —Lucas 2:30-31

A BÍBLIA EM UM ANO:
☐ Joel 1–3
☐ Apocalipse 5

Quando o padre jesuíta Matteo Ricci foi à China no século 16, coletou amostras de arte religiosa para ilustrar a história cristã a pessoas que nunca tinham ouvido sobre isso. Elas aceitaram prontamente os retratos de Maria segurando o bebê Jesus, mas quando ele apresentou pinturas da crucificação e tentou explicar que o Deus-criança tinha vindo para ser executado, seus ouvintes reagiram com repulsa e horror. Eles não podiam adorar um Deus crucificado.

Ao olhar os meus cartões de Natal, percebo que fazemos o mesmo. Em nossas celebrações e rituais, podemos não pensar sobre como a história que começou em Belém acabou no Calvário.

No relato da história de Natal feito por Lucas, apenas uma pessoa — o velho Simeão — parece apreender a misteriosa natureza do que Deus fez acontecer. "...Eis que este menino está destinado tanto para ruína como para levantamento de muitos em Israel e para ser alvo de contradição," ele disse a Maria, e então previu que uma espada transpassaria a alma de Maria (2:34-35).

Simeão sabia que embora superficialmente pouco tinha mudado — Herodes ainda governava, as tropas romanas ainda ocupavam Israel — nos bastidores, tudo tinha mudado. A redenção prometida por Deus tinha chegado. –PY

O berço sem a cruz perde o verdadeiro significado do nascimento de Cristo.

15 de dezembro

Natal cancelado

Leitura:
Lucas 2:36-38

E estavam o pai e a mãe do menino admirados do que dele se dizia. —Lucas 2:33

A Bíblia em um ano:
- ☐ Amós 1–3
- ☐ Apocalipse 6

No ano passado, nós sentimos como se o nosso Natal tivesse sido cancelado. Na verdade, o voo que pegaríamos para encontrar a família foi cancelado devido à neve. Celebrar o Natal com os nossos familiares é a nossa tradição já por alguns anos, e por isso nos sentimos muito decepcionados quando tivemos que voltar.

No domingo, numa mensagem que teríamos perdido, o nosso pastor falou sobre as expectativas para o Natal. Ele chamou minha atenção ao dizer: "Se as nossas expectativas para o Natal são presentes e tempo com a família, elas são baixas demais. Estas coisas são agradáveis e somos gratos por elas, mas o Natal é a celebração da vinda de Cristo e Sua redenção."

Simeão e Ana celebraram a vinda de Jesus e Sua salvação quando José e Maria o levaram ao templo ainda bebê (Lucas 2:25-38). Simeão, um homem que ouviu o Espírito lhe dizer que não morreria antes que visse o Messias, declarou: "...porque os meus olhos já viram a tua salvação" (v.30). Quando Ana, uma viúva que servia a Deus, viu Jesus, ela "...falava a respeito do menino a todos os que esperavam a redenção de Jerusalém" (v.38).

Podemos experimentar decepções ou angústias durante a época natalina, mas Jesus e Sua salvação sempre nos dão motivo para celebrar. – AMC

Jesus é sempre a razão para celebrarmos.

16 de dezembro

VIVENDO AO CONTRÁRIO

LEITURA:
Mateus 16:21-28

**...quem perder a vida por minha causa achá-la-á.
—Mateus 16:25**

A BÍBLIA EM UM ANO:
☐ Amós 4–6
☐ Apocalipse 7

O Rio Chicago é incomum porque flui ao contrário. Engenheiros reverteram sua direção há mais de um século porque os habitantes da cidade o utilizavam como despejo. Lavaduras, detritos e lixo industrial, tudo convergia para o rio que desemboca no Lago Michigan. Como o lago era fonte de água potável para a cidade, milhares ficaram doentes e morreram antes que as autoridades decidissem redirecionar o rio para fluir ao contrário e não desembocar no lago.

Quando olhamos para a vida terrena de Jesus, pode parecer algo contrário ao que esperaríamos. O Rei da glória veio à Terra como infante vulnerável. Como o Deus encarnado, suportou acusações de blasfêmia. Como o único homem sem pecado, Ele foi crucificado como criminoso. Mas Jesus viveu na terra de acordo com a vontade de Deus (João 6:38).

Como seguidores de Cristo, nos revestirmos das atitudes e ações de Jesus pode parecer "contrário". Abençoar os nossos inimigos (Romanos 12:14), valorizar a santidade em detrimento das riquezas (1 Timóteo 6:6-9) e alegrar-se na dificuldade (Tiago 1:2) parecem opor-se à sabedoria do mundo. No entanto, Jesus disse: "...quem perder a vida por minha causa achá-la-á" (Mateus 16:25).

Não se preocupe se ao viver a sua vida algumas vezes parecer que você está fluindo ao contrário. Deus dará a você a força para honrá-lo e Ele o impulsionará a seguir em frente. –JBS

Revestir-nos com as atitudes e ações de Jesus demonstra a Sua presença em nossas vidas.

17 de dezembro

AMOR E APOIO

LEITURA:
Filipenses 4:10-18

Dou graças ao meu Deus [...] pela vossa cooperação no evangelho, desde o primeiro dia até agora. —Filipenses 1:3,5

A BÍBLIA EM UM ANO:
☐ Amós 7–9
☐ Apocalipse 8

Recebi um bilhete de uma amiga que trabalha num orfanato de um país em desenvolvimento: "Ontem, enquanto estava sentada à mesa de meu escritório, notei uma fila de formigas no chão. Ao segui-la fiquei chocada em ver que milhares de formigas haviam coberto as paredes do prédio — por dentro e por fora. Elas invadiram tudo. Felizmente, um dos trabalhadores agiu rapidamente. Menos de uma hora depois, as formigas tinham desaparecido."

Após contar esta história, ela escreveu: "E como foi o seu dia no trabalho?" Algumas vezes precisamos de lembretes sobre quais são as necessidade daqueles que deixaram para trás o conforto e a comodidade de seus lares. Deus chama cada um de nós para servi-lo em caminhos diferentes e alguns destes são pedregosos. Trabalhar num escritório tomado por formigas não é atrativo para ninguém, mas minha amiga não está lá pelas vantagens.

Ela e muitos cristãos tiveram seus corações cativados por Cristo e creem que abandonar certos confortos e conveniências "essenciais" é algo pequeno a fazer para honrar aquele que nos ama. Eles precisam de nosso apoio da mesma maneira como Paulo dependia dos seus amigos em Filipo — por comunhão (Filipenses 1:5), financeiramente (4:16) e por cuidado (4:18). Ao encorajarmos nossos amigos que abandonaram seus ambientes familiares para servir a Deus em outro lugar, demonstramos os nosso amor por Aquele que os enviou. —JDB

A glória da vida está em amar, em dar e em servir sem esperar recompensa.

18 de dezembro

Sós, mas nem tanto

Leitura:
Salmo 107:1-9

Pois dessedentou a alma sequiosa e fartou de bens a alma faminta. —Salmo 107:9

A Bíblia em um ano:
☐ Obadias
☐ Apocalipse 9

A nossa neta Júlia fez um estágio de verão num orfanato em Busia, Uganda. No seu último dia, ela foi até as crianças para dizer adeus a cada uma. Uma menina chamada Sumaya estava muito triste e disse: "Amanhã você vai nos deixar, e na semana que vem outras tias (estagiárias) vão embora."

Quando Júlia concordou que de fato estava indo embora, Sumaya pensou por um minuto e exclamou: "Mas nós ficaremos sozinhos. Nenhuma de vocês ficará aqui!" Novamente, Júlia concordou. A menininha pensou por alguns momentos e respondeu: "Mas Deus vai estar conosco, então não vamos ficar totalmente sozinhos."

Se formos honestos com nós mesmos, conhecemos esse sentimento de "vazio total". É um vazio que a amizade, o amor, o sexo, o dinheiro, o poder, a popularidade ou sucesso jamais abrandam — um anseio por algo indefinível, algo incalculavelmente precioso, mas perdido. Cada coisa boa pode nos lembrar disso, instigar e despertar em nós um grande desejo por aquele ilusório "algo mais". O máximo que conseguimos é uma pista, um sinal facial, uma pintura, um cenário, e então desaparece. "Nossos melhores bens são os anseios", disse C. S. Lewis.

Fomos feitos para Deus, e no fim das contas, nada menos nos satisfará. Sem Ele, estamos todos vazios. Somente Ele sacia a fome da alma faminta (Salmo 107:9). – HDR

Sem Deus é impossível encontrar a felicidade e a verdadeira paz. —C. S. Lewis

19 de dezembro

UM FILHO SE NOS DEU

LEITURA:
Lucas 1:26-33

Porque um menino nos nasceu, um filho se nos deu... —Isaías 9:6

A BÍBLIA EM UM ANO:
☐ Jonas 1–4
☐ Apocalipse 10

Uma das minhas partes favoritas do *Messias* de Handel é o alegre movimento "Pois um menino nos nasceu", da primeira parte do oratório. Gosto especialmente de como o coro se ergue na frase: "Um Filho se nos deu". Essas palavras, é claro, são tiradas de Isaías 9:6: "Porque um menino nos nasceu, um filho se nos deu...". A música majestosa de Handel paira com adoração pelo Filho que veio a nós em carne humana naquele primeiro Natal.

O Novo Testamento esclarece mais adiante quem é este Filho. No livro de Lucas 1, o mensageiro angelical apareceu à Maria e identificou o Cristo-criança de quatro maneiras. Ele seria o filho de Maria, o que o tornaria completamente humano (1:31). Ele seria o Filho do Altíssimo, o que o tornaria completamente divino (1:32). Ele seria também o Filho de Davi, o que lhe concederia linhagem real (1:32). E Ele levaria o título de Filho de Deus (1:35), o que lhe concederia igualdade com Pai em todas as coisas. Todos os papéis para os quais o Messias foi chamado para preencher são possíveis nestas expressões distintas de Sua filiação.

Ao adorarmos Jesus neste Natal, que as nossas celebrações sejam repletas de alegria e admiração pela plenitude de seu significado. O nosso Pai celestial nos deu o Seu Filho perfeito e suficiente. Ó vinde e adoremos! —WEC

O amor de Deus encarnou-se em Belém.

20 de dezembro

REFUGIANDO-SE

LEITURA:
Provérbios 18:1-10

Torre forte é o nome do SENHOR, à qual o justo se acolhe e está seguro.
— Provérbios 18:10

A BÍBLIA EM UM ANO:
☐ **Miqueias 1–3**
☐ **Apocalipse 11**

No mundo medieval, fazendeiros vigiavam as suas colheitas até que um inimigo aparecesse no horizonte. Eles então fugiam com suas famílias para suas cidades fortificadas a fim de protegerem-se dos saqueadores.

A cidade de Carcassonne, na França, tem sido um refúgio para gerações. Construída no século 5.º a.C., esta fortaleza de pedra protegeu romanos, gauleses, visigodos, francos e franceses. Seu tamanho expandido, majestosas torres e barricadas davam confiança àqueles que se escondiam dentro de seus muros protetores.

Como cristãos, podemos nos refugiar na presença do Deus vivo. O livro de Provérbios nos diz: "Torre forte é o nome do SENHOR, à qual o justo se acolhe e está seguro" (18:10). O nome do Senhor refere-se ao caráter de Deus — abundante em fidelidade, poder e misericórdia. O termo *seguro* significa "estabelecido no alto fora de perigo".

Todos nós enfrentamos ameaças em alguns momentos que nos fazem querer fugir em busca de proteção. Alguns buscam segurança em riquezas materiais ou relacionamentos. Mas o seguidor de Cristo tem um refúgio mais seguro. Por causa de quem Deus é e do que Ele pode fazer por nós, nossa melhor proteção está, essencialmente, nele. Se você estiver enfrentando uma ameaça hoje, vá ao Senhor que é uma torre forte. Você encontrará refúgio em Seu cuidado. – HDF

Em bons e maus momentos,
Deus é o nosso lugar seguro de descanso.

21 de dezembro

Luz e sombras

Leitura:
Isaías 9:1-7

O povo que andava em trevas viu grande luz, e aos que viviam na região da sombra da morte, resplandeceu-lhes a luz. —Isaías 9:2

A Bíblia em um ano:
- ☐ Miqueias 4-5
- ☐ Apocalipse 12

O historiador de arte Seymour Slive descreveu o grande artista holandês Rembrandt (1606–69) como o mestre da luz e da sombra, um convincente contador de histórias em tela. A pintura de Rembrandt A adoração dos pastores retrata o escuro estábulo em Belém onde dois pastores ajoelham-se ao lado da manjedoura enquanto outras pessoas permanecem em pé um pouco mais à distância. Um homem segura uma lanterna, mas a luz mais brilhante não vem de sua lanterna e sim do Cristo-bebê, iluminando aqueles que se reuniram ao Seu redor.

Sete séculos antes do nascimento de Jesus, Isaías usou uma imagem de luz e sombras para prever a vinda de um Salvador para Israel: "O povo que andava em trevas viu grande luz, e aos que viviam na região da sombra da morte, resplandeceu-lhes a luz. [...] Porque um menino nos nasceu, um filho se nos deu..." (Isaías 9:2,6).

Cada pessoa pode ver uma história diferente na pintura de Rembrandt, mas talvez cada um de nós esteja representado em algum lugar naquele estábulo. Será que estamos ajoelhados em adoração, admirando com hesitação ou escondendo-nos da luz que penetrou as nossas sombras?

O Natal nos convida a sair das sombras das trevas e a permitir que a luz de Cristo brilhe em nossos corações. –DCM

A fé em Cristo não é um pulo no escuro, é um passo para adentrar a Luz.

22 de dezembro

A MARAVILHA DO NATAL

LEITURA:
1 Crônicas 16:7-13

Lembrai-vos das maravilhas que fez... —1 Crônicas 16:12

A BÍBLIA EM UM ANO:
☐ Miqueias 6–7
☐ Apocalipse 13

Após meu primeiro semestre no seminário, minha família ganhou passagens de avião para ir para casa no Natal. Na noite anterior ao nosso voo, percebemos que tínhamos menos de 40 reais para a viagem. Estacionamento, transporte e outros imprevistos com certeza custariam mais do que isso. Desolados, resolvemos orar. Apesar de nossos filhos serem pequenos (6 e 2 anos), os incluímos no momento de oração.

Conforme orávamos, ouvimos passos no corredor do prédio, e então o som de um envelope deslizando por debaixo da porta. Dentro do envelope havia um presente anônimo de 100 reais.

A admiração refletida no rosto de nossa filha de 6 anos combinou com a de nossos corações. Ali estava um Deus poderoso escrevendo Seu nome no coração de uma menininha e no mesmo instante respondendo a nossa oração. E, assim, nós, como o salmista Davi, pudemos falar de "...todas as suas maravilhas" (1 Crônicas 16:9).

Foi naquela primeira noite de Natal, quando um Deus Todo-poderoso, forte, onisciente escreveu o Seu nome no coração da humanidade, nos surpreendendo com a generosidade, o perdão e a alegria do amor incondicional. O nascimento de Cristo é a resposta para as nossas orações mais fervorosas por amor e perdão. Você consegue sentir este maravilhamento? – RKK

Temos uma vida repleta de maravilhas quando conhecemos o Cristo do Natal.

23 de dezembro

Deus conosco

Leitura:

Mateus 1:18-25

Eis que a virgem conceberá e dará à luz um filho, e ele será chamado pelo nome de Emanuel (que quer dizer: Deus conosco). —Mateus 1:23

A Bíblia em um ano:

☐ Naum 1–3

☐ Apocalipse 14

A sua presença no ambiente era óbvia. Todos estavam vestidos muito formalmente. Ele estava usando jeans, uma camiseta e um boné de beisebol gasto. Não pude evitar notá-lo à medida que me dirigia aos estudantes naquele dia, numa capela do seminário em Bucareste, Romênia. Não tenho ideia do motivo que o levou a não se adequar às normas de vestimenta do seminário, mas eu me lembro do seu nome.

Ao fim da reunião, ele veio até mim para se apresentar. Quando perguntei o seu nome, ele respondeu: "Emanuel". Fiquei surpreso com sua resposta e perguntei se ele sabia o que isso significava; ele respondeu francamente: "Sim — 'Deus conosco!'"

Com frequência, tenho pensado num jovem e em como ele se sobressaía na multidão. Assim como Jesus veio para trazer a presença de Deus para o mundo — "Emanuel [...] Deus conosco" (Mateus 1:23) — nós também somos chamados para levar Sua presença em nosso mundo. Jesus deixou isso claro ao dizer: "...Assim como o Pai me enviou, eu também vos envio" (João 20:21).

Neste Natal, podemos demonstrar que somos semelhantes a Deus, oferecendo isso como um presente aos que nos cercam. Quando as nossas vidas refletem o Deus que vive em nós, podemos ser diferentes do mundo e essa diferença pode abençoar outros com a presença transformadora de Seu amor e graça. –JMS

O dom da presença de Deus por seu intermédio é o seu presente para o mundo.

24 de dezembro

NOITE DE PAZ

LEITURA:
Lucas 2:1-14

...eis aqui vos trago boa-nova de grande alegria, que o será para todo o povo. —Lucas 2:10

A BÍBLIA EM UM ANO:
☐ Habacuque 1–3
☐ Apocalipse 15

Simão imigrou da Holanda para os Estados Unidos. Sua esposa, Kátia e todos os três filhos nasceram nos Estados Unidos. Depois, a filha Jenny casou-se com Roberto, do Panamá. O filho Bill casou-se com Vânia de Portugal. E o terceiro filho, Lucas, casou-se com Bora, da Coreia do Sul.

Na noite de Natal, quando a família reuniu-se para uma celebração, começaram a cantar "Noite de paz" em suas línguas nativas — um doce som para o Senhor da Terra ouvir conforme celebravam o nascimento de Seu Filho.

Há mais de dois mil anos, o silêncio de uma calma noite acabou-se subitamente quando um anjo disse aos pastores que um bebê tinha nascido: "...eis aqui vos trago boa-nova de grande alegria, que o será para todo o povo" (Lucas 2:10). E então uma multidão de anjos começou a louvar a Deus, dizendo: "Glória a Deus nas maiores alturas, e paz na terra entre os homens..." (v.14). Cristo o Senhor, o Salvador do mundo tinha nascido!

O presente misericordioso de Deus, Seu Filho, que foi anunciado há tanto tempo, em uma noite silenciosa ainda está disponível para todos — "...toda tribo, língua, povo e nação" (Tito 2:11-14; Apocalipse 5:9-10). "Porque Deus amou ao mundo de tal maneira que deu o seu Filho unigênito, para que todo o que nele crê não pereça, mas tenha a vida eterna" (João 3:16). –CHK

O coral do céu desceu para cantar quando o Rei do céu desceu para salvar.

25 de dezembro

CHRISTINGLE

LEITURA:
1 João 1:1-7

...a saber, a verdadeira luz, que, vinda ao mundo, ilumina a todo homem. —João 1:9

A BÍBLIA EM UM ANO:
☐ Sofonias 1–3
☐ Apocalipse 16

Na República Tcheca e em outros lugares, a celebração de Natal inclui *Christingles.* O *Christingle* é uma laranja que representa o mundo, com uma vela colocada no topo para simbolizar Cristo, a luz do mundo. Uma fita vermelha circunda a laranja, simbolizando o sangue de Jesus. Quatro palitos de dente com frutas secas são colocados na fita perfurando a laranja, representando os frutos da terra.

Este simples recurso visual representa vividamente o propósito por trás da vinda de Cristo — trazer luz às trevas e redimir um mundo decaído derramando o Seu sangue.

No relato de João sobre a vida de Cristo, o discípulo descreve Jesus como a Luz do mundo. Ele escreveu sobre Cristo: "...a saber, a verdadeira luz, que, vinda ao mundo, ilumina a todo homem" (João 1:9). Não apenas Cristo, a Luz, veio para penetrar as trevas de nosso mundo, mas Ele é também "...o Cordeiro de Deus, que tira o pecado do mundo!" (v.29).

Pense nisso! O bebê de Belém tornou-se o Cristo vivo e ressurreto que nos resgatou do nosso pecado. E desta maneira, João nos instrui a "...andarmos na luz, como ele está na luz..." (1 João 1:7). Que todos os que experimentaram o Seu resgate encontrem em Jesus a paz de andar em Sua luz. –WEC

O Cristo-bebê recém-nascido se tornou a Luz do mundo e o Cordeiro de Deus.

26 de dezembro

Esteja presente

Leitura:
Jó 2:3-13

Sentaram-se com ele na terra, sete dias e sete noites; e nenhum lhe dizia palavra alguma, pois viam que a dor era muito grande. —Jó 2:13

A Bíblia em um ano:
☐ Ageu 1–2
☐ Apocalipse 17

Após 20 crianças e seis funcionários terem sido assassinados numa escola em Connecticut, EUA, toda a nação americana ficou chocada por algo tão horrível poder acontecer. Todos se concentraram na tragédia e nas perguntas que a cercavam: Que tipo de pessoa faria tal coisa e por quê? Como podemos impedir que isso aconteça novamente? Como podemos ajudar os sobreviventes? Em meio ao caos, um grupo improvável se moveu e fez diferença.

De Chicago vieram alguns cachorros — especialmente *golden retrievers* treinados, que nada ofereciam além de afeto. Os cachorros não falam; eles simplesmente oferecem a sua presença. Crianças traumatizadas pela violência abriram-se para eles, expressando medos e emoções sobre os quais não haviam falado com adulto algum. Tim Hetzner da instituição de caridade da Igreja Luterana disse: "A maior parte do treinamento deles é simplesmente aprender a ficar quieto."

Conforme aprendemos no livro de Jó, pessoas enlutadas nem sempre precisam de palavras. Algumas vezes precisam de alguém para se sentar silenciosamente ao seu lado, ouvir-lhes quando precisam falar e abraçar-lhes quando a sua tristeza torna-se em choro.

Deus pode não intervir para mudar circunstâncias e Ele pode não explicar o sofrimento, mas Ele nos consola por meio da presença de outros cristãos (Colossenses 4:8). —JAL

Ouvir pode ser a coisa mais amável e semelhante a Cristo para se fazer hoje.

27 de dezembro

Desafio do Confinamento

LEITURA:
Jeremias 29:4-14

...crescei na graça e no conhecimento de nosso Senhor e Salvador Jesus Cristo.... —2 Pedro 3:18

A BÍBLIA EM UM ANO:
- ☐ Zacarias 1–4
- ☐ Apocalipse 18

Ken Deal, aos 86 anos, encerrou mais de três décadas de ministério voluntário no presídio com um sermão de final de domingo. A sua mensagem para os detentos foi sobre servir ao Senhor durante o cárcere. Muitos dos exemplos que usou vieram de prisioneiros, alguns cumprindo prisão perpétua. Em um lugar de onde todos querem sair, ele encorajou-os a crescer e compartilhar as boas-novas de Jesus Cristo com os outros.

Depois que o povo de Judá foi levado cativo pelo rei Nabucodonosor e deportado à Babilônia devido à sua desobediência a Deus, o profeta Jeremias enviou-lhes uma mensagem do Senhor: "Edificai casas e habitai nelas; plantai pomares e comei o seu fruto. Tomai esposas e gerai filhos e filhas, tomai esposas para vossos filhos e dai vossas filhas a maridos, [...] multiplicai-vos aí e não vos diminuais" (Jeremias 29:5-6).

Podemos enfrentar alguma circunstância limitadora hoje. Quer seja resultado de nosso fracasso ou algo que não tenhamos culpa, podemos "passar" por isso ou buscar a força de Deus para "crescer" por meio disso. O desafio de todo confinamento é aumentar ao invés de diminuir; crescer e não decrescer. O objetivo do Senhor é dar "...o fim que desejais" (v.11). – DCM

Uma situação limitadora pode oferecer à alma a chance de crescer.

28 de dezembro

A APRESENTAÇÃO

LEITURA:
Colossenses 1:21-23

...vos reconciliou [...] para apresentar-vos perante ele santos, inculpáveis e irrepreensíveis. —Colossenses 1:22

A BÍBLIA EM UM ANO:
☐ Zacarias 5–8
☐ Apocalipse 19

Minha esposa é uma ótima cozinheira. Após um longo dia, eu, geralmente, aguardo ansiosamente pelo aroma dos temperos que prometem um banquete saboroso. Ela não apenas sabe como preparar uma refeição, mas também é mestre na apresentação. As cores do alimento no prato belamente dispostas em uma harmonia de carne, arroz branco e solto e vegetais me convidam a puxar a cadeira e desfrutar do seu trabalho manual. Mas o alimento não era tão atraente antes de ela colocar as suas mãos nele. A carne era crua e frágil, o arroz era duro e quebradiço e os vegetais precisavam ser lavados e cortados.

Isto me lembra da obra misericordiosa que Jesus fez por mim. Estou bem ciente de minha fragilidade e tendência ao pecado. Sei que em mim e por mim não sou apresentável a Deus. No entanto, quando sou salvo, Jesus faz de mim uma nova criatura (2 Coríntios 5:17). Ele me aceita como sou e faz de mim o que eu deveria ser — santo, inculpável e irrepreensível (Colossenses 1:22). Ele me apresenta ao nosso Pai como algo de uma beleza digna de estar em Sua presença.

Que a Sua obra transformadora em nosso favor nos estimule a viver de acordo com a apresentação que Ele faz de nós e sermos humildemente gratos por Cristo pela Sua obra consumada em nossas vidas! –JMS

Jesus nos aceita como somos e faz de nós o que deveríamos ser.

29 de dezembro

Carta a uma criança

Leitura:
3 João

Não tenho maior alegria do que esta, a de ouvir que meus filhos andam na verdade. —3 João 4

A Bíblia em um ano:
☐ Zacarias 9–12
☐ Apocalipse 20

Mesmo no fim de sua vida, C. S. Lewis demonstrou interesse na educação espiritual de jovens cristãos. Apesar de estar com a saúde prejudicada, dedicou tempo para responder uma carta a uma criança chamada Filipe. Elogiando a excelente expressão escrita do menino, Lewis disse estar encantado com o fato de que ele compreendeu em *As Crônicas de Nárnia* que o leão Aslan representava Jesus Cristo. No dia seguinte, Lewis morreu em sua casa em Kilns, Oxford, Inglaterra, uma semana antes de seu aniversário de 65 anos.

O apóstolo João, em seus últimos anos, enviou uma carta aos seus filhos espirituais. Nela, vemos a alegria de um cristão maduro encorajando os seus discípulos espiritualmente mais novos a continuar caminhando na verdade e seguindo a Cristo.

João escreveu: "Não tenho maior alegria do que esta, a de ouvir que meus filhos andam na verdade" (3 João 4). A carta de João, curta para os padrões no Novo Testamento, demonstra a alegria que vem de educar e cuidar do crescimento espiritual da geração seguinte.

Os cristãos maduros deveriam buscar encorajar a compreensão da vida espiritual aos jovens da próxima geração. Enviar um bilhete carinhoso, dar uma palavra de encorajamento, orar ou oferecer um conselho sensato, todos podem ser meios de ajudar outros em sua jornada espiritual com Deus. —HDF

A jornada se torna melhor com alguém que conhece o caminho.

30 de dezembro

MISTURA DE EMOÇÕES

LEITURA:
Apocalipse 21:1-7

Até no riso tem dor o coração, e o fim da alegria é tristeza.
—Provérbios 14:13

A BÍBLIA EM UM ANO:
☐ Zacarias 13–14
☐ Apocalipse 21

Para Marlene e eu, "mistura de emoções" descreve exatamente a nossa festa de casamento. Não interprete errado. Foi um evento maravilhoso que continuamos a celebrar mais de 35 anos depois. A festa, no entanto, foi abafada porque a mãe de Marlene morreu de câncer apenas algumas semanas antes. A tia de Marlene assumiu o papel de "mãe da noiva", mas em meio à nossa alegria, algo claramente não estava certo. A mãe não estava lá e isto afetou tudo.

Aquela experiência exemplifica a vida em um mundo decaído. As nossas experiências aqui são uma sacola com uma mistura de circunstâncias boas e más, alegres e triste — uma realidade que Salomão expressou quando escreveu: "Até no riso tem dor o coração, e o fim da alegria é tristeza" (Provérbios 14:13). O coração alegre muitas vezes se entristece, pois é isto que esta vida exige algumas vezes.

Felizmente, entretanto, esta vida não é tudo o que há. E na vida que está por vir, aqueles que conhecem Cristo têm uma promessa: "E lhes enxugará dos olhos toda lágrima, e a morte já não existirá, já não haverá luto, nem pranto, nem dor, porque as primeiras coisas passaram" (Apocalipse 21:4). Naquele grande dia, não haverá mistura de emoções — apenas corações repletos da presença de Deus! —WEC

As sombrias tristezas da terra para o cristão, um dia, se tornarão radiantes canções do céu.

31 de dezembro

Em Suas mãos

Leitura:
Romanos 8:31-39

...prossigo para conquistar aquilo para o que também fui conquistado por Cristo Jesus. —Filipenses 3:12

A Bíblia em um ano:
☐ Malaquias 1–4
☐ Apocalipse 22

Quando atravessamos uma rua movimentada com crianças pequenas enfileiradas, esticamos as mãos e dizemos: "Segurem firme", e os pequeninos agarram as nossas mãos o mais forte possível. Mas jamais dependeríamos da força com que eles seguram as nossas mãos. É a nossa força em suas mãos que os seguram e os mantêm a salvo. Deste modo, Paulo insiste: "...fui conquistado por Cristo Jesus" (Filipenses 3:12). Ou mais exatamente, "Cristo me segura com força!"

Uma coisa é certa: não são as nossas mãos segurando a mão de Deus que nos mantêm seguros, mas sim o poder das mãos de Jesus. Ninguém pode nos tirar de Suas mãos — nem o diabo, nem nós mesmos. Uma vez que estamos em Suas mãos, Ele não nos soltará.

Temos esta garantia: "Eu lhes dou a vida eterna; jamais perecerão, e ninguém as arrebatará da minha mão. Aquilo que meu Pai me deu é maior do que tudo; e da mão do Pai ninguém pode arrebatar" (João 10:28-29).

Duplamente seguros: o nosso Pai de um lado e nosso Senhor e Salvador do outro, envolvendo-nos em Suas mãos fortes. Estas são as mãos que modelaram as montanhas e oceanos e arremessaram as estrelas no espaço. Nada nesta vida ou na próxima "...poderá separar-nos do amor de Deus, que está em Cristo Jesus, nosso Senhor" (Romanos 8:39). – DHR

Aquele que nos salvou é o mesmo que nos sustenta.

O perdão de Deus

A sociedade se agita quando um crime permanece impune. Queremos que o culpado pague pelo assassinato de uma criança. Esta exigência por justiça está profundamente enraizada. Deus, no Antigo Testamento, estabeleceu o princípio de justiça olho por olho, vida por vida, em um contexto de testemunhas legais e processo adequado (Deuteronômio 19:21).

De que maneira este mesmo Deus pode perdoar um pecador? Como exercer justiça, a não ser castigando a parte culpada? Existe apenas uma outra possibilidade. Além de nós mesmos, o único que pode se responsabilizar é aquele que nos deu a liberdade para pecar. Como um pai que dá liberdade ao seu filho já crescido dirigir, Deus nos deu a liberdade, o tempo e a capacidade para pecar. É possível que Ele mesmo se ofereça para pagar por nossos danos?

A Bíblia diz que foi exatamente isso o que Deus fez. Com alto custo pessoal, Ele pagou o preço pelo nosso pecado.

Retrospectivamente, podemos ver que Deus planejava pagá-lo, quando disse: "Porque a vida da carne está no sangue. Eu vo-lo tenho dado sobre o altar, para fazer expiação pela vossa alma" (Levítico 17:11).

Acaso temos aqui um reconhecimento oculto da culpa divina? Será que Deus admitia a possibilidade de ter cometido um erro ao nos dar capacidade moral e liberdade de escolha? Será por isso que Ele colocou em ação um sistema de sacrifícios rituais que acabariam lhe causando dor inexpressível? Não! O último livro da Bíblia mostra que por toda a eternidade, os coros do céu declararão que Deus é santo em tudo o que Ele é e faz (Apocalipse 4:8). Por toda a eternidade, os céus mostrarão que Deus estava certo dando-nos a liberdade para pecar. A eternidade mostrará a Sua sabedoria em deixar-nos descobrir o preço do pecado e as terríveis consequências da nossa deliberada desobediência.

Por toda a eternidade, o céu também honrará a justiça e a misericórdia do Criador, o qual escolheu, amorosamente, levar a carga da nossa rebeldia.

O pagamento pelo nosso pecado teve custos eternos. Num ato de autossacrifício sem igual, Deus construiu uma ponte de duas vias, de misericórdia e justiça, sobre o abismo do pecado que nos separava dele. Na terra, os executores romanos cravaram pregos nas mãos e nos pés do único Filho de Deus. No céu, um Pai sofreu como nenhum pai humano jamais sofreu. Quando tudo havia terminado, Deus aceitou o sacrifício como pagamento suficiente pelo nosso pecado.

A justiça estava feita. Nos momentos eternos e na agonia infinita do Filho, que clamou: "Deus meu, Deus meu, por que me desamparaste?" (Mateus 27:46), o próprio Criador se fez pecado por nós (2 Coríntios 5:21).

Três dias mais tarde, Cristo ressuscitou corporalmente dos mortos. Com o milagre da ressurreição, Ele mostrou que o céu aceitara o Seu sacrifício. Um rio de infinitas misericórdias começou a jorrar da cruz, sobre a qual Ele morrera. Um fundamento legal fora colocado para a doutrina da justificação por fé. Segundo o apóstolo Paulo, Deus é justo para justificar (declarar justo) a todos os que vêm a Cristo por fé. No livro de Romanos 3, ele escreveu:

Ninguém será justificado diante dele por obras da lei, em razão de que pela lei vem o pleno conhecimento do pecado. Mas agora, sem lei, se manifestou a justiça de Deus testemunhada pela lei e pelos profetas; justiça de Deus mediante a fé em Jesus Cristo, para todos os que creem; porque não há distinção, pois todos pecaram e carecem da glória de Deus, sendo justificados gratuitamente, por sua graça, mediante a redenção que há em Cristo Jesus, a quem Deus propôs, no seu sangue, como propiciação, mediante a fé, para manifestar a sua justiça, por ter Deus, na sua tolerância, deixado impunes os pecados anteriormente cometidos; tendo em vista a manifestação da sua justiça no tempo presente, para ele mesmo ser justo e o justificador daquele que tem fé em Jesus (vv.20-26).

Algumas perguntas comuns

Não devemos nos surpreender se continuamos a nos questionar sobre o perdão de Deus. Podemos muito bem ter questionamentos sobre o perdão de Deus e nossa culpa implacável.

"E se eu não me sentir perdoado por Deus?" A maioria de nós luta com os sentimentos de culpa e vergonha. Muito depois de termos confessado nossos pecados a Deus, ainda não nos sentimos perdoados.

Podemos temer a rejeição de Deus.

Quando os sentimentos de culpa nos perseguem — eles nos perseguirão — precisamos nos lembrar de que o nosso perdão não depende de como nos sentimos.

Pessoas perdoadas podem sentir-se como se estivessem penduradas num fio balançando sobre as chamas do inferno. Pessoas perdoadas podem ser oprimidas pelo acusador de nossas almas (Satanás), que desperta antigas emoções da mesma maneira como reacendemos as brasas de um fogo que está se extinguindo. Repentinamente, somos inflamados por emoções de ansiedade e desespero. Mas tais emoções não nos dizem a verdade sobre o perdão de Deus.

O perdão é algo que Deus faz. Independentemente de nossas emoções. Não depende de nos perdoarmos ou não. Perdão é o que Deus faz quando nos livros do céu Ele assinala "cancelado" sobre o registro da nossa dívida do pecado. Somos perdoados quando Ele nos declara legalmente absolvidos, independente de como possamos nos sentir naquele momento.

Torna-se vital compreender que o perdão de Deus é algo que Ele faz. vejamos oito ilustrações do perdão de Deus que encontramos no Antigo Testamento. O autor David B. Kennedy mostra:

1. Deus sela os nossos pecados para jogá-los fora. "A minha transgressão estaria selada num saco" (Jó 14:17).
2. Deus dissipa a barreira do pecado. "Desfaço as tuas transgressões como a névoa e os teus pecados, como a nuvem" (Isaías 44:22).
3. Deus retira nossos pecados. "Quanto dista o Oriente do Ocidente, assim afasta de nós as nossas transgressões" (Salmo 103:12).
4. Deus trata os nossos pecados como se fossem um inimigo vencido. "Pisará aos pés as nossas iniquidades" (Miqueias 7:19).
5. Deus coloca os nossos pecados fora do alcance da Sua vista. "Lançaste para trás de ti todos os meus pecados" (Isaías 38:17).
6. Deus apaga da Sua memória os nossos pecados. "...e dos seus pecados jamais me lembrarei" (Jeremias 31:34).
7. Deus cancela a dívida do nosso pecado. "Eu, eu mesmo, sou o que apago as tuas transgressões" (Isaías 43:25).
8. Deus remove as manchas do pecado e restaura a pureza. "Ainda que os vossos pecados sejam como a escarlata, eles se tornarão brancos como a neve" (Isaías 1:18).

"Por que a Bíblia diz que Deus não nos perdoará, se não perdoarmos uns aos outros?" Jesus disse:

Porque, se perdoardes aos homens as suas ofensas, também vosso Pai celeste vos perdoará; se, porém, não perdoardes aos homens [as suas ofensas], tampouco vosso Pai vos perdoará as vossas ofensas (Mateus 6:14-15).

A resposta está no contexto. Com esta afirmação, Jesus não estava ensinando aos perdidos como ser salvos. Ele ensinava Seus próprios discípulos como poderiam manter um bom relacionamento familiar com o Pai.

Comparando esta Escritura com outras passagens, concluímos que Jesus referia-se à uma relutância em amar àqueles que nos feriram e a perdoar àqueles que se arrependeram dos erros cometidos (Lucas 17:3,4). O que Ele terá contra nós (em sentido familiar) é a nossa determinação de reter dos outros a bondade e o perdão que

Ele nos demonstrou. Ele nos adotou como filhos e filhas. Esta é uma "questão familiar" não um fator que possa determinar o nosso destino eterno.

"Isto significa que devemos sempre perdoar incondicionalmente?" Não. Como muitos outros princípios das Escrituras, existe um tempo para perdoar e um tempo para não perdoar. Embora devamos sempre amar os outros incondicionalmente (buscando o seu bem), o próprio Jesus nos ensina a perdoar as pessoas quando elas reconhecem seus erros (Lucas 17:1-10; Mateus 18:15-17).

Não amamos bem quando permitimos que nossos irmãos ou irmãs na fé conscientemente nos façam algum mal, sem responsabilizá-los.

"Mas Deus não nos perdoa incondicionalmente? Não devemos perdoar aos outros como Ele nos perdoou?" Quando o apóstolo escreveu: "Antes, sede uns para com os outros benignos, compassivos, perdoando-vos uns aos outros, como também Deus, em Cristo, vos perdoou" (Efésios 4:32), Ele deixou claro que devemos perdoar como Deus nos perdoou. Deus não perdoa incondicionalmente. Primeiro Ele concede o perdão legal àqueles que reconhecem o seu pecado e creem em Seu Filho. Em seguida, Ele estende o perdão familiar àqueles filhos e filhas que confessam seu pecado e procuram reconciliar-se com o Pai (1 João 1:9).

"Se somos perdoados por Deus, por que não nos deixam esquecer o passado?" Sermos perdoados por Deus não nos libera das consequências naturais de nossos pecados. Os delitos contra a sociedade devem ser submetidos aos devidos processos legais. Os atos praticados contra indivíduos merecem restituição. O perdão de Deus não qualifica os que antes eram enganadores a receber sob os seus cuidados o dinheiro de outras pessoas, assim como não confiamos nossos filhos a alguém com histórico de molestador. Isso é sabedoria.

Os efeitos da culpa

Quando pecamos e recusamos ir a Cristo para obter perdão, nossa culpa pode se manifestar de várias maneiras.

Por exemplo, antes de Davi se arrepender de seus terríveis pecados de adultério e assassinato, ele experimentou angústia física, emocional e espiritual. No Salmo 32:3-4, relatando como a culpa o afetou, ele escreveu estas palavras:

> *Enquanto calei os meus pecados, envelheceram os meus ossos pelos meus constantes gemidos todo o dia (emocional). Porque a tua mão pesava dia e noite sobre mim (espiritual), e o meu vigor se tornou em sequidão de estio (física).*

A vida inteira de Davi foi afetada por sua culpa. Ela o afetou fisica, emocional, espiritual e relacionalmente. Mas ele clamou a Deus, encontrou a certeza do perdão e foi capaz de desfrutar da vida novamente, com danos, é verdade, mas com esperança.

Será que Davi teria sido mais honroso se não tivesse procurado o perdão de Deus? Será que ele teria respeitado mais os sobreviventes de suas vítimas se tivesse recusado qualquer misericórdia? Será que a autocondenação e o suicídio teriam sido um caminho mais nobre? Somente se não houvesse vida após a morte. Somente se o restante de nós não fosse pecador. Somente se uma pessoa perdoada não tivesse algo a oferecer. Somente se Deus não nos amasse o suficiente a ponto de desejar a nossa restauração. Mas como as Escrituras demonstram, Deus ama os pecadores.

O perdão de Deus é igual à nossa culpa

De uma vez por todas. No momento em que confiamos em Cristo como Salvador, recebemos a imunidade do castigo. O assunto está encerrado. Nosso caso está liquidado e Deus não abrirá novamente os arquivos da nossa culpa.

Assim como na terra os tribunais honram o princípio de que uma pessoa não pode ser condenada duas vezes pelo mesmo crime, assim o céu não julgará duas vezes aqueles cujos pecados foram punidos em Cristo.

A maravilhosa verdade da justificação é que Deus por Sua própria autoridade nos absolve. Embora não nos "faça" justos, Ele "declara" justo todos os que apelaram à morte de Cristo como pagamento por seus pecados.

Isto significa que não precisamos prestar contas pelos nossos erros? Não. Ainda estamos sujeitos às consequências naturais e legais. Ainda poderemos perder recompensas e não escutar um "muito bem" diante do tribunal de Cristo, onde o Senhor nos fará prestar contas como Seus filhos. Mas aqueles dentre nós que estão em Cristo, nunca seremos condenados pelos nossos pecados.

Em resumo, Deus diz àquele que confia em Cristo: "Os seus pecados já estão perdoados. Meu Filho morreu por você. Portanto, nele você está justificado diante do Senhor. Você está perdoado de todos os seus pecados de uma vez por todas!"

Completo. O perdão que Deus oferece é abrangente. É completo e definitivo, não só até o próximo pecado inevitável.

Por isso, Paulo pôde citar numa outra carta o Salmo 32:1-2 quando escreveu: Bem-aventurados aqueles cujas iniquidades são perdoadas, e cujos pecados são cobertos; bem-aventurado o homem a quem o Senhor jamais imputará pecado (Romanos 4:7,8).

Perdoados. Pense num jovem alpinista lutando penosamente para subir por um caminho íngreme, com uma mochila pesada em suas costas. O fardo lhe é pesado. Ele enfraquece, fica para trás e cai ao chão. Em seguida, um alpinista experiente retira esse fardo do jovem e o coloca em seus próprios ombros. O jovem alpinista se sente revitalizado e livre. A palavra perdoado significa "tirar ou levar embora".

Cobertos. Quando confiamos em Cristo, os nossos pecados são removidos para sempre. A palavra grega traduzida por "cobertos" no livro de Romanos 4:7 significa "cobrir completamente, apagar." Eles desaparecem para sempre.

Não imputado. A palavra imputar significa "atribuir uma responsabilidade a alguém." Deus atribui para Cristo os nossos pecados e atribui à nossa conta a justiça de Cristo. Ele não irá considerar os nossos pecados contra nós. Eles não afetarão a nossa posição no céu.

Se você nunca experimentou o perdão de Deus, ele poderá ser seu agora mesmo. Tudo o que você deve fazer é optar pessoalmente em confiar naquele que fez tanto por você. Jesus morreu na cruz para pagar o preço pelos nossos pecados. Ele oferece perdão e um lugar eterno na família de Deus. Leia estes versículos no Novo Testamento para se assegurar do que Deus prometeu:

- João 3:16; 5:24; 6:47; 7:38; 11:25; 20:31
- Atos 13:48; 16:31
- Romanos 1:16; 4:3; 5:1; 10:11

Extraído do livreto da série *Descobrindo a Palavra, O perdão de Deus* (G0591)

ÍNDICE TEMÁTICO

TÓPICO	DATA

Endereços dos escritórios de Ministérios RBC Ibero-América e Região do Caribe

Para informações sobre os recursos bíblicos de Ministérios RBC, contate-nos no escritório mais próximo:

ARGENTINA
Ministerios RBC, Casilla de Correos 23, Sucursal Olivos, B1636AAG, Buenos Aires
Email: argentina@rbc.org • Tel.: (+54) 11 15-5467 4008

BRASIL
Ministérios RBC, Caixa Postal 4190, 82501-970, Curitiba/PR
Email: brasil@rbc.org • Tel.: (+55) 41 3257-4028

COLÔMBIA
Ministerios RBC, Apartado Postal 21, Fusagasugá, Cundinamarca
Email: colombia@rbc.org • Tel.: (+57) 1 873 6476

ESPANHA
Ministerios RBC, Apartado de correos 33, 36950 Moaña, Pontevedra
Email: spain@rbc.org • Tel.: (+34) 986 31 80 85

EUA
RBC Ministries, PO Box 293, Grand Rapids, MI 49501-0293
Email: usa@rbc.org • Tel.: (+1) 616 974-2210

GUIANA
RBC Ministries, PO Box 101070, Georgetown
Email: guyana@rbc.org • Tel.: (+592) 231 6704

HONDURAS
Ministerios RBC, Apartado Postal 30082, Toncontín
Email: honduras@rbc.org • Tel.: (+504) 2213 1277

JAMAICA
RBC Ministries, 10 Hagley Park Plaza, PO Box 139, Kingston 10
Email: jamaica@rbc.org • Tel.: (+876) 926 5552

MÉXICO
Ministerios RBC, Apartado Postal 91-48, C.P. 02431, Azcapotzalco, Mexico D.F.
Email: mexico@rbc.org • Tel.: (+52) 55 2877 0255

PERU
Ministerios RBC, Casilla de Correos 14-425, Lima
Email: peru@rbc.org • Tel.: (+51) 1 221-8530

PORTUGAL
Ministérios RBC, Rua da Cinquenta 59, 4500-712, Nogueira da Regedoura
Email: portugal@rbc.org • Tel.: (+351) 22 489 6232

TRINIDAD E TOBAGO
RBC Ministries, PO Box 4938, Tunapuna
Email: trinidad@rbc.org • Tel.: (+1-868) 645 7402

Para uma lista completa dos endereços de todos os nossos escritórios, acesse **www.escritorios-rbc.info**

Para outras informações:
brasil@rbc.org • www.ministeriosrbc.org